没有不可疗愈的伤痛,没有不能结束的沉沦。所有失去的,会以另一种方式归来。

——(美)约翰·肖尔斯

 股权事项涉税实务 I

个人股权事项涉税实务

核心政策与经典案例

安慰 ◎ 编著

图书在版编目(CIP)数据

个人股权事项涉税实务：核心政策与经典案例／安慰编著.—上海：立信会计出版社，2023.3（2024.4重印）
ISBN 978-7-5429-7317-7

Ⅰ.①个… Ⅱ.①安… Ⅲ.①股权管理—税收管理—研究—中国 Ⅳ.①F812.423

中国国家版本馆CIP数据核字(2023)第051015号

责任编辑　毕芸芸

个人股权事项涉税实务：核心政策与经典案例
GEREN GUQUAN SHIXIANG SHESHUI SHIWU:HEXIN ZHENGCE YU JINGDIAN ANLI

出版发行	立信会计出版社	
地　　址	上海市中山西路2230号	邮政编码　200235
电　　话	(021)64411389	传　真　(021)64411325
网　　址	www.lixinaph.com	电子邮箱　lixinaph2019@126.com
网上书店	http://lixin.jd.com	http://lxkjcbs.tmall.com
经　　销	各地新华书店	
印　　刷	固安华明印业有限公司	
开　　本	787毫米×1092毫米　1/16	
印　　张	23.75　　　　　　插页1	
字　　数	328千字	
版　　本	2023年3月第1版	
印　　次	2024年4月第2次	
书　　号	ISBN 978-7-5429-7317-7/F	
定　　价	98.00元	

如有印订差错，请与本社联系调换

前言

　　本书以个人股权涉税事项为研究对象,聚焦我国个人股权事项涉税问题,尝试运用规范分析、语义分析、案例分析等不同的研究方法,充分借鉴国内外已有的税收学研究成果,详细和系统地探讨个人股权的出资阶段、运营阶段、退出阶段所涉及的一系列常规税务处理问题和特殊税务处理问题。笔者结合多年来积累的实务经验,对其中涉及的一些税务处理疑难问题进行了梳理和分析,提出了自己的观点,形成了较为完整的个人股权事项税务处理操作体系。

　　本书主要按照股权活动的时间顺序展开讨论,共分为四章,包括第一章出资阶段、第二章运营阶段、第三章退出阶段及第四章特殊事项。

　　第一章主要讨论个人投资者以非货币性资产对外投资的税务处理问题。因为对于个人投资者而言,通常情况下,以货币性资产对外投资不涉及税务处理问题,所以本章把目光聚焦于非货币性资产对外投资。第一节聚焦以机器设备对外投资的税务处理问题,第二节关注以无形资产对外投资的税务处理问题。前两节主要讨论其中涉及的增值税和个人所得税的相关问题,并分别讨论一般规定和特殊规定。第三节分析以不动产对外投资的税务处理问题,主要讨论其中涉及的增值税、个人所得税和土地增值税的相关问题。第四节、第五节分析讨论以股权对外投资的税务处理、非货币性资产投资个人所得税的征收管理等其他问题。

　　第二章主要讨论个人投资者在企业运营阶段的税务处理问题。企业运营是实现企业价值和股东利益最大化的根本途径。随着我国税收征管体制改革的纵深推进和个人所得税制建设的持续深化,如何有效防范和化解私人财富积累过程中可能面临的涉税风险,已经成为越来越多高净值人群所关注的焦点。第二章的写作目的即回答这一问题——如何有效防范和化解私人财富积累过程中可能面临的涉税风险。第一节聚焦整体变更的税务处理，首先明确整体变更的经济实质，在此基础上阐明个人取得转增股本与个人取得量化资产之间的差异，其次详细阐述公司整体变更的各种税务处理问题——资本公积转增实收资本(股本)、留存收益转增实收资本(股本)、留存收益转增资本公积问题。第二节关注取得境内非公众公司股息、红利所得的税务处理，将境内非公众公司分为两类，一类为境内非上市或非挂牌中小高新技术企业，另一类为境内其他非上市或非挂牌企业，分别阐明取得两类公司的股息红利所涉及的税务问题；明确视同取得股息、红利的情形——应付股利长期挂账未支付、股东将公款用于消费性支出、股东将公款用于财产性支出、股东向公司长期借款不归还；回答我国港澳台居民及外籍个人取得股息、红利所得的税务如何处理的问题。第三节围绕取得境内新三板挂牌公司股息、红利所得的税务处理问题，即新三板挂牌公司股息红利差别化个税政策展开讨论，首先介绍这一政策的历史沿革，其次明确适用这一政策的股票所需满足的条件、计算口径，最后回顾新三板挂牌公司股息红利差别化个税征管历史沿革。第四节分析取得境内上市公司股息、红利所得的税务处理，包括取得流通股股息、红利所得，取得限售股股息、红利所得，通过沪(深)港通取得H股股息、红利所得的税务处理。

第三章主要讨论股权转让的税务处理问题。股权转让是股东退出的最主要方式，是投资者实现价值变现和财富倍增的重要手段，其中涉及诸多税务处理问题。第一节聚焦转让非公众公司股权的税务处理，具体讨论征税范围、计税依据、特别纳税调整、征收管理、法律责任、追征期限和收回股权。第二节关注转让非上市公众公司股票的税务处理。对此，实务中各地税务机关的执法口径并不一致，因而相关部门出台了财税〔2018〕137号文件，本节则结合案例对文件中的相关规定进行详尽讨论。第三节讨论减持上市公司股票的税务处理问题，首先对减持非限售及限售流通股的征税范围、税率等进行阐述，其次讨论取得股权分置改革补偿对价问题，以及通过沪(深)港通减持H股的相关税务处理问题。第四节主要分析减(撤)资的税务处理问题。笔者认为，个人投资者从公司减(撤)资，应当结合被投资企业的具体情形，适用不同的税务处理方法，不能一概而论。

第四章主要补充讨论一些特殊股权事项的税务处理问题，因为在企业的整个生命周期中，除出资、运营和退出外，往往还伴随代持股、股权激励等特殊经济事项。第一节讨论"明股实地"的税务处理问题,提出对"明股实地"交易模式的认定。到底是应当恪守税收法定原则,还是应当遵循实质课税原则,各方观点不一。本节列举国家税务总局和最高人民法院的不同意见,在此基础上进行分析,提出自己的观点,认为当前不应对"明股实地"交易模式征收土地增值税。第二节分析股权交易包税条款的税务处理问题。首先明确包税条款的基本属性是民事法律约定,但是包税条款约定的内容涉及纳税义务,导致包税条款具有私与公性质混合的特点,因此,包税条款也一直是实践中各方关注的焦点。基于此,本节主要讨论包税条款的民事和税收法律效力、税收法律责任、法律救济途径等问题,梳理关于其税务处理的疑难问题。第三节聚焦股票非交易过户的税务处理问题。笔者指出,股票非交易过户,主要是指不通过场内或场外交易的形式,而使股票的所有权在出让人和受让人之间进行过户的行为。本节具体讨论继承、捐赠、离婚、法人资格丧失、私募资产管理等所涉及的股票过户情形,并列举讨论对其是否属于应税行为的不同观点。由此,笔者提出自己的观点:应当依法计算缴纳增值税、企业所得税和个人所得税,分类讨论个人、公司和合伙企业等不同持股主体的情况。第四节关注天使投资个人的税务处理问题,介绍天使投资个人税收政策的出台背景和发展沿革,然后详细讨论政策的主要内容、适用条件、投资抵扣备案和申报手续流程等问题。此外,本章第五节至第十节依次讨论承债式股权交易的税务处理、不按持股比例分配利润的税务处理、对赌协议的税务处理、代持股的税务处理、股权激励的税务处理以及北京证券交易所上市公司的税务处理等一系列特殊股权事项税务处理问题。

  本书在编写过程中得到了多位业内好友的鼎力支持,限于篇幅,不一一列举,在此表达最诚挚的敬意!

  本书的后期整理工作得到了国家税务总局重庆市税务局第三稽查局余姝同志的大力协助,在此单独表示感谢!

  由于能力和水平有限,书中可能存在欠妥之处,欢迎大家批评指正。

  本书是《股权事项涉税实务》专题系列的第Ⅰ辑——个人篇,企业重组等疑难股权事项将在后续的第Ⅱ辑、第Ⅲ辑……中分别进行专题讨论,敬请大家持续关注。

安慰
2023年3月

目录

CHAPTER 第一章　出资阶段

第一节　以机器设备对外投资的税务处理　// 002

一、增值税　// 002

二、个人所得税　// 004

第二节　以无形资产对外投资的税务处理　// 004

一、增值税　// 005

二、个人所得税　// 007

第三节　以不动产对外投资的税务处理　// 012

一、增值税　// 012

二、个人所得税　// 014

三、土地增值税　// 014

第四节　以股权对外投资的税务处理　// 017

一、增值税　// 018

二、个人所得税　// 018

第五节　非货币性资产投资个人所得税的征收管理　// 019

一、纳税主体　// 020

二、纳税方式 // 020

三、纳税地点 // 020

四、计税依据 // 021

五、纳税期限 // 022

六、现金对价 // 026

七、备案手续 // 030

CHAPTER 第二章　运营阶段

第一节　整体变更的税务处理 // 034

一、整体变更的经济实质 // 034

二、整体变更的税收政策 // 035

第二节　取得境内非公众公司股息、红利所得的税务处理 // 053

一、取得境内非上市或非挂牌中小高新技术企业股息、红利所得 // 055

二、取得境内其他非上市或非挂牌企业股息、红利所得 // 059

三、视同取得股息、红利所得的情形 // 061

四、我国港澳台居民及外籍个人取得股息、红利所得的税务处理 // 079

第三节　取得境内新三板挂牌公司股息、红利所得的税务处理 // 092

一、主要规定 // 093

二、适用范围 // 097

三、计算口径 // 097

四、征收管理 // 098

第四节　取得境内上市公司股息、红利所得的税务处理 // 104

一、取得流通股股息、红利所得 // 104

二、取得限售股股息、红利所得 // 111

三、通过沪(深)港通取得H股股息、红利所得 // 112

CHAPTER 第三章 退出阶段

第一节 转让非公众公司股权的税务处理 // 114

一、征税范围 // 115

二、计税依据 // 125

三、特别纳税调整 // 152

四、征收管理 // 166

五、法律责任 // 168

六、追征期限 // 177

七、收回股权 // 182

第二节 转让非上市公众公司股票的税务处理 // 186

第三节 减持上市公司股票的税务处理 // 194

一、减持非限售流通股 // 194

二、减持限售流通股 // 196

三、取得股权分置改革补偿对价 // 218

四、通过沪(深)港通减持H股 // 222

第四节 减(撤)资的税务处理 // 223

CHAPTER 第四章 特殊事项

第一节 明股实地的税务处理 // 229

一、国家税务总局的相关规定 // 230

二、最高人民法院的裁判意见 // 235

第二节　股权交易包税条款的税务处理 // 241

一、包税条款的税收法律效力 // 241

二、包税条款的税收法律责任 // 245

三、包税条款的法律救济途径 // 247

第三节　股票非交易过户的税务处理 // 249

第四节　天使投资个人的税务处理 // 262

一、政策出台背景 // 262

二、政策主要内容 // 264

三、政策适用条件 // 265

四、投资抵扣备案 // 266

五、投资抵扣申报 // 267

第五节　承债式股权交易的税务处理 // 268

一、承债式股权交易的法律效力 // 268

二、承债式股权交易的主要类型 // 269

三、承债式股权交易的计税依据 // 271

第六节　不按持股比例分配利润的税务处理 // 272

第七节　对赌协议的税务处理 // 281

一、对赌协议的基本内涵 // 281

二、对赌协议的法律效力 // 282

三、对赌协议的分类标准 // 287

四、对赌协议的税务处理 // 289

第八节　代持股的税务处理 // 311

一、代持股协议的法律效力 // 311

二、代持股行为的纳税义务 // 320

第九节　股权激励的税务处理 // 330

一、股权激励的主要类型 // 330

二、上市公司股权激励的税务处理 // 333

三、非上市公司股权激励的税务处理 // 349

第十节　北京证券交易所上市公司的税务处理 // 364

CHAPTER
第一章

出 资 阶 段

根据现行《中华人民共和国公司法》(以下简称《公司法》)第二十七条之规定,股东可以用货币出资,也可以用实物、知识产权、土地使用权等可以用货币估价并可以依法转让的非货币财产作价出资;但是,法律、行政法规规定不得作为出资的财产除外。对作为出资的非货币财产应当评估作价,核实财产,不得高估或者低估作价。法律、行政法规对评估作价有规定的,从其规定。

同时,根据现行《市场主体登记管理条例》第十三条之规定,除法律、行政法规或者国务院决定另有规定外,市场主体的注册资本或者出资额实行认缴登记制,以人民币表示。出资方式应当符合法律、行政法规的规定。公司股东、非公司企业法人出资人、农民专业合作社(联合社)成员不得以劳务、信用、自然人姓名、商誉、特许经营权或者设定担保的财产等作价出资。

对于个人[1]投资者而言,通常情况下,以货币性资产对外投资不涉及税务处理问题。因此,本章主要讨论个人投资者以非货币性资产对外投资的税务处理问题。

---

[1] 如无特别说明,本书中"个人"仅指居民个人。

第一节　以机器设备对外投资的税务处理

机器设备,是指由金属或其他材料组成,由若干零部件装配起来,在一种或几种动力驱动下,能够完成生产、加工、运行等功能或效用的装置。

个人以机器设备对外投资,是指个人以机器设备所有权,出资设立新的企业,以及参与企业增资扩股、定向增发股票、股权置换、重组改制等投资行为。

个人以机器设备对外投资,主要涉及增值税和个人所得税。

一、增值税

（一）一般规定

根据《中华人民共和国增值税暂行条例》（以下简称《增值税暂行条例》）第一条之规定,在中华人民共和国境内销售货物或者提供加工、修理修配劳务以及进口货物的单位和个人,为增值税的纳税人,应当依照本条例缴纳增值税。

根据《中华人民共和国增值税暂行条例实施细则》（以下简称《增值税暂行条例实施细则》）第三条之规定,《增值税暂行条例》第一条所称销售货物,是指有偿转让货物的所有权。《增值税暂行条例》第一条所称提供加工、修理修配劳务,是指有偿提供加工、修理修配劳务。《增值税暂行条例实施细则》所称有偿,是指从购买方取得货币、货物或者其他经济利益。

综上所述,个人以机器设备对外投资,将被投资企业股权作为交易支付对价,属于从购买方取得"其他经济利益",即属于有偿转让机器设备所有权,应当按照"销售货物"项目,依法计算缴纳增值税。

（二）特殊规定

根据《财政部　国家税务总局关于部分货物适用增值税低税率和简易办法征收增值税政策的通知》（财税〔2009〕9号）第二条第（二）项之规定,纳税人销售旧货,按照简易办法依照4%的征收率减半征收增值税。

上述所称旧货，是指进入二次流通的具有部分使用价值的货物（含旧汽车、旧摩托车和旧游艇），但不包括自己使用过的物品。

综上所述，个人以旧机器设备对外投资，应当按照简易办法依照3%的征收率减按2%计算缴纳增值税。

| | | 东财资讯 | | | |

朱某评以机器设备出资设立宇星碳素[1]

2021年2月18日，湖南宇晶机器股份有限公司（证券代码：002943，以下简称宇晶股份）发布《关于对外投资设立控股子公司的公告》（编号：2021—009）披露：

基于战略规划和经营发展需要，为开拓碳纤维复合材料市场，宇晶股份拟与朱某评共同出资设立控股子公司湖南宇星碳素有限公司（暂定名，最终以登记机关核准的名称为准，以下简称宇星碳素）。

宇星碳素注册资本为2 000万元人民币。其中，宇晶股份以货币出资1 020万元，占宇星碳素注册资本的51%；朱某评以机器设备或货币出资980万元，占宇星碳素注册资本的49%。

股权结构如下表所示。

序号	股东名称	出资金额（万元）	出资比例	出资方式
1	宇晶股份	1 020	51%	货币
2	朱某评	980	49%	机器设备或货币
	合计	2 000	100%	

根据《增值税暂行条例》第一条及《增值税暂行条例实施细则》第三条之规

---

[1] 参考资料来源：东方财富网—数据中心—公告大全—宇晶股份—公告正文：《宇晶股份：关于对外投资设立控股子公司的公告》（编号：2021—009）。

定,朱某评以机器设备出资设立宇星碳素的投资行为,应当按照"销售货物"项目,依法计算缴纳增值税。

二、个人所得税

个人以机器设备对外投资,属于个人转让机器设备所有权和对外投资同时发生。对个人转让机器设备所有权,应当按照"财产转让所得"项目,依法计算缴纳个人所得税。

第二节 以无形资产对外投资的税务处理

无形资产,是指不具有实物形态,但能带来经济利益的资产,包括技术、商标、著作权、商誉、自然资源使用权和其他权益性无形资产。

技术,包括专利技术和非专利技术。

自然资源使用权,包括土地使用权、海域使用权、探矿权、采矿权、取水权和其他自然资源使用权。

其他权益性无形资产,包括基础设施资产经营权、公共事业特许权、配额、经营权(包括特许经营权、连锁经营权、其他经营权)、经销权、分销权、代理权、会员权、席位权、网络游戏虚拟道具、域名、名称权、肖像权、冠名权、转会费等。

个人以无形资产对外投资,是指个人以无形资产所有权或者使用权,出资设立新的企业,以及参与企业增资扩股、定向增发股票、股权置换、重组改制等投资行为。

个人以无形资产对外投资,主要涉及增值税和个人所得税。

一、增值税

(一) 一般规定

根据《营业税改征增值税试点实施办法》(财税〔2016〕36号附件1)第十四条之规定,下列情形视同销售服务、无形资产或者不动产:

(1) 单位或者个体工商户向其他单位或者个人无偿提供服务,但用于公益事业或者以社会公众为对象的除外。

(2) 单位或者个人向其他单位或者个人无偿转让无形资产或者不动产,但用于公益事业或者以社会公众为对象的除外。

(3) 财政部和国家税务总局规定的其他情形。

根据税收法定原则,全面"营改增"后,将无偿转让无形资产纳入增值税征税范围,与有偿转让无形资产享受"无差别"税收国民待遇,体现了税收制度的公平性和完整性。同时,将以公益活动为目的或者以社会公众为对象的情况排除在视同转让无形资产之外,也有利于促进社会公益事业的健康发展。

综上所述,个人以无形资产对外投资,无论是否取得交易支付对价,均属于增值税的征税范围,应当按照"销售无形资产"或者"视同销售无形资产"项目,依法计算缴纳增值税。

(二) 特殊规定

根据《营业税改征增值税试点过渡政策的规定》(财税〔2016〕36号附件3)第一条之规定,下列项目免征增值税:

(1) 个人转让著作权。

(2) 纳税人提供技术转让、技术开发和与之相关的技术咨询、技术服务。

技术转让、技术开发,是指《销售服务、无形资产、不动产注释》中"转让技术""研发服务"范围内的业务活动。技术咨询,是指就特定技术项目提供可行性论证、技术预测、专题技术调查、分析评价报告等业务活动。

与技术转让、技术开发相关的技术咨询、技术服务,是指转让方(或者受托方)根据技术转让或者开发合同的规定,为帮助受让方(或者委托方)掌握所转让(或者委托开发)的技术,而提供的技术咨询、技术服务业务,且这部分技术咨询、技术服务的价款与技术转让或者技术开发的价款应当在同一张发票上开具。

试点纳税人申请免征增值税时,须持技术转让、开发的书面合同,到纳税人所在地省级科技主管部门进行认定,并持有关的书面合同和科技主管部门审核意见证明文件报主管税务机关备查。

综上所述,个人以技术所有权、著作权对外投资,属于增值税的免税范围,免征增值税。

东财资讯

范某鹏以无形资产出资设立山东华数[1]

2019年9月16日,武汉华中数控股份有限公司(证券代码:300161,以下简称华中数控)发布《关于投资设立山东华数智能制造有限公司的公告》(编号:2019—063)披露:

华中数控拟与滕州市工业资产运营有限公司(以下简称滕州工业)、范某鹏共同出资设立山东华数智能制造有限公司(以下简称山东华数),以推动高端智能装备产业的自主创新,打造山东先进装备制造业产业集群,加快传统制造业转型升级为目标,致力于智能装备、工业自动化领域的科研和产业化,为山东及周边区域的产业升级、装备智能化提供服务。

山东华数注册资本5 000万元,采用现金、无形资产的方式出资,其中,滕州工业以现金出资1 000万元,占注册资本的20%;华中数控以无形资产(专利权、非专利技术、著作权)出资2 000万元,现金出资1 000万元,合计占注册资

---

[1] 参考资料来源:东方财富网—数据中心—公告大全—华中数控—公告正文:《华中数控:关于投资设立山东华数智能制造有限公司的公告》(编号:2019—063)。

本的60%；范某鹏以无形资产(专利权、非专利技术、著作权)出资500万元,现金出资500万元,合计占注册资本的20%。

股权结构如下表所示。

序号	股东名称	出资金额(万元)	出资比例	出资方式
1	滕州工业	1 000	20%	现金
2	华中数控	2 000	60%	无形资产(专利权、非专利技术、著作权)
		1 000		现金
3	范某鹏	500	20%	无形资产(专利权、非专利技术、著作权)
		500		现金
合计		5 000	100%	

根据《营业税改征增值税试点过渡政策的规定》(财税〔2016〕36号附件3)第一条之规定,范某鹏以无形资产(专利权、非专利技术、著作权)出资设立山东华数的投资行为,属于增值税的免税范围,免征增值税。

二、个人所得税

(一)一般规定

个人以无形资产所有权对外投资,属于个人转让无形资产所有权和对外投资同时发生。对个人转让无形资产所有权,应当按照"财产转让所得"项目,依法计算缴纳个人所得税。

个人以专利权、商标权、著作权、非专利技术使用权以及其他特许权对外投资,属于个人让渡无形资产使用权和对外投资同时发生。对个人让渡无形资产使用权,应当按照"特许权使用费所得"项目,依法计算缴纳个人所得税。

(二)特殊规定

为支持国家"大众创业、万众创新"战略的实施,促进我国经济结构转型升级,经国务院批准,财政部、国家税务总局于 2016 年 9 月 20 日联合发布《关于完善股权激励和技术入股有关所得税政策的通知》(以下简称财税〔2016〕101 号文件),明确规定个人以技术成果投资入股到境内居民企业,被投资企业支付的对价全部为股票(权)的,个人可选择继续按现行有关税收政策执行,也可选择适用递延纳税优惠政策。

财税〔2016〕101 号文件中所称的"现行有关税收政策"是指《财政部 国家税务总局关于个人非货币性资产投资有关个人所得税政策的通知》(以下简称财税〔2015〕41 号文件)。

1. 政策对比

1)财税〔2015〕41 号文件的相关规定

(1)个人以非货币性资产对外投资,一次性缴税有困难的,可合理确定分期缴纳计划并报主管税务机关备案后,自发生上述应税行为之日起不超过 5 个公历年度内(含)分期缴纳个人所得税。

(2)个人以非货币性资产投资,应按评估后的公允价值确认非货币性资产转让收入。非货币性资产转让收入减除该资产原值及合理税费后的余额为应纳税所得额。

(3)个人以非货币性资产投资,应于非货币性资产转让、取得被投资企业股权时,确认非货币性资产转让收入的实现。

(4)个人以非货币性资产投资交易过程中取得现金补价的,现金部分应优先用于缴税;现金不足以缴纳的部分,可分期缴纳。

(5)个人在分期缴税期间转让其持有的上述全部或部分股权,并取得现金收入的,该现金收入应优先用于缴纳尚未缴清的税款。

2)财税〔2016〕101 号文件的相关规定

(1)自 2016 年 9 月 1 日起,个人以技术成果投资入股到境内居民企业,被投资企业支付的对价全部为股票(权)的,个人可选择继续按现行有关税收政策执行,也可选择适用递延纳税优惠政策。

(2)个人选择技术成果投资入股递延纳税政策的,经向主管税务机关备案,投资入股当期可暂不纳税,允许递延至转让股权时,按股权转让收入减去技术成果原值和合理税费后的差额计算缴纳所得税。

对比上述两份文件可以看出，递延纳税优惠政策和现行税收政策最大的区别是，递延纳税优惠政策突破了财税〔2015〕41号文件中"自发生应税行为之日起不超过5个公历年度内(含)分期缴纳个人所得税"的规定。也就是说，只要投资者个人一直持有被投资企业的股权，就可以一直享受递延纳税优惠政策，直到股权转让为止。因此，递延纳税优惠政策比现行税收政策在计算缴纳个人所得税上有了更大的优惠。

2.注意事项

个人以技术成果投资入股选择递延纳税优惠政策时需要注意以下事项。

第一，要满足基础条件。技术成果投资入股，是指个人将技术成果所有权让渡给被投资企业、取得被投资企业支付的对价全部为股票(权)的行为。个人将技术成果使用权(包括独占许可和非独占许可)让渡给被投资企业，无论取得被投资企业支付的对价是否全部为股票(权)，均不适用财税〔2016〕101号文件规定的递延纳税税收优惠政策。

上述所称技术成果，是指专利技术(含国防专利)、计算机软件著作权、集成电路布图设计专有权、植物新品种权、生物医药新品种，以及科技部、财政部和国家税务总局确定的其他技术成果。

同时，个人以技术成果投资入股非居民企业或登记注册地在境外的居民企业，也不适用财税〔2016〕101号文件规定的递延纳税税收优惠政策。

第二，要及时主动备案。个人以技术成果投资入股境内企业并选择递延纳税的，被投资企业应于取得技术成果并支付股权之次月15日内，向主管税务机关报送《技术成果投资入股个人所得税递延纳税备案表》、技术成果相关证书或证明材料、技术成果投资入股协议、技术成果评估报告等资料。

这里需要到主管税务机关申请备案的主体不是个人，而是被投资企业。被投资企业未在规定期限内到主管税务机关办理备案手续的，个人不得享受财税〔2016〕101号文件规定的递延纳税税收优惠政策。

第三，要正确进行核算。个人选择适用上述任何一项政策，均允许被投资企业按技术成果投资入股时的评估值入账并在企业所得税前摊销扣除。

企业接受技术成果投资入股，技术成果评估值明显不合理的，主管税务机关有权进行调整。

媒体视点

无形资产投资后转让股权如何缴纳个税[1]

在"大众创业、万众创新"的时代，不少科技人才以自身拥有的科技创新成果进行投资。此类投资者取得股权后再转让，应依法缴纳个人所得税。税务机关在办理此类股权转让时，时常发现纳税人错误理解政策，导致少缴纳税款。本文结合案例具体剖析个人以无形资产投资后再进行股权转让，应如何正确缴纳个人所得税。

2016年12月，某自然人股东甲将自己在A公司的全部份额转让给B上市公司，股权转让合同总金额51 719万元，其中取得现金收入5 746万元，取得受让方公司的股份价值45 973万元。对应股权原值为2 268万元，其中货币出资金额1 179万元，知识产权出资1 089万元。

纳税人自己计算的应纳税额如下：应纳税总额为9 890.2万元[（51 719 - 2 268）×20%]，现金部分应纳税额为1 099万元[（5 746÷51 719）×9 890.2]，对价部分应纳税额为8 791.2万元（9 890.2 - 1 099）。纳税人认为当期应入库税款1 099万元，办理分期备案缴纳税款8 791.2万元。

税务人员经初步审阅，认为纳税人的计算过程似乎没有什么问题，对取得的现金部分按照取得全部价款的比例纳税似乎也很有道理。但对该案例仔细分析后发现，纳税人少计算了一个环节的税款，同时取得的现金部分也没有足额纳税。

对纳税人的转让行为进一步分析可以看出，此次转让实际存在两次纳税义务。一是自然人甲以1 089万元的无形资产入资，取得A公司股权。按照《财政部 国家税务总局关于个人非货币性资产投资有关个人所得税政策的通知》（财税〔2015〕41号）之规定，个人以非货币性资产投资，属于个人转让非货币性

---

[1] 参考资料来源：单荣艳、胡映月：《无形资产投资后转让股权如何缴纳个税》，《中国税务报》2017年1月20日。

资产和投资同时发生。对个人转让非货币性资产的所得,应按照"财产转让所得"项目,依法计算缴纳个人所得税,而该案例中纳税人并没有计算该笔税款。二是自然人甲将对 A 公司的投资转让给 B 公司,取得 B 公司股权时,属于再次转让非货币资产行为。对个人非货币性资产投资转让所得,仍应按照"财产转让所得"项目,依法计算缴纳个人所得税。

第一次非货币性资产投资的应纳税额计算方法如下。对于第一次非货币性资产投资,税务人员需要获取自然人甲以无形资产入资时的资产原值。经过调查取证,纳税人甲提供了 2015 年 9 月开发无形资产时的相关成本费用票据 20 万元,于是税务机关可以认定该项无形资产的原值为 20 万元。第一次非货币性资产投资应纳税额确认为 213.8 万元[(1 089 − 20)×20%]。按财税[2015]41 号文件的规定,个人应在发生上述应税行为的次月 15 日内向主管税务机关申报纳税。纳税人一次性缴税有困难的,可合理确定分期缴纳计划并报主管税务机关备案后,自发生上述应税行为之日起不超过 5 个公历年度内(含)分期缴纳个人所得税。个人以非货币性资产投资交易过程中取得现金补价的,现金部分应优先用于缴税;现金不足以缴纳的部分,可分期缴纳。由于此次投资纳税人并没有取得现金收入,因此可以根据文件规定,到税务机关办理备案手续,享受分期纳税的优惠政策,税款在 2019 年年末结清即可。

第二次非货币性资产投资的应纳税额计算方法如下。自然人甲将 A 公司的全部份额转让给 B 公司,取得了 B 公司的股权,由于是取得了对方的股权,同样可以认定为非货币性资产投资。此次投资的应纳税额为 9 890.2 万元[(51 719 − 2 268)×20%]。本次投资,取得了现金对价 5 746 万元。根据财税[2015]41 号文件的规定,个人在分期缴税期间转让其持有的上述全部或部分股权,并取得现金收入的,该现金收入应优先用于缴纳尚未缴清的税款。因此,该现金应首先缴纳第一次非货币性资产投资产生的税款 213.8 万元,由于取得的现金收入 5 746 万元远大于该次投资产生的税款 213.8 万元,此时享受分期纳税的优惠截止,应结清税款 213.8 万元。结清该笔税款后,剩余现金 5 532.2 万元(5 746 − 213.8),要优先用于缴纳第二次非货币性资产投资产生的税款 9 890.2 万元,尚未足额缴纳的部分 4 358 万元(9 890.2 − 5 532.2)可以办理备案,享受分期纳税的优惠政策,税款递延至 2020 年结清即可。

税务人员根据上述分析,对纳税人进行了详细的税政政策辅导,纳税人缴纳了税款 5 746 万元(213.8 + 5 532.2),同时办理了 4 358 万元的分期纳税备案。

第三节 以不动产对外投资的税务处理

不动产,是指不能移动或者移动后会引起性质、形状改变的财产,包括建筑物、构筑物等。

建筑物,包括住宅、商业营业用房、办公楼等可供居住、工作或者进行其他活动的建造物。

构筑物,包括道路、桥梁、隧道、水坝等建造物。

转让建筑物有限产权或者永久使用权的,转让在建的建筑物或者构筑物所有权的,以及在转让建筑物或者构筑物时一并转让其所占土地的使用权的,应当按照"销售不动产"项目计算缴纳增值税。

个人以不动产对外投资,是指个人以不动产所有权,出资设立新的企业,以及参与企业增资扩股、定向增发股票、股权置换、重组改制等投资行为。

个人以不动产对外投资,主要涉及增值税、个人所得税和土地增值税。

一、增值税

(一)一般规定

根据《营业税改征增值税试点实施办法》(财税〔2016〕36 号附件 1)第十四条之规

定,下列情形视同销售服务、无形资产或者不动产：

(1)单位或者个体工商户向其他单位或者个人无偿提供服务,但用于公益事业或者以社会公众为对象的除外。

(2)单位或者个人向其他单位或者个人无偿转让无形资产或者不动产,但用于公益事业或者以社会公众为对象的除外。

(3)财政部和国家税务总局规定的其他情形。

根据税收法定原则,全面"营改增"后,将无偿转让不动产纳入增值税征税范围,与有偿转让不动产享受"无差别"税收国民待遇,体现了税收制度的公平性和完整性。同时,将以公益活动为目的或者以社会公众为对象的情况排除在视同转让不动产之外,也有利于促进社会公益事业的健康发展。

综上所述,个人以不动产对外投资,无论是否取得交易支付对价,均属于增值税的征税范围,应当按照"销售不动产"或者"视同销售不动产"项目,依法计算缴纳增值税。

(二) 特殊规定

根据《营业税改征增值税试点过渡政策的规定》(财税〔2016〕36号附件3)第一条之规定,个人销售自建自用住房免征增值税。

根据《营业税改征增值税试点过渡政策的规定》(财税〔2016〕36号附件3)第五条之规定,个人将购买不足2年的住房对外销售的,按照5%的征收率全额缴纳增值税;个人将购买2年以上(含2年)的住房对外销售的,免征增值税。上述政策适用于北京市、上海市、广州市和深圳市之外的地区。

个人将购买不足2年的住房对外销售的,按照5%的征收率全额缴纳增值税;个人将购买2年以上(含2年)的非普通住房对外销售的,以销售收入减去购买住房价款后的差额按照5%的征收率缴纳增值税;个人将购买2年以上(含2年)的普通住房对外销售的,免征增值税。上述政策仅适用于北京市、上海市、广州市和深圳市。

办理免税的具体程序、购买房屋的时间、开具发票、非购买形式取得住房行为及其他相关税收管理规定,按照《国务院办公厅转发建设部等部门关于做好稳定住房价格工作意见的通知》(国办发〔2005〕26号)、《国家税务总局 财政部 建设部关于加强房地产税收管理的通知》(国税发〔2005〕89号)和《国家税务总局关于房地产税收政策执行中几个具体问题的通知》(国税发〔2005〕172号)的有关规定执行。

二、个人所得税

(一)一般规定

个人以不动产对外投资,属于个人转让不动产所有权和对外投资同时发生。对个人转让不动产所有权,应当按照"财产转让所得"项目,依法计算缴纳个人所得税。

(二)特殊规定

根据《财政部 国家税务总局 建设部关于个人出售住房所得征收个人所得税有关问题的通知》(财税字〔1999〕278号)第四条之规定,对个人转让自用5年以上,并且是家庭唯一生活用房取得的所得,继续免征个人所得税。

三、土地增值税

近年来,我国企业改制重组步伐不断加快,企业改制重组不仅成为企业加强资源整合、提高竞争力的有效措施,也成为国家化解产能过剩矛盾、调整优化产业结构的重要途径。为深入贯彻党的十八大和十八届二中、三中全会精神,促进企业改制重组,2014年3月,国务院颁布《关于进一步优化企业兼并重组市场环境的意见》(国发〔2014〕14号),明确要求营造良好的市场环境,充分发挥企业在改制重组中的主体作用,抓紧研究完善企业改制重组涉及的土地增值税政策。

为落实党中央和国务院有关要求,财政部、国家税务总局制定出台了一系列支持企业改制重组的土地增值税税收优惠政策。

根据《财政部 国家税务总局关于企业改制重组有关土地增值税政策的通知》(财税〔2015〕5号)第四条、第五条之规定,单位、个人在改制重组时以国有土地、房屋进行投资,对其将国有土地、房屋权属转移、变更到被投资的企业,自2015年1月1日起至

2017年12月31日止,暂不征土地增值税。

上述改制重组有关土地增值税政策不适用于房地产开发企业。

根据《财政部 税务总局关于继续实施企业改制重组有关土地增值税政策的通知》(财税〔2018〕57号)第四条、第五条之规定,单位、个人在改制重组时以房地产作价入股进行投资,对其将房产转移、变更到被投资的企业,自2018年1月1日起到2020年12月31日止,暂不征土地增值税。

上述改制重组有关土地增值税政策不适用于房地产转移任意一方为房地产开发企业的情形。

根据《财政部 税务总局关于继续实施企业改制重组有关土地增值税政策的公告》(财政部 税务总局公告2021年第21号)第四条、第五条之规定,单位、个人在改制重组时以房地产作价入股进行投资,对其将房地产转移、变更到被投资的企业,自2021年1月1日起至2023年12月31日止,暂不征土地增值税。

上述改制重组有关土地增值税政策不适用于房地产转移任意一方为房地产开发企业的情形。

由此可见,可以选择适用上述有关土地增值税税收优惠政策的基本前提是企业改制重组。企业改制重组是一种通俗的说法,截至目前,学术界对"企业改制重组"的定义和范围尚未形成共识。

笔者认为,企业改制重组包括企业改制和企业重组两个维度。

第一个维度:企业改制。

企业改制,是指依法改变企业原有的资本结构、组织形式、经营管理模式或体制等,使其在客观上适应企业发展的新的需要的过程,包括整体改制和部分改制。

整体改制是指企业以全部资产为基础,通过资产重组,整体改建为符合现代企业制度要求的、规范的企业。整体改制特别适合中小型企业。

部分改制是指企业对部分资产进行重组,通过吸收其他股东的投资或转让部分股权设立新的企业,原企业继续保留。部分改制比较适合于大型企业,尤其是设立股份有限公司时多采用部分改制的方式。

第二个维度:企业重组。

企业重组,是指企业在日常经营活动以外发生的法律结构或经济结构重大改变的交易,包括企业法律形式改变、债务重组、股权收购、资产收购、合并、分立等。

综上所述,个人以房地产作价入股进行投资本身就是企业改制重组的一种方式,因此,"单位、个人在改制重组时以房地产作价入股进行投资"完全可以等同于"单位、个人以房地产作价入股进行投资"。

也就是说,个人以房地产作价入股进行投资,只要被投资企业不是房地产开发企业,对个人将房地产转移、变更到被投资的企业,均暂不征土地增值税。

东财资讯

王某光以土地使用权出资设立旷达农牧[1]

2015年9月11日,旷达科技集团股份有限公司(证代码:002516,以下简称旷达科技)发布《关于全资子公司合资设立光伏农牧发展有限公司的公告》(编号:2015—084)披露:

旷达科技的全资子公司江苏旷达电力投资有限公司(以下简称旷达电力)拟与王某光共同出资设立控股子公司新疆旷达国光光伏农牧发展有限公司(以下简称旷达农牧)。

旷达农牧注册资本为1 000万元人民币。其中,旷达电力以货币出资5 100万元,占旷达农牧注册资本的51%;王某光以土地使用权出资4 900万元,占旷达农牧注册资本的49%。

王某光用于出资的土地使用权明细如下表所示。

---

[1] 参考资料来源:东方财富网—数据中心—公告大全—旷达科技—公告正文《旷达科技:关于全资子公司合资设立光伏农牧发展有限公司的公告》(编号:2015—084)。

权利人	土地使用权证号	面积(m²)	终止日期	位置	使用权类型	用途
王某光	库国用(2009)第0369号	3 333 333.33	2059年11月16日	库车县二八台农场五队	出让	农业生态
王某光	库国用(2009)第0072号	1 468 967.60	2059年4月29日	库车县二八台农场六队	出让	农业生态
王某光	库国用(2009)第0073号	1 038 948.10	2059年4月29日	库车县二八台农场六队	出让	农业生态
王某光	库国用(2009)第0074号	825 417.00	2059年4月29日	库车县二八台农场六队	出让	农业生态

根据《财政部 国家税务总局关于企业改制重组有关土地增值税政策的通知》(财税〔2015〕5号)(已失效)第四条之规定,王某光以土地使用权出资设立旷达农牧的投资行为,暂不征土地增值税。

第四节 以股权对外投资的税务处理

股权,是指有限责任公司或者股份有限公司的股东,基于其股东资格而享有的,从公司获得经济利益,并参与公司经营管理的综合性权利。

个人以股权对外投资,是指个人以非公众公司股权,出资设立新的企业,以及参与企业增资扩股、定向增发股票、股权置换、重组改制等投资行为。

根据《最高人民法院关于适用〈中华人民共和国公司法〉若干问题的规定(三)》(法释〔2020〕18号)第十一条第一款之规定,出资人以其他公司股权出资,符合下列条件的,人民法院应当认定出资人已履行出资义务：①出资的股权由出资人合法持有并依法可以转让；②出资的股权无权利瑕疵或者权利负担；③出资人已履行关于股权转让的法定手续；④出资的股权已依法进行了价值评估。

个人以股权对外投资，主要涉及个人所得税。

一、增值税

全面"营改增"后，《营业税改征增值税试点实施办法》（财税〔2016〕36 号附件1）将金融商品转让纳入增值税的征税范围，按照"金融服务"项目，依法征收增值税。

金融商品转让，是指转让外汇、有价证券、非货物期货和其他金融商品所有权的业务活动。

其他金融商品转让包括基金、信托、理财产品等各类资产管理产品和各种金融衍生品的转让。

由于非公众公司的股权缺乏流通性，不属于金融商品的范畴，因此，转让非公众公司股权不属于增值税的征税范围，不征增值税。

综上所述，个人以股权对外投资，不属于增值税的征税范围，不征增值税。

二、个人所得税

个人以股权对外投资，属于个人转让股权和对外投资同时发生。对个人转让股权，应当按照"财产转让所得"项目，依法计算缴纳个人所得税。

| 政策链接 |

国家税务总局关于个人以股权参与上市公司
定向增发征收个人所得税问题的批复

国税函〔2011〕89号

江苏省地方税务局：

你局关于《关于个人以股权参与上市公司定向增发有关个人所得税问题的请示》（苏地税发〔2010〕72号）收悉。经研究，批复如下：

根据《中华人民共和国个人所得税法》及其实施条例等规定，南京浦东建设发展有限公司自然人以其所持该公司股权评估增值后，参与苏宁环球股份有限公司定向增发股票，属于股权转让行为，其取得所得，应按照"财产转让所得"项目缴纳个人所得税。

国家税务总局

2011年2月14日

第五节 非货币性资产投资个人所得税的征收管理

随着我国社会主义市场经济体制改革的不断深入，民间投资逐步发展壮大。特别是近年来，在企业新设立、兼并重组、增资扩股、定向增发等经济活动中，个人直接以股权、科技成果、不动产等非货币性资产进行投资的行为日益增多，这些行为大都涉及个人所得税问题。但是由于非货币性资产投资交易过程中没有或仅有少量现金流，且大多交易金额较大，纳税人可能缺乏足够资金纳税，导致征纳双方争议较大，税务机关执法也面临两难境地。

为进一步鼓励和引导民间投资,促进"大众创业、万众创新",缓解纳税人缺乏足够资金纳税的困难,2015年3月30日,财政部、国家税务总局联合发布《关于个人非货币性资产投资有关个人所得税政策的通知》(财税〔2015〕41号)。为切实配合财税〔2015〕41号文件的精准落地,2015年4月8日,国家税务总局又及时出台《国家税务总局关于个人非货币性资产投资有关个人所得税征管问题的公告》(国家税务总局公告2015年第20号)。

财税〔2015〕41号文件和国家税务总局公告2015年第20号文件是当前非货币性资产投资个人所得税征收管理的纲领性文件。

一、纳税主体

非货币性资产投资个人所得税的纳税人为发生非货币性资产投资行为并取得被投资企业股权的个人。

二、纳税方式

非货币性资产投资个人所得税不适用被投资企业源泉扣缴,应当由个人向主管税务机关自行申报缴纳。

三、纳税地点

个人以房产、土地等不动产对外投资,以不动产所在地税务机关为主管税务机关。例如,王某光以土地使用权出资设立旷达农牧,应当由王某光向新疆阿克苏地区库车县主管税务机关自行申报缴纳"财产转让所得"个人所得税。

个人以其持有的企业股权对外投资,以该企业所在地税务机关为主管税务机关。

个人以其他非货币资产对外投资,以被投资企业所在地税务机关为主管税务机关。

例如,朱某评以机器设备出资设立宇星碳素,应当由朱某评向湖南省益阳市资阳区长春经济开发区主管税务机关自行申报缴纳"财产转让所得"个人所得税。

四、计税依据

根据现行《公司法》第二十七条第二款之规定,对作为出资的非货币财产应当评估作价,核实财产,不得高估或者低估作价。

对资产评估价值高出个人初始取得该资产时实际发生的支出(资产原值)的部分,个人虽然没有现金流入,但取得了另一家企业的股权,符合《中华人民共和国个人所得税法实施条例》(以下简称《个人所得税法实施条例》)第八条关于"个人所得的形式,包括现金、实物、有价证券和其他形式的经济利益"的规定,应当按照"财产转让所得"项目,依法计算缴纳个人所得税;反之,如果评估后的公允价值没有超过原值,个人则没有所得,也就不需要缴纳个人所得税。

个人非货币性资产投资应纳税所得额为非货币性资产转让收入减除该资产原值及合理税费后的余额。其计算公式如下:

$$个人非货币性资产投资应纳税所得额 = 非货币性资产转让收入 - 资产原值 - 转让时按规定支付的合理税费$$

(一)非货币性资产转让收入

非货币性资产投资,应按评估后的公允价值确认非货币性资产转让收入。例如,范某鹏以无形资产出资设立山东华数(详见本书第6页),其非货币性资产转让收入应确认为500万元。

(二)非货币性资产原值

非货币性资产原值为个人取得该项资产时实际发生的支出。

个人无法提供完整、准确的非货币性资产原值凭证,不能正确计算非货币性资产原值的,主管税务机关可依法核定其非货币性资产原值。

个人以股权投资的,该股权原值确认等相关问题依照《股权转让所得个人所得税管理办法(试行)》(国家税务总局公告2014年第67号)有关规定执行。

(三)合理税费

合理税费,是指个人在非货币性资产投资过程中发生的与资产转移相关的税金及合理费用。

这里的"相关"是指个人在非货币性资产投资过程中发生的,与资产转移有关的税费和合理费用,如果纳税人发生了其他税金及合理费用,但与该资产转移无关,就不能算在"相关"范围内,不能在计算非货币性资产投资应纳税所得额时减除。具体范围可以参考《股权转让所得个人所得税管理实施办法》(广西壮族自治区地方税务局公告2015年第6号)第十二条之规定,合理费用是指自然人股东在转让股权过程中按规定缴付的税金及费用,包括印花税、资产评估费、中介服务费等。

例如,王某、李某最初各出资300万元成立A公司。为促进企业发展壮大,王某、李某两人与B公司达成重组协议,B公司以派发股份并支付现金补价方式购买王某、李某持有的A公司股权。其中,分别向两人派发价值3 000万元的股份、支付300万元的现金,在此过程中两人各自发生评估费、中介费等相关税费100万元。那么,王某、李某应分别缴纳个人所得税580万元[(3 000+300-300-100)×20%]。

五、纳税期限

个人以非货币性资产投资,应于非货币性资产转让、取得被投资企业股权时,确认非货币性资产转让收入的实现。

个人应在发生上述应税行为的次月15日内向主管税务机关申报纳税。个人一次性缴税有困难的,可合理确定分期缴纳计划并报主管税务机关备案后,自发生上述应税行为之日起不超过5个公历年度内(含)分期缴纳个人所得税。

对于"一次性缴税有困难",财税〔2015〕41号文件和国家税务总局公告2015年第20号文件均未作出明确解释。笔者认为,根据"纳税必要资金原则",个人在以非货币性资产投资交易过程中,未取得现金补价或者虽取得现金补价,但现金补价不足以缴纳应纳个人所得税税款的,均可视为"一次性缴税有困难",可申请享受递延纳税优惠政策。

"合理确定分期缴税计划"不必然等同于"分期均匀缴税"。非货币性资产投资个人所得税递延纳税属于备案类而非核准类税收优惠项目,即属于不需要税务机关核准的税收优惠项目。也就是说,个人以非货币性资产对外投资,由纳税人自行判断是否可以享受财税〔2015〕41号文件和国家税务总局公告2015年第20号文件的相关税收优惠政策并履行备案手续,无需税务机关核准。税务机关受理备案时,仅对纳税人提供资料的完整性进行逻辑审核,由纳税人对报送材料的真实性和合法性承担责任。

由此可见,"合理确定分期缴税计划"的实施主体应该是纳税人而非税务机关,分期缴税计划是否合理应由纳税人自行判断,税务机关无权作出任何调整。当然,纳税人也有权选择"分期均匀缴税",具体如何选择,纳税人可结合自身实际情况,自行决定。

东财资讯

马某以神马电力75%股份作价3.24亿元入股神马控股[1]

2019年7月2日,江苏神马电力股份有限公司(证券代码:603530,以下简称神马电力)发布《首次公开发行股票招股说明书》披露:

第五节 神马电力基本情况

三、神马电力历史沿革、股本形成及重大资产重组

(二)神马电力的设立及股权沿革

3. 神马电力股东变更及转增股本(2016年8月)

2016年6月29日,神马电力召开股东大会并作出决议,同意神马电力以资本公积金100 318 363.51元、法定公积金597 744.77元、未分配利润176 283 891.72元,合计27 720万元向神马电力截至2016年8月20日登记在册的股东转增股本,转增完成后,神马电力总股本由8 280万股变更为36 000万股。

---

[1] 参考资料来源:东方财富网—数据中心—公告大全—神马电力—公告正文:《603530:神马电力首次公开发行股票招股说明书》《603530:2020年年度报告》。

2016年8月18日，马某与上海神马电力控股有限公司（以下简称神马控股）签订了《股份出资协议》，约定参照上海东洲资产评估有限公司于2016年7月31日出具的沪东洲资评报字〔2016〕第0619201号《企业价值评估报告》所确定的神马电力截至2015年12月31日经评估的净资产值，马某将其持有的神马电力75%股份合计作价32 400万元用于认缴神马控股的注册资本32 400万元。

2016年8月25日，神马电力取得南通市工商行政管理局核发的统一信用代码为91320600252010993R的《企业法人营业执照》。

本次股份变动暨增资完成后，神马电力股权结构如下表所示。

序号	股东名称	持股数量（万股）	持股比例
1	神马控股	27 000.00	75%
2	陈某琴	9 000.00	25%
	合计	36 000.00	100%

《公司法》（2014年3月1日起施行）（已被修正）已无强制性要求对实收资本进行审验，本次增资神马电力未聘请验资机构出具验资报告，基于审慎原则，普华永道对本次增资事项进行了复核并出具了《验资报告》（普华永道中天验字（2017）第946号），验证截至2016年8月25日，神马电力变更后的注册资本为36 000万元。

经核查个人所得税备案表，陈某琴已就上述转增股份缴纳了个人所得税。根据财政部、国家税务总局颁布的《关于个人非货币性资产投资有关个人所得税政策的通知》（财税〔2015〕41号）第三条的规定，"纳税人一次性缴税有困难的，可合理确定分期缴纳计划并报主管税务机关备案后，自发生上述应税行为之日起不超过5个公历年度内（含）分期缴纳个人所得税"。经核查马某于2017年4月20日填报备案的《非货币性资产投资分期缴纳个人所得税备案表》，江苏省南通地方税务局第一税务分局已对其分期缴纳个人所得税事项进行了备案，计划缴税金额为38 929 665.84元，自2016年起分5年缴清，每期计划纳税金额分别为665.84元、46.90万元、30.00万元、46.00万元、3 770.00万元。经核查神马电力代缴税款的银行转账凭证、《扣缴个人所得税报告表》等资料,截至2018年12月31日,马某已按时缴纳了2016年度、2017年度和2018年度的分期税款,不存在对发行上市构成障碍的未缴税情形。根据马某出具的《承诺函》,马某承诺将按照已备案的缴纳计划按期缴纳税款,并承担未履行纳税义务的一切责任。就余下两期税款,马某将通过个人工资奖金、间接取得的神马电力现金分红及其他自筹资金按期支付。

保荐机构、律师认为,马某分期缴纳个人所得税符合相关法律法规的规定,并已履行税务机关备案程序,其按时缴纳了2016年度、2017年度和2018年度分期税款,不存在对发行上市构成障碍的未缴税情形;马某已承诺将按照已备案的缴纳计划按期缴纳税款,并承担未履行纳税义务的一切责任。

综上所述,神马电力在历次股权转让、转增股本和改制时不存在纳税人利用低价转让规避税收缴纳义务的情形,除马某依据经税务机关备案的分期缴纳计划尚在按期缴纳税款外,其他纳税人已缴纳税款。

2021年3月20日,神马电力发布《2020年年度报告》披露:

第五节 重要事项

二、承诺事项履行情况

(一)神马电力实际控制人、股东、关联方、收购人以及神马电力等承诺相关方在报告期内或持续到报告期内的承诺事项

注7:关于税款缴纳相关承诺

马某于2017年4月20日填报备案《非货币性资产投资分期缴纳个人所得税备案表》,江苏省南通地方税务局第一税务分局已对其分期缴纳个人所得税事项进行了备案,计划缴税金额为38 929 665.84元,自2016年起分5年缴清,每期计划纳税金额分别为665.84元、46.90万元、30.00万元、46.00万元、3 770.00万元。

马某承诺:本人承诺将按照于江苏省南通地方税务局第一税务分局备案的《非货币性资产投资分期缴纳个人所得税备案表》按期缴纳税款,并承担未履行纳税义务的一切责任。本承诺函自签署之日起正式生效并不可变更或撤销。

如果本人违反上述承诺导致神马电力的利益及其他股东权益受到损害,本人同意承担相应的损害赔偿责任。

本承诺已履行完毕。

六、现金对价

个人以非货币性资产投资交易过程中取得现金补价的,现金部分应优先用于缴税;现金不足以缴纳的部分,可分期缴纳。

个人在分期缴税期间转让其持有的上述全部或部分股权,并取得现金收入的,该现金收入应优先用于缴纳尚未缴清的税款。

个人在分期缴税期间转让股权的,应于转让股权之日的次月 15 日内向主管税务机关申报纳税。

||||案件追踪||||

国家税务总局广州市税务局第三稽查局[1]
税务文书送达公告

2020 年第 91 号

李某莲(纳税人识别号:422423×××××××002X):

因采用直接送达、留置送达、委托送达、邮寄送达等方式无法向你(单位)送达税务文书。根据《中华人民共和国税收征收管理法实施细则》第一百零六条的规定,向你(单位)公告送达《税务处理决定书》(穗税三稽处[2020]22 号),文书内容如下:

---

[1] 参考资料来源:国家税务总局广东省税务局官网首页—广州市税务局—通知公告—涉税公告:《税务文书送达公告(李某莲税务处理决定书)》。

我局(所)于 2017 年 12 月 22 日至 2020 年 3 月 17 日对你(单位)2014 年 1 月 1 日至 2016 年 12 月 31 日期间的税费申报缴纳情况进行了检查,违法事实及处理决定如下。

一、违法事实

1. 你系广州市邦富软件有限公司的原股东,原持有广州市邦富软件有限公司的 38.096% 股权,出资额 9 524 000.00 元。

2. 2014 年 5 月 16 日,你与华闻传媒投资集团股份有限公司签署《华闻传媒投资集团股份有限公司与程某玲、李某莲、曾某帆之发行股份及现金购买资产协议》,约定:你将持有的广州市邦富软件有限公司的 38.096% 股权转让给华闻传媒投资集团股份有限公司,取得股份对价收入 197 490 200.00 元(华闻传媒投资集团股份有限公司股份 14 436 421.00 股,每股作价 13.68 元)和现金对价收入 76 800 000.00 元。

3. 2014 年 5 月 16 日,你与华闻传媒投资集团股份有限公司签署《华闻传媒投资集团股份有限公司与程某玲、李某莲、曾某帆之标的资产盈利预测补偿协议》。2014 年 8 月 6 日,你与华闻传媒投资集团股份有限公司签署《华闻传媒投资集团股份有限公司与程某玲、李某莲、曾某帆之关于发行股份及现金购买资产协议与标的资产盈利预测补偿协议之补充协议》。2014 年 8 月 20 日,你与华闻传媒投资集团股份有限公司签署《华闻传媒投资集团股份有限公司与程某玲、李某莲、曾某帆之关于发行股份及现金购买资产协议与标的资产盈利预测补偿协议之补充协议之二》。上述协议约定,如果广州市邦富软件有限公司 2014 年、2015 年和 2016 年各年度的实际净利润数低于预测数,你将向华闻传媒投资集团股份有限公司进行补偿。

其后,由于广州市邦富软件有限公司有关年度的实际净利润数低于预测数,你补偿华闻传媒投资集团股份有限公司股份 1 038 644.00 股。

4. 2014 年 10 月 21 日,原广州市工商行政管理局向广州市邦富软件有限公司发出《准予变更登记(备案)通知书》,准予变更登记(备案),股东由你、程某玲和曾某帆变更为华闻传媒投资集团股份有限公司。

2014年11月26日,14 436 421.00股华闻传媒投资集团股份有限公司股份确认登记至你的广发证券账户。

2014年11月,华闻传媒投资集团股份有限公司向你支付现金对价76 800 000.00元。其中,2014年11月13日,华闻传媒投资集团股份有限公司将你就现金对价收入应缴纳的个人所得税税款14 826 656.00元划付给广州市邦富软件有限公司;2014年11月,华闻传媒投资集团股份有限公司将股权转让款项61 973 344.00元划付至你的招商银行广州滨江东支行账户。

2014年11月14日,广州市邦富软件有限公司代你就上述股权转让事项申报缴纳个人所得税14 826 656.00元和印花税137 145.60元。

你未就上述股权转让事项足额申报缴纳个人所得税。

以上事实有以下证据证明:

1. 广州市源晟会计师事务所出具的《广州市邦富软件有限公司2014年验资报告》(穗源晟验字〔2014〕第076号)、《华闻传媒投资集团股份有限公司与程某玲、李某莲、曾某帆之发行股份及现金购买资产协议》,以及《华闻传媒投资集团股份有限公司与程某玲、李某莲、曾某帆之标的资产盈利预测补偿协议》,证明:你系广州市邦富软件有限公司的原股东,原持有广州市邦富软件有限公司的38.096%股权,出资额9 524 000.00元。

2. 《华闻传媒投资集团股份有限公司与程某玲、李某莲、曾某帆之发行股份及现金购买资产协议》,证明:你将持有的广州市邦富软件有限公司的38.096%股权转让给华闻传媒投资集团股份有限公司,取得股份对价收入197 490 200.00元(华闻传媒投资集团股份有限公司股份14 436 421.00股,每股作价13.68元)和现金对价收入76 800 000.00元。

3. 原广州市工商行政管理局发出的《准予变更登记(备案)通知书》(穗工商(市局)内变字〔2014〕第01201410210067号),证明:2014年10月,广州市邦富软件有限公司的股东由你、程某玲和曾某帆变更为华闻传媒投资集团股份有限公司。

4. 广州市邦富软件有限公司提供的《关于代缴李某莲个人所得税及印花税

的说明》，以及《电子缴税凭证》（税票号码：3201411282122196）和《电子缴税凭证》（税票号码：3201411282124322），证明：广州市邦富软件有限公司代你就上述股权转让事项申报缴纳了个人所得税14 826 656.00元和印花税137 145.60元。

5.中国证券登记结算有限责任公司深圳分公司提供的证券变更信息，证明：14 436 421.00股华闻传媒投资集团股份有限公司股份于2014年11月确认登记至你的广发证券账户。

6.中信银行的《电汇凭证》，证明：华闻传媒投资集团股份有限公司于2014年11月向你支付股权转让款项61 973 344.00元。

7.《华闻传媒投资集团股份有限公司与程某玲、李某莲、曾某帆之标的资产盈利预测补偿协议》《华闻传媒投资集团股份有限公司与程某玲、李某莲、曾某帆之关于发行股份及现金购买资产协议与标的资产盈利预测补偿协议之补充协议》《华闻传媒投资集团股份有限公司与程某玲、李某莲、曾某帆之关于发行股份及现金购买资产协议与标的资产盈利预测补偿协议之补充协议之二》，以及《华闻传媒投资集团股份有限公司关于实施股份回购并注销事项债权人通知的公告》（公告编号：2018—105），证明：你补偿华闻传媒投资集团股份有限公司股份1 038 644.00股。

二、处理决定

根据《个人所得税法》（中华人民共和国主席令2011年第48号）[1]第一条第一款、第二条第九项、第三条第五项、第六条第一款第五项、第八条，《个人所得税法实施条例》（中华人民共和国国务院令第600号）[2]第八条第一款第（九）项、第二十条、第二十二条，《国家税务总局关于发布〈股权转让所得个人所得税管理办法（试行）〉的公告》（国家税务总局公告2014年第67号）第二条、第三条、第四条、第五条、第七条、第二十条的规定，你应在2014年11月（税款所属时期）就向华闻传媒投资集团股份有限公司转让广州市邦富软件有限公司股权事项缴纳"财产转让所得"项目个人所得税50 084 080.90元，减除广州

---

[1] 2018年已修正，最新为中华人民共和国主席令第9号。
[2] 2018年已修订，最新为中华人民共和国国务院令第707号。

市邦富软件有限公司已代你申报缴纳的14 826 656.00元,你应补缴2014年11月(税款所属时期)"财产转让所得"项目个人所得税35 257 424.90元。

限你(单位)自收到本决定书之日起15日内到国家税务总局广州市天河区税务局将上述税款及滞纳金缴纳入库,并按照规定进行相关账务调整。逾期未缴清的,将依照《税收征收管理法》第四十条规定强制执行。

你(单位)若同我局(所)在纳税上有争议,必须先依照本决定的期限缴纳税款及滞纳金或者提供相应的担保,然后可自上述款项缴清或者提供相应担保被税务机关确认之日起60日内依法向国家税务总局广州市税务局申请行政复议。

请你(单位)及时到我局领取《税务处理决定书》(穗税三稽处〔2020〕22号)正本,否则,自公告之日起满30日,上述《税务处理决定书》(穗税三稽处〔2020〕22号)正本即视为送达。

特此公告

国家税务总局广州市税务局第三稽查局
2020年3月31日

七、备案手续

个人非货币性资产投资需要分期缴纳个人所得税的,应于取得被投资企业股权之日的次月15日内,自行制定缴税计划并向主管税务机关报送《非货币性资产投资分期缴纳个人所得税备案表》、纳税人身份证明、投资协议、非货币性资产评估价格证明材料、能够证明非货币性资产原值及合理税费的相关资料。

个人分期缴税期间提出变更原分期缴税计划的,应重新制定分期缴税计划并向主管税务机关重新报送《非货币性资产投资分期缴纳个人所得税备案表》。

个人未按规定备案、缴税和报送资料的,按照现行《中华人民共和国税收征收管理法》(以下简称《税收征收管理法》)及有关规定处理。

|||| 司法裁判 ||||||||||||||||||||||||||||||||||||||||||||||||||||||||||||||||||||||||||

莫把备案缴税承诺当作"儿戏"[1]

2015年5月29日,新疆机械研究院股份有限公司(证券代码:300159,以下简称新研股份)发布《发行股份及支付现金购买资产并募集配套资金暨关联交易报告书(草案)》披露:

新研股份拟以发行股份方式收购卢某所持什邡市明日宇航工业股份有限公司(以下简称明日宇航)5.16%股权,交易对价为18 634.72元。

2015年10月26日,新研股份收到证监会《关于核准新疆机械研究院股份有限公司向韩华等发行股份购买资产并募集配套资金的批复》(证监许可[2015]2324号),核准其向卢某发行35 528 542股股份收购其所持明日宇航5.16%股权。

截至2015年11月6日,四川省什邡市工商行政管理局核准了明日宇航的股东变更,明日宇航由股份有限公司变更为有限责任公司,明日宇航名称变更为"四川明日宇航工业有限责任公司",四川明日宇航工业有限责任公司的股东由卢某等变更为新研股份。新研股份直接持有四川明日宇航工业有限责任公司100%股权。

根据财税[2015]41号文件和国家税务总局公告2015年第20号文件的相关规定,卢某以其所持明日宇航5.16%股权评估增值后,参与新研股份定向增发股票,属于股权转让行为,其取得的所得,应当按照"财产转让所得"项目计算缴纳个人所得税,应纳税额为36 706 805.84元。

由于在交易中未取得任何现金补价,一次性缴税有困难,2016年1月,卢某

---

[1] 参考资料来源:威科先行·法律信息库—案例—裁判文书:《卢某 国家税务总局什邡市税务局税务行政管理(税务)二审行政判决书》[(2020)川06行终43号]。

向什邡市地方税务局报送《非货币性资产投资分期缴纳个人所得税备案表》等相关涉税资料，申请分期缴税，具体缴税计划：在2017—2019年每年1月15日分别缴纳税款7 703 897.52元、10 876 090.62元、18 126 817.70元。

因第一次缴税计划时间临近，2017年1月，卢某再次向什邡市地方税务局报送《非货币性资产投资分期缴纳个人所得税备案表》，对上次的缴税计划进行变更，其变更后的分期缴税计划：在2017—2019年每年12月15日分别缴纳税款7 703 897.52元、10 876 090.62元、18 126 817.70元。

2017年3月6日，什邡市地方税务局向卢某发出《税务事项通知书》，告知其在分期缴税期间转让持有的全部或部分新研股份股票，并取得现金收入的，应于转让新研股份股票的次月15日前向什邡市地方税务局缴纳本次非货币性资产投资尚未缴清的个人所得税税款。

2018年6月，什邡市国家税务局和什邡市地方税务局合并为国家税务总局什邡市税务局（以下简称什邡市税务局）。

因对什邡市税务局于2017年3月6日发出的《税务事项通知书》理解有误，卢某既未按照2017年1月报送的备案缴税计划申报缴纳税款，也未再次提出分期缴税计划的变更申请。

截至2019年7月10日，卢某才向什邡市税务局申报缴纳股权转让所得个人所得税36 706 805.84元，并同时被加收滞纳金3 318 113.98元。

因认为什邡市税务局加收滞纳金无法律和事实依据，卢某依法申请了税务行政复议，什税复决字〔2019〕1号《税务行政复议决定书》维持了原征税决定。

卢某不服，上诉至四川省广汉市人民法院（以下简称一审法院），请求：①撤销什税复决字〔2019〕1号《税务行政复议决定书》；②判令什邡市税务局加收滞纳金的具体行政行为违法；③返还已缴纳的滞纳金3 318 113.98元并依法赔偿按照银行同期存款利率孳生的利息。

经审理，一审法院依法作出（2019）川0681行初37号行政判决：驳回卢某的诉讼请求。

卢某不服，上诉至德阳市中级人民法院（以下简称二审法院），请求：撤销一审判决,并依法改判支持一审的诉讼请求。

经审理,二审法院认定:一审判决认定事实清楚,适用法律正确,审判程序合法,应予维持。

2020年6月22日,二审法院依法作出(2020)川06行终43号行政判决:驳回上诉,维持原判。

CHAPTER
|
第二章

运营阶段

企业运营是实现企业价值和股东利益最大化的根本途径。随着我国税收征管体制改革的纵深推进和个人所得税制建设的持续深化,如何有效防范和化解私人财富积累过程中可能面临的涉税风险,已经成为越来越多高收入和高净值人群所关注的焦点。鉴于此,本章主要讨论个人投资者在企业运营阶段的税务处理问题。

第一节 整体变更的税务处理

整体变更是指不改变原企业的投资主体,并承继原企业权利、义务的经济活动,主要包括非公司制企业整体变更为有限责任公司或者股份有限公司、有限责任公司整体变更为股份有限公司、股份有限公司整体变更为有限责任公司等多种形式。

对于个人投资者来讲,通常情况下,非公司制企业整体变更为有限责任公司或者股份有限公司、股份有限公司整体变更为有限责任公司等较少涉及税务处理问题。因此,本节主要讨论有限责任公司整体变更为股份有限公司时个人投资者的税务处理问题。

一、整体变更的经济实质

有限责任公司整体变更为股份有限公司,是指在保持公司法人人格自然延续的前提下,有限责任公司按照账面净资产折股,整体变更为符合《公司法》规定条件的股份有限公司。

根据现行《公司法》第九条第一款之规定,有限责任公司变更为股份有限公司,应当符合本法规定的股份有限公司的条件。

(1)整体变更仅是公司组织形式的变更。有限责任公司整体变更为股份有限公司,其股权结构、人员、资产、业务以及债权债务等方面并未发生任何变化,仍维持同一公司主体,公司法人主体资格并没有中断,仅仅是一个承继的过程,并非真正意义上的"设立"过程。

(2)整体变更的财务核算具有延续性。有限责任公司整体变更为股份有限公司,虽然公司组织形式不同,但在法律主体上是同一法人主体资格的自然延续,财务核算上仍沿用原有限责任公司的账册,而且变更前的债权债务由变更后的股份有限公司承继,持续经营时间可以从有限责任公司成立之日起计算。

(3)整体变更是经审计后账面净资产的折股。有限责任公司整体变更为股份有限公司,应当将有审计从业资格的专业机构出具的审计报告作为验资的依据,延续原先账面价值,不能按照评估值对资产、负债账面价值进行调整。

二、整体变更的税收政策

从法律形式上讲,整体变更就是将有限责任公司按照其账面净资产折股变更为股份有限公司。对于有限责任公司的账面净资产,除了实收资本,还包括资本公积、盈余公积和未分配利润。

整体变更时,如果需要增加变更后股份有限公司的股本,通常的做法是将资本公积、盈余公积和未分配利润的全部或部分用来转增股本。此时,对于个人投资者就可能涉及个人所得税问题。

这里需要特别注意个人取得转增股本与个人取得量化资产之间的区别。

所谓量化资产,是指集体所有制企业在进行股份制改造时,把归属企业的存量资产在资产评估、产权界定的基础上,依据一定的方案,全部或部分分解成为职工个人所持股份。

2000年前后，全国各级地方人民政府都对地方国有企业、集体企业及乡镇企业进行了全面改组改制。在改组改制过程中，有的管理层人员取得持股股份，有的企业职工取得补偿安置费转股并由工会持股。

为了支持企业改组改制的顺利进行，2000年3月29日，国家税务总局发布《关于企业改组改制过程中个人取得的量化资产征收个人所得税问题的通知》（以下简称国税发〔2000〕60号文件），对集体所有制企业在改制为股份合作制企业时将有关资产量化给职工个人的有关个人所得税问题进行明确：

(1) 对职工个人以股份形式取得的仅作为分红依据，不拥有所有权的企业量化资产，不征收个人所得税。

(2) 对职工个人以股份形式取得的拥有所有权的企业量化资产，暂缓征收个人所得税；待个人将股份转让时，就其转让收入额，减除个人取得该股份时实际支付的费用支出和合理转让费用后的余额，按"财产转让所得"项目计征个人所得税。

(3) 对职工个人以股份形式取得的企业量化资产参与企业分配而获得的股息、红利，应按"利息、股息、红利"项目征收个人所得税。

|||| 案件追踪 ||||||||||||||||||||||||||||||||||||||||||||||||||||||||||||||||||||||

量化资产个税政策知多少

根据日常工作安排，某市税务局稽查局（以下简称稽查局）对Z股份有限公司（以下简称Z公司）股份变动相关涉税情况实施了专案检查。

经查，2020年9月，D股份有限公司（以下简称D公司）以现金8 000万元收购7名自然人股东所持Z公司80%股份，交易双方已于2020年9月20日完成股份变更和款项收付。

Z公司是2005年由集体所有制企业改制设立的股份有限公司。在改组改制中，地方政府改制办公室对Z公司所有资产进行了清理，同时对Z公司净资产进行了资产量化，Z公司管理人员和企业职工都取得了量化资产，拥有了股权。工商登记注册股东由刘某等7人组成，实际持股人112人，注册资本（实收资本）2 000万元（公司管理人员和企业职工取得的量化资产）。

2020年8月31日，Z公司资产负债表中的"实收资本"期末余额仍然为2 000万元。交易双方认可的资产评估公司出具的评估报告显示，截至评估基准日2020年8月31日，Z公司股东全部权益评估价值为1亿元，评估增值8 000万元，增值率为400%。

根据国税发〔2000〕60号文件第二条之规定，对职工个人以股份形式取得的拥有所有权的企业量化资产，暂缓征收个人所得税；待个人将股份转让时，就其转让收入额，减除个人取得该股份时实际支付的费用支出和合理转让费用后的余额，按"财产转让所得"项目计征个人所得税。

据此，检查人员认为，对于Z公司职工个人在2005年以股份形式取得的拥有所有权的企业量化资产，暂缓征收个人所得税，到2020年9月转让80%股份时，才应当缴纳个人所得税。

一是对2005年Z公司职工个人以股份形式取得的拥有所有权的企业量化资产2 000万元，应当在2020年9月转让80%股份时计算缴纳个人所得税。计算方法：80%的股份转让收入1 600万元，减去合理的成本费用后，按照"财产转让所得"项目计算缴纳个人所得税320万元[（2 000×80% - 0）×20%]。

二是对2020年8月31日Z公司100%的股份总价值1亿元，其中的股份价值8 000万元属于所有者权益溢价部分，80%股份的转让取得收入6 400万元，减去合理的成本费用后，按照"财产转让所得"项目计算缴纳个人所得税1 280万元[（8 000×80% - 0）×20%]。

三是对至今没转让的20%股份，存续于Z公司，继续暂缓征收个人所得税。

最终，Z公司7名自然人股东按照稽查局的要求补缴"财产转让所得"项目个人所得税共计1 600万元。

需要注意的是,国税发〔2000〕60号文件不征或缓征个人所得税的前提是集体所有制企业改制为股份合作制企业,而不是股份制企业的量化资产行为。

例如,某有限责任公司以2019年12月31日账面净资产折股,按照原持股比例全部分配给几位自然人股东,整体变更为股份有限公司。股权变更登记完成后,该公司未代扣代缴个人所得税,几位自然人股东也未就增加的巨额股份主动申报缴纳个人所得税。对此,该公司认为,净资产量化后分配给自然人股东的行为符合国税发〔2000〕60号文件的相关规定,不应征收个人所得税。

那么,该公司的观点是否正确呢?答案是否定的。因为该公司仅仅看到"将有关资产量化给职工个人"不征或缓征个人所得税,而没有注意到这样处理的前提是"集体所有制企业在改为股份合作制企业时"。

根据相关法律法规规定,集体所有制企业是指以生产资料劳动群众集体所有制为基础的、独立的商品经济组织;股份制企业是指两个或两个以上的利益主体,以集股经营的方式自愿结合的一种企业组织形式。这是两类性质不同的法人组织。只有集体所有制企业的改制才符合国税发〔2000〕60号文件的规定,不征或缓征个人所得税。但由于该公司是股份制企业,并非集体企业,因此该公司不能适用国税发〔2000〕60号文件的相关规定。

对此,《国家税务总局关于联想集团改制员工取得的用于购买企业国有股权的劳动分红征收个人所得税问题的通知》(国税函〔2001〕832号)也进一步强调,国税发〔2000〕60号文件规定暂缓征税的前提是集体所有制企业改制为股份合作制企业。

|||| 政策链接 ||||||||||||||||||||||||||||||||||||||||||||||||||||||||||||||||||||||||

国家税务总局关于联想集团改制员工取得的
用于购买企业国有股权的劳动分红征收个人所得税问题的通知

国税函〔2001〕832号

北京市地方税务局:

你局《北京市地方税务局关于联想集团改制员工获得国有股权征免个人所

得税问题的请示》(京地税个〔2001〕411号)收悉。来文反映,联想集团经有关部门批准,建立了一套产权激励机制,将多年留存在企业应分配给职工的劳动分红(1.63亿元),划分给职工个人,用于购买企业的国有股权(35%),再以职工持股会的形式持有联想集团控股公司的股份。你局提出,对联想集团控股公司职工取得的用于购买企业国有股权的劳动分红,比照《国家税务总局关于企业改组改制过程中个人取得量化资产征收个人所得税问题的通知》(国税发〔2000〕60号)法规,暂缓征收个人所得税。经研究,现批复如下:

一、该公司职工取得的用于购买企业国有股权的劳动分红,不宜比照国税发〔2000〕60号文的法规暂缓征收个人所得税。

理由是:(一)两者的前提不同。国税发〔2000〕60号文法规暂缓征税的前提,是集体所有制企业改制为股份合作制,而联想集团改制不符合这一前提。(二)两者的分配方式不同。国税发〔2000〕60号文法规暂缓征税的分配方式,是在企业改制时将企业的所有资产一次量化给职工个人,而联想集团仅是分配历年留存的劳动分红。

二、联想集团控股公司的做法,实际上是将多年留存在企业应分未分的劳动分红在职工之间进行了分配,职工个人再将分得的部分用于购买企业的国有股权。

三、根据前述事实及个人所得税有关法规,对联想集团控股公司职工取得的用于购买企业国有股权的劳动分红,应按"工资、薪金所得"项目计征个人所得税,税款由联想集团控股公司代扣代缴。

国家税务总局
2001年11月9日

(一)资本公积转增实收资本(股本)

资本公积,是指企业在经营过程中由于接受捐赠、股本溢价以及法定财产重估增值等原因所形成的公积金,主要包括资本(股本)溢价和其他资本公积。

根据《国家税务总局关于股份制企业转增股本和派发红股征免个人所得税的通知》(国税发〔1997〕198号)第一条之规定,股份制企业用资本公积金转增股本不属于股息、红利性质的分配,对个人取得的转增股本数额,不作为个人所得,不征收个人所得税。

次年,《国家税务总局关于原城市信用社在转制为城市合作银行过程中个人股增值所得应纳个人所得税的批复》(国税函〔1998〕289号)第二条规定进一步作出补充解释,国税发〔1997〕198号文件中所表述的"资本公积金"是指股份制企业股票溢价发行收入所形成的资本公积金。将此转增股本由个人取得的数额,不作为应税所得征收个人所得税。而与此不相符合的其他资本公积金,如接受捐赠、拨款转入、外币资本折算差额和资产评估增值等形成资本公积金,分配个人所得部分,应当依法征收个人所得税。

案件追踪

"小细节"牵出"大税收"

根据日常工作安排,2019年9月,某市税务局稽查局(以下简称稽查局)对A设备制造股份有限公司(以下简称A公司)2018年1月1日至2018年12月31日期间的涉税情况实施了专案检查。

A公司成立于2004年2月,注册资本2 500万元,主要经营范围为通用汽油机的生产与销售,近三年利润率均保持在25%以上,目前正在积极筹备上市。

检查人员首先对A公司的财务报表进行审阅,发现所有者权益中,股本科目金额变动较大,由2 500万元增加至8 500万元。通过深入检查发现,A公司股东均为自然人,新增6 000万元股本均由资本公积转增而来,但"金三系统"里并没有相关个人所得税的扣缴记录。

A公司的此种行为是否符合《国家税务总局关于股份制企业转增股本和派发红股征免个人所得税的通知》(国税发〔1997〕198号)和《国家税务总局关于原城市信用社在转制为城市合作银行过程中个人股增值所得应纳个人所得税

的批复》(国税函〔1998〕289号)文件的不征税规定?

检查人员决定与A公司法定代表人周某交换意见。

针对检查人员提出的涉税问题,法定代表人周某认为,按照国税发〔1997〕198号文件规定的"股份制企业用资本公积金转增股本,不属于股息、红利性质的分配,对个人取得的转增股本数额,不作为个人所得,不征收个人所得税",以及国税函〔1998〕289号文件关于"'资本公积金'是指股份制企业股票溢价发行收入所形成的资本公积金。将此转增股本由个人取得的数额,不作为应税所得征收个人所得税"的相关规定,A公司转增股本的资本公积,属于股本溢价发行形成的资本公积,不应缴纳个人所得税。

针对法定代表人周某的解释,检查人员对A公司资本公积的形成来源开展了更加细致的检查。通过调取投资协议等资料,发现A公司的资本公积形成于2016年,系一家私募股权投资基金公司直接股权投资形成,没有股票发行过程,属于投资者投入形成的资本公积增加,而非股票溢价发行形成,不符合上述文件的要求,应当计算缴纳个人所得税。

同时,检查人员还针对法定代表人周某提出的再次转让会导致重复征税的顾虑进行了解释,再次转让股权时,本次缴纳个人所得税的转增额可计入股权原值。

经过反复沟通和耐心解释,最终,稽查局责令A公司补扣补缴"利息、股息、红利所得"项目个人所得税1 200万元,并处应扣未扣税款50%的罚款600万元。

另外,还有以下文件内容涉及资本公积转增实收资本(股本)计算征收个人所得税问题:

根据《国家税务总局关于进一步加强高收入者个人所得税征收管理的通知》(国税发〔2010〕54号)第二条第(二)款之规定,各级税务机关应当加强企业转增注册资本和股本管理,对以未分配利润、盈余公积和除股票溢价发行外的其他资本公积转增注册资本和股本的,要按照"利息、股票、红利所得"项目,依据现行政策规定计征个人所得税。

根据《财政部 国家税务总局关于将国家自主创新示范区有关税收试点政策推广到全国范围实施的通知》(财税〔2015〕116号)第三条之规定,个人股东获得转增的股本,应按照"利息、股息、红利所得"项目,适用20%税率征收个人所得税。

根据《国家税务总局关于股权奖励和转增股本个人所得税征管问题的公告》(国家税务总局公告2015年第80号)第二条之规定,非上市及未在全国中小企业股份转让系统挂牌的其他企业转增股本,应及时代扣代缴个人所得税。

东财资讯

天常股份整体变更转增股本代扣补缴个税1 320万元[1]

2017年11月6日,江苏天常复合材料股份有限公司(证券代码:300728,以下简称天常股份)发布《江苏世纪同仁律师事务所关于公司首次公开发行股票并在创业板上市的补充法律意见书(六)》披露:

天常股份系由陈某城、王某洪等22名自然人和中经合、深创投、武进红土、常州红土4家企业作为发起人,采取发起设立的方式,以常州天常玻纤复合材料有限公司(以下简称天常有限)截至2010年6月30日经天健会计师事务所审计后的净资产为102 607 307.70元为依据,按1.14008∶1的比例折为9 000万股整体变更设立的股份有限公司。根据天健会计师事务所于2010年7月30日出具的天健皖〔2010〕25号《审计报告》,天常有限截至2010年6月30日的所有者权益为102 607 307.70元,其中实收资本7 500 000元,资本公积50 500 000.05元,盈余公积6 675 965.13元,未分配利润37 931 342.52元。

经核查,上述整体变更过程中,自然人股东以盈余公积、资本公积及未分配

---

[1] 参考资料来源:东方财富网—数据中心—公告大全—天常股份—公告正文;《天常股份:江苏世纪同仁律师事务所关于公司首次公开发行股票并在创业板上市的补充法律意见书(六)》。

利润合计 6 600 万元转增了注册资本,根据《国家税务总局关于进一步加强高收入者个人所得税征收管理的通知》(国税发〔2010〕54 号)、《国家税务总局关于股份制企业转增股本和派发红股征免个人所得税的通知》(国税发〔1997〕198 号)和《国家税务总局关于盈余公积金转增注册资本征收个人所得税问题的批复》(国税函〔1998〕333 号)的相关规定,天常股份以盈余公积、资本公积、未分配利润转增股本,自然人股东应当缴纳个人所得税,并由天常股份人代扣代缴。应缴个人所得税金额 =(整体变更后注册资本 – 整体变更前注册资本)× 自然人股东持股比例 × 个人所得税税率 =(9 000 – 750)× 80% × 20% = 1 320(万元)。

通过核查,天常股份向武进地方税务局第一税务分局申报的代扣代缴个人所得税明细、转账凭证、记账凭证等相关缴税凭证,截至法律意见书出具日,天常股份已就公司整体变更时以盈余公积、资本公积、未分配利润转增股本所涉及的 22 名自然人发起人的个人所得税向武进地方税务局第一税务分局进行了申报,并已缴纳相关个人所得税合计 1 320 万元。

然而在实务中,以资本公积转增实收资本(股本)是否应当征收个人所得税,存在一定争议。部分观点认为,根据国税发〔1997〕198 号文件之规定,股份制企业用资本公积转增实收资本(股本)不属于股息、红利性质的分配,对个人取得的转增实收资本(股本)的数额,不作为个人所得,不征个人所得税。虽然国税函〔1998〕289 号文件进一步解释该不征税"资本公积"应为股票溢价发行收入所形成,但是资本溢价所形成的资本公积与股票溢价发行收入所形成的资本公积从来源和用途上高度相似。因此,以资本溢价所形成的资本公积转增实收资本(股本)也不应征收个人所得税。

针对上述观点,笔者认为,国税发〔1997〕198 号文件和国税函〔1998〕289 号文件发布的时间分别是 1997 年 12 月 25 日和 1998 年 5 月 15 日,当时我国施行的是 1993 年 12 月 29 日第八届全国人民代表大会常务委员会第五次会议通过的《公司法》。很显然,国税发〔1997〕198号文件和国税函〔1998〕289号文件是以当时的《公司法》为基础制定的。

当时的《公司法》规定,股份有限公司的资本划分为股份,每一股的金额相等。公司的股份采取股票的形式。股票是公司签发的证明股东所持股份的凭证。股票发行价格可以按票面金额,也可以超过票面金额,但不得低于票面金额。以超过票面金额为股票发行价格的,须经国务院证券管理部门批准。以超过票面金额发行股票所得溢价款列入公司资本公积金。股票溢价发行的具体管理办法由国务院另行规定。

由此可见,当时的《公司法》规定与现行的《公司法》规定有所不同,当时的《公司法》规定股份有限公司"以超过票面金额为股票发行价格的,须经国务院证券管理部门批准"且"股票溢价发行的具体管理办法由国务院另行规定"。

综上所述,笔者认为,国税发〔1997〕198号文件和国税函〔1998〕289号文件的核心观点应当是:只有经过国务院证券管理部门批准发行的股票所形成的溢价转增个人股本,才不作为应税所得征收个人所得税;而与此不相符合的其他资本公积金所分配的个人股东所得部分,均应依法计算缴纳个人所得税。

案件追踪

资本溢价转增股本需要缴纳个税吗?

按照日常工作安排,2020年7月,某市税务局稽查局(以下简称稽查局)对M生物制品股份有限公司(以下简称M公司)2019年1月1日至2019年12月31日期间的涉税情况实施了专案检查。

M公司成立于1995年7月,注册资本8 000万元,股东为7名自然人,主要经营范围为生物制品的生产和研发。

经查发现,M公司于2015年1月进行"股改",并于2018年2月开始接受上市辅导,拟在深交所创业板上市。因上市需要,2018年3月,M公司引入了风险投资基金,风险投资基金进入时产生的资本溢价计入资本公积。2019年11月,M公司用该资本公积减去资本溢价后按照股东持股比例转增股本。

检查人员认为,根据国税发〔1997〕198号文件和国税函〔1998〕289号文件的相关规定,M公司应当按照转增资本公积的金额依法代扣代缴7名自然人股东涉及的"利息、股息、红利所得"个人所得税。

针对检查人员的观点,M公司草拟的情况说明如下:

《国家税务总局关于股份制企业转增股本和派发红股征免个人所得税的通知》(国税发〔1997〕198号)规定,股份制企业用资本公积转增股本不属于股息、红利性质的分配,对个人取得的转增股本数额,不作为个人所得,不征收个人所得税。这里的资本公积金的范围,根据《国家税务总局关于原城市信用社在转制为城市合作银行过程中个人股增值所得应纳个人所得税的批复》(国税函〔1998〕289号)的解释,是指股份制企业股票溢价发行收入所形成的资本公积金,将此转增股本由个人取得的数额,不作为应税所得征收个人所得税。而对于与此不相符合的其他资本公积金分配个人所得部分,应当依法征收个人所得税。

同时,国家体改委、国家计划委员会、财政部、中国人民银行、国务院生产办公室印发的《股份制企业试点办法》(体改生〔1992〕30号)[1]规定,股份制企业是指全部注册资本由全体股东共同出资,并以股份形式构成的企业。股东依据在股份制企业中所拥有的股份参加管理、享受权益、承担风险,股份可在规定条件下或范围内转让,但不得退股。我国的股份制企业主要有股份有限公司和有限责任公司两种组织形式。

依据上述文件规定,M公司以资本公积中的资本溢价转增股本,无需缴纳个人所得税。

就此问题,M公司也咨询了当地税务局税政科,得到的解释是只有上市公司的资本溢价转增股本才可以不征个人所得税,其余均需按"利息、股息、红利所得"项目计算缴纳个人所得税。

对此,M公司认为该解释存在两点疑义:

---

[1] 已失效。

(1)国税发〔1997〕198号文件和国税函〔1998〕289号文件的解释是指股份制企业,并没有局限于上市公司。M公司是股份制企业,符合规定的主体条件。

(2)M公司是通过资本公积中的资本溢价转增股本,而不是将与此不相符的资本公积分配给个人取得所得。转增股本不等于分配股息红利,股东并没有实际取得股息和红利,M公司也没有向股东支付股息红利,因此不属于"利息、股息、红利所得"项目的征税范畴。

M公司就此事又向当地一家知名税务师事务所咨询,该税务师事务所向税务局咨询相关政策的出台背景及意图,最终得到权威答复,即只有经过证券发行管理部门批准的股份公司发行证券形成的股票溢价转增股本才可以不征个人所得税,其余均需按"利息、股息、红利所得"项目计算缴纳个人所得税。新股东溢价投入部分作为对老股东的一种补偿,转增资本就是老股东取得所得的时点,故而产生纳税义务。

最终,M公司按照稽查局的要求依法补扣补缴了7名自然人股东以资本公积——资本溢价转增股本涉及的"利息、股息、红利所得"个人所得税。

(二)留存收益转增实收资本(股本)

留存收益,是指企业从历年实现的利润中提取或形成的留存于企业的内部积累,包括盈余公积和未分配利润两类。

盈余公积,是指企业从税后利润中提取形成的、存留于企业内部、具有特定用途的收益积累,包括法定盈余公积、任意盈余公积和法定公益金。

未分配利润,是指企业实现的净利润经过弥补亏损、提取盈余公积和向投资者分配利润后留存在企业的、历年结存的利润。

涉及以留存收益转增实收资本(股本)计算征收个人所得税问题的文件内容如下:

根据《国家税务总局关于印发〈征收个人所得税若干问题的规定〉的通知》(国税发〔1994〕89号)第十一条之规定,股份制企业在分配股息、红利时,以股票形式向股东个人支付应得的股息、红利(派发红利),应以派发红股的股票票面金额为收入额,按利息、股息、红利项目计征个人所得税。

根据《国家税务总局关于股份制企业转增股本和派发红股征免个人所得税的通知》(国税发〔1997〕198号)第二条之规定,股份制企业用盈余公积金派发红股属于股息、红利性质的分配,对个人取得的红股数额,应作为个人所得征税。派发红股的股份制企业作为支付所得的单位应按照税法法规履行扣缴义务。

根据《国家税务总局关于原城市信用社在转制为城市合作银行过程中个人股增值所得应纳个人所得税的批复》(国税函〔1998〕298号)第一条之规定,在城市信用社改制为城市合作银行过程中,个人以现金或股份及其他形式取得的资产评估增值数额,应当按"利息、股息、红利所得"项目计征个人所得税,税款由城市合作银行负责代扣代缴。

根据《国家税务总局关于盈余公积金转增注册资本征收个人所得税问题的批复》(国税函〔1998〕333号)的相关规定,公司将从税后利润中提取的法定公积金和任意公积金转增注册资本,实际上是该公司将盈余公积金向股东分配了股息、红利,股东再以分得的股息、红利增加注册资本。因此,依据国税发〔1997〕198号文件精神,对属于个人股东分得并再投入公司(转增注册资本)的部分应按照"利息、股息、红利所得"项目征收个人所得税,税款由该公司在有关部门批准增资、公司股东会决议通过后代扣代缴。

||||| **东财资讯** |||||

博硕光电整体变更转增股本未扣缴个税近2 000万元[1]

2017年9月14日,秦皇岛博硕光电设备股份有限公司(证券代码:831019,以下简称博硕光电)发布《关于公司股东个人所得税问题的风险提示公告》(公告编号:2017—033)披露:

为了筹备上市工作,博硕光电在2011年进行了股份改制工作,整体变更为

---

[1] 参考资料来源:东方财富网—新三板—资讯—公告—公告正文:《博硕光电:关于公司股东个人所得税问题的风险提示公告》(编号:2017—033)。

股份有限公司,改制过程中,博硕光电将盈余公积及未分配利润转增个人股本,其中涉及三位自然人股东应缴纳个人所得税税款19 753 986.72元。因为转增股本过程中,股东并未取得现金收入且涉及的个人所得税税款金额较大,2012年3月秦皇岛市长办公室会同税务、财政、国土等多部门召开办公会,根据市纪〔2012〕17号会议纪要,形成了待博硕光电IPO上市后及时予以补缴的会议决议,并在税务局备案。

自2012年6月起,税务机关多次向博硕光电催要税款,并多次拒绝为博硕光电开具纳税无违纪证明,使博硕光电上市进程受阻。

2017年4月,博硕光电税务等级被评为D级,对博硕光电的正常经营产生了影响,经纳税人多方筹措,缴纳200万元税款,博硕光电税务等级被上调为A级。

2017年9月13日,税务局下发《限期缴纳税款通知书》,要求博硕光电15日内缴纳税款,否则进行相应处罚。

另外,还有以下文件内容涉及以留存收益转增实收资本(股本)计算缴纳个人所得税问题:

根据《财政部 国家税务总局关于将国家自主创新示范区有关税收试点政策推广到全国范围实施的通知》(财税〔2015〕116号)第三条之规定,个人股东获得转增的股本,应按照"利息、股息、红利所得"项目,适用20%税率征收个人所得税。

根据《国家税务总局关于股权奖励和转增股本个人所得税征管问题的公告》(国家税务总局公告2015年第80号)第二条之规定,非上市及未在全国中小企业股份转让系统挂牌的其他企业转增股本,应及时代扣代缴个人所得税。

媒体视点

盈余积累转增资本怎样计算个人所得税[1]

甲科技有限公司（以下简称甲公司）成立于2006年8月，注册资本为100万元，由自然人A、B共同出资，持股比例分别为60%、40%。2013年12月，甲公司股东会通过决议，将A、B持有的股权全部转让给自然人C。三方协商，以2013年11月末净资产500万元为基础确定股权价格，其中实收资本100万元、盈余公积40万元、未分配利润360万元，最终成交价格为420万元。当月办理了股权和工商变更登记，并由C代扣代缴个人所得税64万元。

2015年1月，按增资协议和公司章程规定，甲公司发生下列股权交易：

1月1日，自然人D向甲公司出资200万元人民币。其中，50万元增加D的实收资本，持股比例10%；150万元增加资本公积。

1月20日，将资本公积150万元转增资本。其中，C、D按持股比例分别增加实收资本135万元、15万元。

1月25日，将部分盈余公积50万元、未分配利润450万元转增资本，C、D分别增资450万元、50万元。

C、D股东如何计算个人所得税，分析如下。

第一项交易：按个人所得税法规定，D股东投入资本金200万元无需计算个人所得税。

第二项交易：以资本溢价150万元转增资本是D投入的，按其持股比例计算的份额15万元，D自然人无需计算个人所得税。C用资本公积转增资本应计算个人所得税。《国家税务总局关于发布〈股权转让所得个人所得税管理办法（试行）〉的公告》（国家税务总局公告2014年第67号）规定，被投资企业以资本公积、盈余公积、未分配利润转增资本，个人股东已依法缴纳个人所得税，以

---

[1] 参考资料来源：邱志远、朱恭平：《盈余积累转增资本怎样计算个人所得税》，《中国税务报》2016年1月8日。

转增额和相关税费之和确认其新增股本的股权原值。该文件明确，被投资单位用资本公积转增自然人股东资本，应计算个人所得税，否则在转让时，不能扣除资本公积转增资本金额，还要补缴个人所得税。

因此，C 股东用资本溢价转增资本，应缴个人所得税 27 万元（135×20%）。

第三项交易：按个人所得税法的规定，C、D 自然人将盈余公积和未分配利润转增资本，应计算个人所得。对于 C 自然人而言，应作具体分析。

《国家税务总局关于个人投资者收购企业股权后将原盈余积累转增股本个人所得税问题的公告》（国家税务总局公告 2013 年第 23 号）规定，1 名或多名个人投资者以股权收购方式取得被收购企业 100% 股权，股权收购前，被收购企业原账面金额中的"资本公积、盈余公积、未分配利润"等盈余积累未转增股本，而在股权交易时将其一并计入股权转让价格并履行了所得税纳税义务。股权收购后，企业将原账面金额中的盈余积累向个人投资者（新股东，下同）转增股本，有关个人所得税问题区分以下情形处理：

（1）新股东以不低于净资产价格收购股权的，企业原盈余积累已全部计入股权交易价格，新股东取得盈余积累转增股本的部分，不征收个人所得税。

（2）新股东以低于净资产价格收购股权的，企业原盈余积累中，对于股权收购价格减去原股本的差额部分已经计入股权交易价格，新股东取得盈余积累转增股本的部分，不征收个人所得税；对于股权收购价格低于原所有者权益的差额部分未计入股权交易价格，新股东取得盈余积累转增股本的部分，应按照"利息、股息、红利所得"项目征收个人所得税。

新股东以低于净资产价格收购企业股权后转增股本，应按照下列顺序进行，即：先转增应税的盈余积累部分，然后再转增免税的盈余积累部分。

C 股东从原 A、B 股东购入甲公司 100% 股权，以成交价格 420 万元扣减实收资本 100 万元的差额为 320 万元，即盈余积累部分，已计入原交易价格，此次转增资本不用缴纳个人所得税。但按 2013 年 11 月末净资产计算的股权转让价格应为 500 万元，少确认股权交易价格 80 万元（500−420），即盈余积累部分未缴个人所得税。因此，C 股东用这部分盈余积累转增资本时，应一并计算个人所得税,即:(450−320)×20%=26(万元)。

D股东用盈余公积和未分配利润转增资本,应缴个人所得税10万元(50×20%)。

综上所述,自然人股东C在2015年1月发生股权变动时,应缴个人所得税53万元(27+26)。自然人股东D应缴个人所得税10万元。

(三)留存收益转增资本公积

通常情况下,有限责任公司的净资产在折股过程中,会有一部分留存收益进入股份有限公司的资本公积。对于这一部分的留存收益转增资本公积,是否应对自然人股东按照"利息、股息、红利所得"项目计算征收个人所得税一直存在争议。

部分观点认为,从实质重于形式的角度看,留存收益是公司因为经营业务而形成的收益,其对应财富的所有权应该属于公司,而未分配利润、盈余公积直接转增资本公积的操作,应当视同公司先对股东进行利润分配后股东再行增加投资计入资本公积,因此需按照"利息、股息、红利所得"项目计算缴纳个人所得税。

但是,截至目前,对留存收益转增资本公积是否征收个人所得税尚无明确税法规定。针对上述观点,笔者认为,由未分配利润和盈余公积折股所导致的资本公积的增加,股东并没有实际取得任何经济利益,因此,结合税收法定原则,不应让自然人股东在此环节承担个人所得税的纳税义务。

东财资讯

华兴源创整体变更转增资本公积不涉及扣缴个税[1]

2019年6月19日,苏州华兴源创科技股份有限公司(证券代码:688001,以

---

[1] 参考资料来源:东方财富网—数据中心—公告大全—华兴源创—公告正文:《688001:华兴源创首次公开发行股票并在科创板上市招股意向书附录(二)》。

下简称华兴源创)发布《首次公开发行股票并在科创板上市招股意向书附录(二)》披露:

2018年4月20日,华兴源创前身苏州华兴源创电子科技有限公司(以下简称华兴有限)召开股东会并作出决议,同意由全体股东作为发起人,将华兴有限从有限责任公司整体变更为股份有限公司,变更后的公司名称为"苏州华兴源创科技股份有限公司";同意根据华普天健于2018年4月20日出具的会审字〔2018〕3882号审计报告,以华兴有限截至2018年1月31日经审计的净资产值按照1∶0.5370折合为华兴源创股本360 900 000股,每股面值人民币1元,华兴源创注册资本和实收资本均为人民币360 900 000元,超出部分311 184 007.43元作为华兴源创的资本公积。

根据《国家税务总局关于进一步加强高收入者个人所得税征收管理的通知》(国税发〔2010〕54号)以及《国家税务总局关于股权奖励和转增股本个人所得税征管问题的公告》(国家税务总局公告2015年第80号)等相关规定,有限责任公司整体变更为股份有限公司涉及以未分配利润、盈余公积和资本公积转增股本情形的,应当依法征收个人所得税。经律师核查,根据华兴源创提供的文件资料,2018年5月华兴有限整体变更为股份有限公司,整体变更前后华兴源创的注册资本保持360 900 000元不变,不涉及以未分配利润、盈余公积和资本公积转增华兴源创股本的情形,华兴源创相关个人股东无需依据前述规定缴纳个人所得税。

经律师核查,根据国家税务总局苏州工业园区税务局第一税务所于2019年4月10日出具的证明,华兴源创实际控制人陈某源和张某"自2016年1月1日起至本证明出具日止,经我局税务金税三期系统查询,不存在欠交个人所得税的情况,无税务违法行为不良记录,未见受到过税务行政主管部门处罚";根据国家税务总局苏州工业园区税务局及下属第一税务所分别于2018年11月、2019年3月出具的涉税信息查询结果告知书,经金税三期税收管理系统查询,源华创兴、苏州源奋、苏州源客、华兴源创在报告期内"暂未发现有重大税务违法违章记录";此外,根据律师于国家企业信用信息公示系统、国家税务总局之重大税收违法案件信息公布栏、信用中国等相关网站的公开信息查询,并经陈某源、张某、源华创兴、苏州源奋、苏州源客及华兴源创出具的确认书,该等主体在报告期内不存在被税务行政主管部门予以行政处罚的情形。

基于上述核查,律师认为,2018年5月华兴有限整体变更为股份有限公司时不涉及以未分配利润、盈余公积和资本公积转增华兴源创股本的情形,华兴源创相关个人股东无需依据《国家税务总局关于进一步加强高收入者个人所得税征收管理的通知》(国税发〔2010〕54号)以及《国家税务总局关于股权奖励和转增股本个人所得税征管问题的公告》(国家税务总局公告2015年第80号)等规定缴纳个人所得税,华兴源创相关个人股东就前述整体变更事项不存在欠缴个人所得税的情况,华兴源创实际控制人不存在因前述整体变更事项受到税务行政主管部门行政处罚的法律风险。

第二节 取得境内非公众公司股息、红利所得的税务处理

根据《个人所得税法实施条例》第八条之规定,个人所得的形式,包括现金、实物、有价证券和其他形式的经济利益;所得为实物的,应当按照取得的凭证上所注明的价格计算应纳税所得额,无凭证的实物或者凭证上所注明的价格明显偏低的,参照市场价格核定应纳税所得额;所得为有价证券的,根据票面价格和市场价格核定应纳税所得额;所得为其他形式的经济利益的,参照市场价格核定应纳税所得额。

个人因拥有境内非公众公司股权而取得的股息、红利所得,无论是现金、实物、有价证券还是其他形式的经济利益,均应当按照"利息、股息、红利所得"项目,适用20%的比例税率,依法计算缴纳个人所得税。

|||| 案件追踪 ||||||||||||||||||||||||||||||||||||||||||||||||||||||||||||||||||

国家税务总局铜陵市税务局稽查局
税务事项通知书

铜税稽税通〔2021〕52号

李某新(纳税人识别号:340702××××××× 0011):

事由:铜陵华亚房地产开发有限公司控股公司股东李某新于2014年无偿取得铜陵华亚房地产开发有限公司开发的商品房,发票票面金额为21 139 490.40元,未视同股利分配按"利息、股息、红利所得"项目缴纳个人所得税4 227 898.08元(21 139 490.40×20%)。不符合《个人所得税法》(中华人民共和国主席令第四十八号)第一条第一款"在中国境内有住所,或者无住所而在境内居住满一年的个人,从中国境内和境外取得的所得,依照本法规定缴纳个人所得税"、第二条第(七)项"下列各项个人所得,应纳个人所得税:利息、股息、红利所得"、第三条第(五)项"个人所得税的税率:特许权使用费所得,利息、股息、红利所得,财产租赁所得,财产转让所得,偶然所得和其他所得,适用比例税率,税率为百分之二十"、第六条第(六)项"应纳税所得额的计算:利息、股息、红利所得,偶然所得和其他所得,以每次收入额为应纳税所得额",《个人所得税法实施条例》(中华人民共和国国务院令2011年第600号)第八条第(七)项[1]税法第二条所说的各项个人所得的范围:"利息、股息、红利所得,是指个人拥有债权、股权而取得的利息、股息、红利所得"和第十条[2]"个人所得的形式,包括现金、实物、有价证券和其他形式的经济利益。所得为实物的,应当按照取得的凭证上所注明的价格计算应纳税所得额;无凭证的实物或者凭证上所注明的价格明显偏低的,参照市场价格核定应纳税所得额。所得为有价证券的,根据票面价格和市场价格核定应纳税所得额。所得为其他形式的经济利益的,参照市场价格核定应纳税所得额"之规定。

---

[1] 2018年版已修改为第六条。
[2] 2018年版已修改为第八条。

依据:《税务稽查工作规程》(国税发〔2009〕157号)第四十一条。

通知内容:请你对上述初步认定的违法事实进行核实,于自收到本通知书之日起3日内向我局书面说明,并提供有关资料。逾期未说明的视同无意见。

国家税务总局铜陵市税务局稽查局
2021年8月10日

一、取得境内非上市或非挂牌中小高新技术企业股息、红利所得

为更大限度地发挥税收政策作用,促进"大众创业、万众创新",培育经济发展新动能,2015年10月21日国务院第109次常务会议决定,自2016年1月1日起,将已经在国家自主创新示范区试点的转增股本、股权奖励分期缴税政策推广到全国。

为贯彻落实国务院常务会议决定,2015年10月23日,财政部、国家税务总局联合发布《关于将国家自主创新示范区有关税收试点政策推广到全国范围实施的通知》(财税〔2015〕116号),规定自2016年1月1日起,对股权奖励和转增股本实行个人所得税分期缴纳。

财税〔2015〕116号文件关于企业转增股本个人所得税政策主要包括以下内容:

(1)自2016年1月1日起,全国范围内的中小高新技术企业以未分配利润、盈余公积、资本公积向个人股东转增股本时,个人股东一次缴纳个人所得税确有困难的,可根据实际情况自行制定分期缴税计划,在不超过5个公历年度内(含)分期缴纳,并将有关资料报主管税务机关备案。

(2)个人股东获得转增的股本,应按照"利息、股息、红利所得"项目,适用20%税率征收个人所得税。

(3)股东转让股权并取得现金收入的,该现金收入应优先用于缴纳尚未缴清的税款。

(4)在股东转让该部分股权之前,企业依法宣告破产,股东进行相关权益处置后没有取得收益或收益小于初始投资额的,主管税务机关对其尚未缴纳的个人所得税可不予

追征。

(5)财税〔2015〕116号文件所称中小高新技术企业,是指注册在中国境内实行查账征收的、经认定取得高新技术企业资格,且年销售额和资产总额均不超过2亿元、从业人数不超过500人的企业。

(6)上市中小高新技术企业或在全国中小企业股份转让系统挂牌的中小高新技术企业向个人股东转增股本,股东应纳的个人所得税,继续按照现行有关股息红利差别化个人所得税政策执行,不适用本通知规定的分期纳税政策。

为确保财税〔2015〕116号文件顺利落地,在对前期试点地区的政策执行情况进行深入调研和反复论证的基础上,2015年11月16日,国家税务总局迅速下发《关于股权奖励和转增股本个人所得税征管问题的公告》(国家税务总局公告2015年第80号),进一步明确备案手续等问题,旨在规范政策执行口径,简化涉税事项办理手续,维护纳税人合法权益。

关于转增股本个人所得税征管问题,国家税务总局公告2015年第80号文件主要包括以下内容:

(1)非上市及未在全国中小企业股份转让系统挂牌的中小高新技术企业以未分配利润、盈余公积、资本公积向个人股东转增股本,并符合财税〔2015〕116号文件有关规定的,纳税人可分期缴纳个人所得税;非上市及未在全国中小企业股份转让系统挂牌的其他企业转增股本,应及时代扣代缴个人所得税。

(2)上市公司或在全国中小企业股份转让系统挂牌的企业转增股本(不含以股票发行溢价形成的资本公积转增股本),按现行有关股息红利差别化政策执行。

(3)企业转增股本涉及的股东需要分期缴纳个人所得税的,应自行制定分期缴税计划,由企业于发生转增股本的次月15日内,向主管税务机关办理分期缴税备案手续。

(4)办理转增股本分期缴税,企业应向主管税务机关报送高新技术企业认定证书、股东大会或董事会决议、《个人所得税分期缴纳备案表(转增股本)》、上年度及转增股本当月企业财务报表、转增股本有关情况说明等。

(5)高新技术企业认定证书、股东大会或董事会决议的原件,主管税务机关进行形式审核后退还企业,复印件及其他有关资料税务机关留存。

(6)纳税人分期缴税期间需要变更原分期缴税计划的,应重新制定分期缴税计划,由企业向主管税务机关重新报送《个人所得税分期缴纳备案表》。

(7)纳税人在分期缴税期间取得分红或转让股权的,企业应及时代扣转增股本尚未缴清的个人所得税,并于次月15日内向主管税务机关申报纳税。

|||| 东财资讯 ||||

英可瑞整体变更备案分期扣缴个税574.72万元[1]

2017年10月11日,深圳市英可瑞科技股份有限公司(证券代码:300713,以下简称英可瑞)发布《上海市锦天城律师事务所关于公司首次公开发行股票并在创业板上市的补充法律意见书(二)》披露:

英可瑞整体变更为股份有限公司过程中,就英可瑞股东缴纳所得税的情况,律师查验了英可瑞的工商档案、股份改制时的审计报告、验资报告、办理分期缴税的申请材料与备案文件、相关股东的说明等资料。

1. 英可瑞整体变更为股份有限公司的基本情况

2015年11月30日,瑞华会计师事务所对深圳市英可瑞科技开发有限公司(以下简称英可瑞有限)截至2015年9月30日的财务报表进行审计并出具设立《审计报告》(瑞华审字〔2015〕48300006号),截至2015年9月30日,英可瑞有限经审计的资产总额为人民币153 586 881.20元,净资产为人民币116 904 356.35元。其中,注册资本为人民币10 999 890元,资本公积为人民币14 310 110元,盈余公积为人民币5 619 287.38元,未分配利润为人民币85 975 068.97元。

2015年12月8日,英可瑞召开创立大会暨第一次股东大会,审议通过了关于整体变更设立英可瑞的相关议案,同意英可瑞有限整体变更设立股份有限公司;各发起人以经审计确认的截至2015年9月30日净资产人民币116 904 356.35元,以

---

[1] 参考资料来源:东方财富网—数据中心—公告大全—英可瑞—公告正文:《英可瑞:上海市锦天城律师事务所关于公司首次公开发行股票并在创业板上市的补充法律意见书(二)》。

其所享有的权益按照 2.75∶1 的比例折股，英可瑞总股本为 42 500 000 股，其余计入资本公积，并确认了 7 方发起人股东（其中自然人股东 6 名，有限合伙股东 1 名）在股份公司的持股比例。

2. 英可瑞整体变更时，所涉及的股东纳税应适用的相关法律法规

国家税务总局于 2010 年 5 月 31 日颁布实施的《关于进一步加强高收入者个人所得税征收管理的通知》（国税发〔2010〕54 号）中规定："加强企业转增注册资本和股本管理，对以未分配利润、盈余公积和除股票溢价发行外的其他资本公积转增注册资本和股本的，要按照'利息、股息、红利所得'项目，依据现行政策规定计征个人所得税。"

根据现行有效的《个人所得税法》（2011 年修订）[1]第二条第一款第（六）项的规定，应纳个人所得税的个人所得包括利息、股息、红利所得；根据第六条的规定，利息、股息、红利所得应缴纳个人所得税；根据第三条第（五）项[2]的规定，利息、股息、红利所得适用比例税率，税率为 20%。根据《财政部 国家税务总局关于将国家自主创新示范区有关税收试点政策推广到全国范围实施的通知》（财税〔2015〕116 号）第三条第（二）项的规定，个人股东获得转增的股本，应按照"利息、股息、红利所得"项目，适用 20% 税率征收个人所得税。

《财政部 国家税务总局关于将国家自主创新示范区有关税收试点政策推广到全国范围实施的通知》（财税〔2015〕116 号）中规定："三、关于企业转增股本个人所得税政策。1. 自 2016 年 1 月 1 日起，全国范围内的中小高新技术企业以未分配利润、盈余公积、资本公积向个人股东转增股本时，个人股东一次缴纳个人所得税确有困难的，可根据实际情况自行制定分期缴税计划，在不超过 5 个公历年度内（含）分期缴纳，并将有关资料报主管税务机关备案。"《关于股权奖励和转增股本个人所得税征管问题的公告》（国家税务总局公告 2015 年第 80 号）中规定："二、关于转增股本。（一）非上市及未在全国中小企业股份转让系统挂牌的中小高新技术企业以未分配利润、盈余公积、资本公积向个人股东

---

[1] 现为 2018 年修正版。
[2] 现为第三条第（三）项。

转增股本,并符合财税〔2015〕116号文件有关规定的,纳税人可分期缴纳个人所得税。三、关于备案办理。(一)获得股权奖励的企业技术人员、企业转增股本涉及的股东需要分期缴纳个人所得税的,应自行制定分期缴税计划,由企业于发生股权奖励、转增股本的次月15日内,向主管税务机关办理分期缴税备案手续"。

3.英可瑞整体变更时,所涉及的股东就申请分期缴纳个人所得税事项向主管税务机关办理了备案手续

根据相关法律、法规及规范性文件的规定,英可瑞以资本公积金、盈余公积金和未分配利润转增股本时,英可瑞的自然人股东应当就其转增股本所得缴纳个人所得税。根据前述相关规定计算,本次转增股本缴纳个人所得税的应纳税所得额合计约为人民币574.72万元。英可瑞就上述分期缴纳事项取得了《深圳市南山区地方税务局税务事项通知书》(深地税南受执字〔2016〕11350号),并在主管税务机关完成了相应的备案。

综上所述,经律师核查,律师事务所认为,英可瑞整体变更为股份公司时的全部自然人股东申请分期缴纳个人所得税事项,完成了主管税务机关的备案手续,相关纳税义务严格按照备案履行;英可瑞未代扣自然人股东个人所得税的情形,不存在被税务机关处罚或追缴的税务风险,亦不构成英可瑞发行上市的法律障碍。

二、取得境内其他非上市或非挂牌企业股息、红利所得

非上市及未在全国中小企业股份转让系统挂牌的其他企业以未分配利润、盈余公积、资本公积向个人股东转增股本,应当按照"利息、股息、红利所得"项目,适用20%的比例税率,由被投资企业及时代扣代缴个人所得税,具体规定详见本章第一节。

案件追踪

"股改"疑云

根据群众举报线索,2019年6月,某市税务局稽查局(以下简称稽查局)对N传媒股份有限公司(以下简称N公司)"股改"涉及的相关税收事项实施了专案检查。

N公司成立于2011年9月,并于同月办理税务登记,注册资本为人民币2 000万元,由张某等3名自然人股东共同出资组建。

首先,检查人员以市税务局名义向市市场监管局发出《关于提供N传媒股份有限公司股权变更相关工商登记信息的函》。市场监管部门根据税务机关的要求,提供了N公司股权变更登记信息。

其次,检查人员及时与举报人取得联系,对相关举报内容进行详尽核实。

再次,检查人员向N公司3名自然人股东进行了调查取证。

经查,2016年1月,经股东会决议,以2015年12月31日为基准日,N公司将资本公积、盈余公积和未分配利润转增实收资本,转增后N公司注册资本增加到9 000万元,股份总数5 000万股,并于2016年2月在工商部门办理变更登记手续。

检查人员锁定N公司于2016年2月以未分配利润7 000万元按认缴注册资本比例追加3名自然人股东注册资本的证据,并确定了此项业务未代扣代缴"利息、股息、红利所得"项目个人所得税1 400万元的涉税违法事实。

最后,稽查局责令N公司补扣补缴"利息、股息、红利所得"项目个人所得税1 400万元,并对N公司应扣未扣税款的涉税违法行为实施了税务行政处罚。

三、视同取得股息、红利所得的情形

现行《个人所得税法实施条例》规定,个人拥有债权、股权等而取得的利息、股息、红利所得,以支付利息、股息、红利时取得的收入为一次,全额并入应纳税所得额,适用20%的比例税率,计算缴纳个人所得税。

(一)应付股利长期挂账未支付

根据《国家税务总局关于利息、股息、红利所得征税问题的通知》(国税函〔1997〕656号)的相关规定,扣缴义务人将属于纳税义务人应得的股息、红利收入,通过扣缴义务人的往来会计科目分配到个人名下,收入所有人有权随时提取,应认定为所得支付,及时代扣代缴个人所得税。也就是说,企业将应分配给投资者个人的股利挂在"应付股利、其他应付款"等往来会计账户,虽然没有支付,仍然视同个人取得了股息、红利,企业应当代扣代缴个人所得税。

|||| 案件追踪 ||||

税务行政处罚决定书[1]

行政相对人名称	广东佳业食品有限公司
行政相对人类别	法人及非法人组织
统一社会信用代码	91445100756450298F
法定代表人	陈某泉
法定代表人证件类型	居民身份证
法定代表人证件号码	440520×××××××5933
行政处罚决定文书号	潮税一稽罚〔2022〕3号

---

[1] 参考资料来源:国家税务总局广东省税务局官网首页—信息公开—信用信息双公示—行政处罚。

续表

违法事实	1. 2020年12月31日,你公司通过召开2020年度第三次临时股东大会决议决定按持股比例分利2 999 877.12元,并在2020年12月31日转63号凭证通过"应付股利"将红利分配到各股东个人名下(陈某泉2 679 344.64元,陈某萍85 248.00元,陈某钦117 642.24元,林某川117 642.24元,应交个人所得税599 975.43元),按规定应代扣代缴个人所得税599 975.43元(陈某泉535 868.93元,陈某萍17 049.60元,陈某钦23 528.45元,林某川23 528.45元),同时计提代扣个人所得税599 975.43元(陈某泉535 868.93元,陈某萍17 049.60元,陈某钦23 528.45元,林某川23 528.45元)。上述股利尚未支付给相应股东,也没有向税务机关申报缴纳代扣代缴个人所得税。 2. 2018年1月,你公司一处房产竣工,通过1月转45号凭证由"在建工程"转入"固定资产"3 388 716.78元,该处房产佳业公司于2019年开始缴纳房产税,2018年该处房产没有缴纳房产税,存在少缴纳房产税问题
处罚依据	《税收征收管理法》第二十五条、第六十九条
处罚类别	罚款
处罚内容	对未缴税款处50%的罚款313 034.28元[(599 975.43 + 26 093.12)×50%]
罚款金额(万元)	31.303428
处罚决定日期	2022年4月19日
处罚机关	国家税务总局潮州市税务局第一稽查局
处罚机关统一社会信用代码	11445100MB2D03557A
地方编码	445100

但是,这里需要特别注意"分配未支付"与"不分配、不投资"的区别。

1994年实施分税制以后,全国各级税务机关遵照党中央和国务院关于改进和加强个人所得税征收管理工作的指示精神,始终把调节高收入、缓解社会收入分配不公的矛盾作为个人所得税征管工作的重点,采取多种措施加大对高收入行业和个人的个人所得税征管力度,取得了一定成效。但是,由于各方面的原因,对高收入者的调节和征管还没有到位,影响了个人所得税作用的充分发挥。

为了进一步贯彻落实党中央和国务院的指示精神,更好地发挥个人所得税的调节作用,2001年6月1日,国家税务总局下发《关于进一步加强对高收入者个人所得税征收管理的通知》(国税发〔2001〕57号)[1],其中第六条第(一)项规定,对私营有限责任公司,其企业所得税后利润按《公司法》的法规弥补亏损、提取公积金和法定公益金后的剩余利润,或者按《私营企业暂行条例》的法规提取生产发展基金后的剩余利润,不分配、不投资、挂账达1年的,从挂账的第2年起,将剩余利润依照投资者(股东)的出资比例计算分配个人投资者(股东)的所得,按"利息、股息、红利所得"项目征收个人所得税。

然而,2003年7月11日,财政部、国家税务总局又联合下发了《关于规范个人投资者个人所得税征收管理的通知》(财税〔2003〕158号),其中第三条规定,《国家税务总局关于进一步加强对高收入者个人所得税征收管理的通知》(国税发〔2001〕57号)中关于对私营有限责任公司的企业所得税后剩余利润,不分配、不投资、挂账达1年的,从挂账的第2年起,依照投资者(股东)出资比例计算分配征收个人所得税的规定,自2003年7月11日起,停止执行。

也就是说,对于企业所得税后剩余利润,不分配、不投资、挂账达1年的,官方态度经历了从"不征税"到"征税"又到"不征税"的过程。

截至目前,对于企业所得税税后剩余利润,长期挂账不进行分配,不追加投资的,个人股东不视同取得股息、红利所得,不征收个人所得税。

(二)股东将公款用于消费性支出

根据《财政部 国家税务总局关于规范个人投资者个人所得税征收管理的通知》(财税〔2003〕158号)第一条之规定,个人投资者以企业(个人独资企业、合伙企业除外)资金为本人、家庭成员支付与企业经营无关的消费性支出,应认定为个人投资者的股息、红利所得,征收个人所得税。按照实质重于形式的原则,应认定实际是个人投资者获得了股息、红利,从而应依照"利息、股息、红利所得"项目缴纳个人所得税。

---

[1] 已失效。

案件追踪

国家税务总局杭州市税务局第三稽查局行政处罚事项公示名单[1]

企业名称	文书字号	违法类型	违法事实	处罚内容
西子联合控股有限公司	杭税三稽罚〔2022〕13号	偷税	1. 2019年1月,在管理费用/福利费列支股东王某个人旅游费870 000.00元;2020年12月,在管理费用/福利费列支股东王某个人家电费、服装费、物业费等合计617 000.00元;2020年12月,在管理费用/业务招待费列支股东王某个人服装费、装饰材料等合计165 019.23元。以上费用与该单位取得收入无关,系股东以发票报销的形式取得分红款,未代扣代缴个人所得税。 2. 2020年1月,在管理费用/福利费列支年会手机奖品205 000.00元;2020年2月,在管理费用/福利费列支年会手机奖品6 600.00元,均为年会抽奖发放给员工的手机奖品,未代扣代缴个人所得税。 3. 2020年12月,在管理费用/业务招待费列支酒水费用187 999.99元,为购买茅台酒对外赠送;列支礼品费440 000.00元,为购买黄金对外赠送;列支超市卡98 000.00元,为购买山姆超市卡对外赠送。以上对外赠送的礼品均未代扣代缴个人所得税,未视同销售。 4. 2019年12月,在管理费用/中介服务费列支费用200 000.00元,未取得发票等合法凭据且无法补开	罚款368 311.70元

---

[1] 参考资料来源:国家税务总局浙江省税务局官网首页—国家税务总局杭州市税务局—信息公开—政府信息公开—行政执法—行政处罚决定和结果公示:《国家税务总局杭州市税务局第三稽查局2022年1月21日行政处罚事项公示名单》。

（三）股东将公款用于财产性支出

针对实践中存在的大量企业的资产计入投资者个人或其家庭成员名下的情况，《财政部 国家税务总局关于企业为个人购买房屋或其他财产征收个人所得税问题的批复》（财税〔2008〕83号）规定，该资产即使为企业使用，同样要征收个人所得税。企业（个人独资企业、合伙企业除外）出资购买房屋、汽车、电脑、股票、基金及其他财产，将所有权登记为投资者个人、投资者家庭成员的，不论所有权人是否将财产无偿或有偿交付企业使用，其实质均为企业对个人进行了实物性质的分配，应视同投资者取得股息、红利所得，缴纳个人所得税。

||||| 司法裁判 |||||||||||||||||||||||||||||||||||||||||||||||||||||||||||||||||||||||

一场"房事"引发的"血案"[1]

根据上级交办线索，2011年12月，福州市地方税务局稽查局（以下简称福州市稽查局）对福建分众传媒有限公司（以下简称分众传媒）2010年1月1日至2011年10月30日（2015年10月变更为2004年1月1日至2011年12月31日）的涉税情况进行了专案检查。

检查发现，2010年7月28日，分众传媒股东卞某兰以个人名义与福州世茂置业有限公司签订八份《商品房买卖合同》，购买位于福州市台江区房产，房屋所有权人登记为卞某兰。2010年7月31日，分众传媒以公司自有资金代股东卞某兰向福州世茂置业有限公司支付购房款20 390 580元。随后，分众传媒又以公司自有资金代股东程某支付购房款2 317元。

检查还发现，分众传媒股东卞某兰、程某从公司借款共计6 203 000元，在

---

[1] 参考资料来源：威科先行·法律信息库—案例—裁判文书：《福建分众传媒有限公司 国家税务总局福州市税务局稽查局税务行政管理（税务）二审行政判决书》[（2020）闽01行终351号]。

该纳税年度终了后既不归还,又未将其用于公司生产经营。

《财政部 国家税务总局关于企业为个人购买房屋或其他财产征收个人所得税问题的批复》(财税〔2008〕83号)第一条规定,根据《个人所得税法》和《财政部 国家税务总局关于规范个人投资者个人所得税征收管理的通知》(财税〔2003〕158号)的有关规定,符合以下情形的房屋或其他财产,不论所有权人是否将财产无偿或有偿交付企业使用,其实质均为企业对个人进行了实物性质的分配,应依法计征个人所得税。

(1)企业出资购买房屋及其他财产,将所有权登记为投资者个人、投资者家庭成员或企业其他人员的。

(2)企业投资者个人、投资者家庭成员或企业其他人员向企业借款用于购买房屋及其他财产,将所有权登记为投资者、投资者家庭成员或企业其他人员,且借款年度终了后未归还借款的。

《财政部 国家税务总局关于规范个人投资者个人所得税征收管理的通知》(财税〔2003〕158号)第二条规定,纳税年度内个人投资者从其投资企业(个人独资企业、合伙企业除外)借款,在该纳税年度终了后既不归还,又未用于企业生产经营的,其未归还的借款可视为企业对个人投资者的红利分配,依照"利息、股息、红利所得"项目计征个人所得税。

2016年5月16日,福州市稽查局依法作出榕地税稽处〔2016〕11号税务处理决定和榕地税稽罚〔2016〕5号税务行政处罚决定,责令分众传媒补扣补缴"利息、股息、红利所得"个人所得税5 319 179.40元,并处应扣未缴税款1.5倍的罚款7 978 769.10元。

分众传媒对榕地税稽罚〔2016〕5号税务行政处罚决定不服,向福建省地方税务局申请税务行政复议。经复议,福建省地方税务局作出闽地税复决字〔2016〕4号税务行政复议决定,维持福州市稽查局作出的税务行政处罚决定。

分众传媒不服,上诉至福州市鼓楼区人民法院(以下简称一审法院)。

经审理,一审法院依法作出(2018)闽0102行初179号行政判决:驳回分众传媒的诉讼请求。

分众传媒不服,上诉至福州市中级人民法院(以下简称二审法院)。

经审理,二审法院依法作出(2020)闽01行终351号行政判决:驳回上诉,维持原判。

(四)股东向公司长期借款不归还

根据《财政部 国家税务总局关于规范个人投资者个人所得税征收管理的通知》(财税〔2003〕158号)第二条之规定,纳税年度内个人投资者从其投资企业(个人独资企业、合伙企业除外)借款,在该纳税年度终了后既不归还,又未用于企业生产经营的,其未归还的借款可视为企业对个人投资者的红利分配,依照"利息、股息、红利所得"项目计征个人所得税。

案件追踪

"假借款"掩盖下的"真分红"

根据群众举报线索,2017年3月,某市税务局稽查局(以下简称稽查局)对S科技股份有限公司(以下简称S公司)协助自然人股东逃避缴纳个人所得税的违法行为实施了专案检查。

S公司成立于2012年1月,股东为9名自然人,主要经营范围为网络技术服务和计算机软件服务等。

检查初期,S公司对其借款给自然人股东的行为辩称是为提高公司闲置资金的收益率而进行的正常经营行为,且公司与自然人股东之间签订了借款合同并按规定收取利息,不应视为对自然人股东的利润分配。

但随着对案情的不断深入了解,检查人员发现S公司自成立以来每年均处于盈利状态,且2013—2016年度每年盈利均达千万元,但公司从不进行利润分配,公司未分配利润金额巨大,流动资金却不多,也未有对外投资行为。而 S 公司的自然人股东在 2014—2016 年期间陆续从公司借出的大量资金均未归还公司,也无法证明其借款是用于公司生产经营。

在铁的证据面前,S 公司不得不承认其与股东签订借款合同,企图以借款的形式掩盖利润分配,帮助自然人股东逃避缴纳股息红利所得个人所得税的违法事实。

最终,稽查局对 S 公司假借"借款"形式掩盖股利分红事实以达到逃避缴纳个人所得税的行为依法进行查处,责令 S 公司按照"利息、股息、红利所得"项目补扣补缴个人所得税 350 万元,并对 S 公司处以未代扣代缴税款 50% 的罚款计 175 万元。

在这里,笔者认为,个人投资者从其投资企业(个人独资企业、合伙企业除外)借款,在该纳税年度终了后虽未归还,但有充足证据证明用于企业生产经营的,其未归还的借款不应视为企业对个人投资者的红利分配计征个人所得税。

东财资讯

王某、韩某兰从风光实业长期借款未归还获税务局不征个税认可[1]

2021 年 12 月 14 日,营口风光新材料股份有限公司(证券代码:301100,以下简称风光股份)发布《首次公开发行股票并在创业板上市招股说明书》披露:

第五节　风光股份基本情况

二、风光股份设立和报告期内的股本和股东变化情况

---

[1] 参考资料来源:东方财富网—数据中心—公告大全—风光股份—公告正文《风光股份:首次公开发行股票并在创业板上市招股说明书》。

（六）2016年实际控制人向风光股份实缴出资过程中存在的不规范事项及可能对风光股份造成的影响

4.实际控制人从风光实业拆借并长期未归还

2016年，风光股份实际控制人需要归还通过上海布艾、飞翔电脑等第三方向风光股份拆借的实缴出资款项，但是鉴于个人在短期内无法筹集足够的资金，风光股份实际控制人以现金支票形式从风光实业拆借资金用于归还上述部分借款。风光实业拆出的资金来源于风光股份对风光实业的分红。

2021年4月26日，风光股份实际控制人全额归还了从风光实业拆借的上述款项，还款资金来源于风光股份实际控制人家庭积累的自有资金及从风光合伙拆借的资金，其中，实际控制人家庭积累的自有资金为4 000.00万元（主要是赎回风光股份实际控制人及其亲属持有的存单及2021年分红所得），占比80.00%，从风光合伙拆借资金1 000.00万元（风光合伙成立于2016年10月27日，截至2020年5月底，风光合伙合伙人认缴出资额1 000.00万元尚未实缴到位；2020年7月，王某以收到的风光股份及风光实业分红款通过银行转账方式将1 000.00万元出资额实缴至风光合伙账户，截至2021年4月25日，上述资金一直以闲置自有资金形式存放于风光合伙账户），占比20.00%，不涉及向风光股份拆借资金。

《财政部 国家税务总局关于规范个人投资者个人所得税征收管理的通知》（财税〔2003〕158号）规定："纳税年度内个人投资者从其投资企业（个人独资企业、合伙企业除外）借款，在该纳税年度终了后既不归还，又未用于企业生产经营的，其未归还的借款可视为企业对个人投资者的红利分配，依照'利息、股息、红利所得'项目计征个人所得税。"

风光股份实际控制人的上述借款行为未涉及税收方面的违法违规问题，理由如下：

（1）风光实业作为持股平台除持有风光新材股权外未开展其他经营活动，风光股份实际控制人从风光实业拆借的资金用于归还实缴出资借款，实缴出资款项最终用于风光新材的生产经营活动，且相应拆借款项均已归还。

(2)根据对国家税务总局营口市老边区税务局的访谈,对于上述长期借款未归还的情形,主管税务机关可裁量确定个人投资者未归还的借款是否视为企业对个人投资者的红利分配,进而核定是否征税。根据国家税务总局营口市老边区税务局出具的确认意见,鉴于王某、韩某兰系将上述款项用于企业长期经营,且已将借款全额归还,故上述情形不属于企业对个人投资者的红利分配,不需要计征个人所得税;该等借款行为并非税收方面的违法违规行为,税务机关不会就上述事项对王某、韩某兰征收税款及滞纳金,也不会给予行政处罚。

同时,经税务局审查,风光股份及控股股东、实际控制人王某、王某忠、韩某兰、隋某辰不存在税收方面的违法违规行为,未受到税务机关处罚。

鉴于上述实缴出资及资金周转过程存在不规范的情形,风光股份控股股东、实际控制人作出如下承诺:

若2016年实缴出资涉及的资金占用、周转及定向分红等情形导致公司被有权主管部门处罚,从而给公司造成损失,本人将对公司进行及时、足额的补偿,保证公司不会因此遭受损失。

根据《财政部 国家税务总局关于企业为个人购买房屋或其他财产征收个人所得税问题的批复》(财税〔2008〕83号)第一条第(二)项及第二条之规定,投资者个人、投资者家庭成员向企业(个人独资企业、合伙企业除外)借款用于购买房屋及其他财产,将所有权登记为投资者个人、投资者家庭成员,借款年度终了后未归还借款的,不论所有权人是否将财产无偿或有偿交付企业使用,其实质均为企业对投资者个人、投资者家庭成员进行了实物性质的分配,对投资者个人、投资者家庭成员取得的上述所得,视为企业对投资者个人、投资者家庭成员的红利分配,应当按照"利息、股息、红利所得"项目计算缴纳个人所得税。

案件追踪

"税"网恢恢，"收"而不漏

2017年12月，B国税务局通过我国驻国际联合反避税中心代表处向国家税务总局提出协助请求，希望我方提供中国移民徐某夫妇在华的收入和纳税情况。

徐某夫妇原籍中国G省Z市，于2013年9月移民B国，并在B国一直按低收入申报纳税。但B国税务局掌握的资料显示，徐某夫妇在B国期间共购置了多处豪宅，并在G省Z市内收购了多座矿山。徐某银行账户同期有大量来自中国亲属的资金汇入记录，且汇入频率高、金额巨大。

接到核查任务后，Z市税务局稽查局（以下简称Z市稽查局）迅速成立工作组，制定实施方案，铺开核查之网。

根据B国税务局提供的情报线索，本次核查工作涉及徐某夫妇曾直接或间接持股的13家企业，这些企业全部分布在G省Z市辖区内。

检查人员通过征管信息系统迅速掌握情报所涉企业的税务登记信息、生产经营状况及当事人申报纳税情况等基础数据，并向本市公安、国土、工商、银行等相关单位发出协查文书，全面了解徐某夫妇的出入境情况、资产购置存量、股权拥有情况和资金流水信息等。通过对大量信息数据的梳理排查和归集统计，核查人员就B国税务局提出的核查要求逐一研究，并按时完成了情报核查及层报回复工作。

在此基础上，Z市稽查局延伸运用情报信息，进一步检查涉案人员在我国境内是否存在涉税违规的行为。检查人员展开案头分析，对徐某夫妇国内亲属2014年至2017年的纳税申报情况、双方借款合同等资料进行分析，对其借款能力及借款行为的真实性进行评估。另外，检查人员溯查资金源头，重点对徐某母亲银行账户的大额资金收支记录进行分析，筛选并锁定疑点企业。同时，对情报信息涉及的企业以及通过核查发现的其他关联企业的生产经营及申报纳税情况进行逐一排查。

经过前期的充分准备,检查人员先后对徐某夫妇国内亲属开展询问调查,希望获取国(境)内向徐某银行账户汇入资金的相关信息,寻求线索及证据。询问调查期间,检查人员虽多次宣讲税收政策和法律风险,试图通过开展心理攻势打开突破口,但徐某夫妇国内亲属在接受首次询问调查后均表示不再配合,徐某母亲更是以年事已高为由拒绝出席,询问调查工作一时陷入困境。

鉴于此,检查人员及时调整主攻方向,利用全市10余家银行机构提供的涉案人员及其亲属名下银行账户的交易记录,筛查其中交易频繁且金额巨大的疑点企业和个人,最后将2家企业列为重点检查对象。通过对这些企业的法定代表人开展调查取证,最终,检查人员获得了关键信息,即徐某母亲为企业的实际投资者,企业向徐某母亲大额转账的款项是借款。

为此,检查人员调阅了相关企业2014年度至2017年度财务报表、账册及凭证资料,核实徐某母亲与企业之间的资金往来情况。通过反复调查取证,确认了徐某母亲以借款为由,长期套取其隐性持股企业的生产经营所得,再通过多名家族成员的中国香港银行账户逐步将国内投资所得向B国转移的基本事实。

经过反复沟通和耐心解释,最终,Z市稽查局责令相关企业按照"利息、股息、红利所得"项目依法代扣代缴徐某母亲个人所得税共计6 200余万元。

这里需要正确理解以下两个方面的问题。

一是"纳税年度终了"并非特指"借款超过12个月"。

根据现行《中华人民共和国个人所得税法》(以下简称《个人所得税法》)第一条第三款之规定,纳税年度,自公历1月1日起至12月31日止。因此,纳税年度应为公历年度。据此,"纳税年度终了"应该是指个人股东发生借款当年的12月31日,而非借款满12个月。例如,个人股东于2020年11月8日向企业借款300万元,在2020年12月31日前既不归还,也不用于企业生产经营的,其未归还的300万元借款,就需要计算缴纳个人所得税。

二是并非必须"有利可分"才认定"视同分红"。

部分观点认为,判断个人股东"视同分红"的个人所得税纳税义务时,应综合考虑企业的盈亏情况,如果企业没有实现利润,则不应计征个人所得税;如借款额度超过企业实现利润,则应以企业实现利润为限计征股息红利所得的个人所得税。

针对上述观点,笔者认为,既然财税〔2003〕158号文件对此已经作出明确规定,理应严格按照政策执行,只要满足文件规定的征税条件,就已经实际发生纳税义务,而不应在文件规定的基础上再另行附加条件。不仅如此,如果企业假亏实盈,采取借款形式将利润分配给股东,又以企业发生亏损为由拒绝缴税,势必严重侵蚀国家的长期税收利益。

|||| 政策链接 ||||||||||||||||||||||||||||||||||||||||||||||||||||||

国家税务总局广西壮族自治区税务局
关于明确个人所得税若干问题的公告

国家税务总局广西壮族自治区税务局公告2018年第9号

根据《中华人民共和国个人所得税法》及其实施条例,以及财政部、国家税务总局的有关规定,现就我区个人所得税若干问题明确如下:

……

五、关于企业投资者个人、投资者家庭成员或企业其他人员向企业跨年度借款征收的个人所得税在借款归还后是否退还税款的问题

根据《财政部 国家税务总局关于规范个人投资者个人所得税征收管理的通知》(财税〔2003〕158号)和《财政部 国家税务总局关于企业为个人购买房屋或其他财产征收个人所得税问题的批复》(财税〔2008〕83号)的规定,企业投资者个人、投资者家庭成员或企业其他人员向企业跨年度借款征收的个人所得税,虽然借款在征税后已归还,但该行为的纳税义务已经发生,已征收的税款不予退还。

……

特此公告

国家税务总局广西壮族自治区税务局

2018 年 6 月 15 日

在实务中,部分企业常常把应该以正常形式分配给投资者个人的股息、红利,通过借款或企业资金形式,为投资者个人、投资者家庭成员支付与企业经营无关的消费性支出和购买住房、汽车等财产性支出,以这种途径变相分配,借以逃避纳税义务。对于以上情况,自然人股东均应按照"利息、股息、红利所得"项目计算缴纳个人所得税。逾期不缴纳的,由税务机关追缴税款和滞纳金,并按照《税收征收管理法》的有关规定处以罚款。

司法裁判

不服?税法就是这么规定的![1]

根据年度工作安排,2013 年 2 月,黄山市地方税务局稽查局(以下简称黄山市稽查局)对黄山市博皓房地产开发有限公司(以下简称博皓公司)2010 年 1 月 1 日至 2012 年 12 月 31 日期间涉及的地方税费申报缴纳情况实施了专案检查。

博皓公司系由宁波博皓投资控股有限公司、苏某合、倪某亮和洪某南共同投资成立的有限责任公司。经查发现,2010 年年初,博皓公司无偿借款给其股东,其中,苏某合 300 万元、洪某南 265 万元、倪某亮 305 万元,以上借款共计 870 万元,于 2012 年 5 月归还,该借款时间长达 2 年多且未用于博皓公司的生

---

[1] 参考资料来源:威科先行·法律信息库—案例—裁判文书:《黄山市博皓投资咨询有限公司、黄山市地方税务局稽查局税务行政管理(税务)再审审查与审判监督行政裁定书》[(2017)皖行申 246 号和(2017)皖行申 247 号]。

产经营。

《财政部 国家税务总局关于规范个人投资者个人所得税征收管理的通知》(财税〔2003〕158号)第二条规定,纳税年度内个人投资者从其投资企业(个人独资企业、合伙企业除外)借款,在该纳税年度终了后既不归还,又未用于企业生产经营的,其未归还的借款可视为企业对个人投资者的红利分配,依照"利息、股息、红利所得"项目计征个人所得税。

2014年2月20日,黄山市稽查局对博皓公司依法作出黄地税稽处(2014)5号税务处理决定和黄地税稽罚(2014)5号税务行政处罚决定,责令博皓公司补扣缴利息、股息、红利个人所得税税额174万元,并处罚款87万元。

博皓公司不服,向黄山市人民政府申请税务行政复议。经复议,黄山市人民政府依法作出黄政复决(2014)41号税务行政复议决定,维持黄山市稽查局作出的税务处理决定和税务行政处罚决定。

博皓公司不服,上诉至黄山市屯溪区人民法院(以下简称一审法院)。

2014年12月5日,一审法院依法作出(2014)屯行初字第00021号和(2014)屯行初字第00022号行政判决,维持黄山市稽查局作出的税务处理决定和税务行政处罚决定。

博皓公司不服,上诉至黄山市中级人民法院(以下简称二审法院)。

2015年4月2日,二审法院依法作出(2015)黄中法行终字第00006号和(2015)黄中法行终字第00007号行政判决:驳回上诉,维持原判。

博皓公司不服,申请安徽省高级人民法院(以下简称安徽高院)再审。

经审理,安徽高院认定,《税收征收管理法》第十四条规定,本法所称税务机关是指各级税务局、税务分局、税务所和按照国务院规定设立的并向社会公告的税务机构。《税收征收管理法实施细则》第九条第一款规定,《税收征收管理法》第十四条所称按照国务院规定设立的并向社会公告的税务机构,是指省以下税务局的稽查局。稽查局专司偷税、逃避追缴欠税、骗税、抗税案件的查处。从以上法律法规的规定来看,稽查局具有查处税收违法行为,作出处理决定的权力。《财政部 国家税务总局关于规范个人投资者个人所得税征收管理的通知》第二条规定,纳税年度内个人投资者从其投资企业(个人独资企业、合伙企业除外)借款,在该纳税年度终了后既不归还,又未用于企业生产经营的,其未归还的借款可视为企业对个人投资者的红利分配,依照"利息、股息、红利所得"项目计征个人所得税。该规定的目的是防止个人投资者以借款的形式掩盖红利分配,其征税对象是纳税年度终了后未归还且未用于企业生产经营的借款。

从本案的情形来看,2010年年初,博皓公司分别借款给其股东苏某合300万元、洪某南265万元、倪某亮305万元,以上借款未用于博皓公司的生产经营。虽然该三人于2012年5月归还了借款,但该借款显然超过了一个纳税年度未归还,符合上述通知规定的征税情形,博皓公司应当履行代扣代缴税款义务。黄山市稽查局责令博皓公司补扣补缴174万元个人所得税的处理决定和以博皓公司未履行扣缴义务人的法定义务为由而对其作出罚款的处罚并无不当,二审法院维持黄山市稽查局作出的税务处理决定和税务行政处罚决定的决定正确。

2018年7月24日,安徽高院依法作出(2017)皖行申246号和(2017)皖行申247号行政裁定:驳回博皓公司的再审申请。

然而,对于类似情况,部分税务机关也存在不同的理解,相关意见可以参考河北省地方税务局于2013年7月19日对秦皇岛市地方税务局《关于投资者借款征收个人所得税问题的请示》(秦地税发〔2013〕107号)所作出的批复。

|||| 政策链接 ||||||||||||||||||||||||||||||||||||||||||||||||||||||||||||||||||||||||||||

河北省地方税务局关于秦皇岛市局
个人投资者借款征收个人所得税问题请示的批复

冀地税函〔2013〕68号

秦皇岛市地方税务局：

你局《关于投资者借款征收个人所得税问题的请示》（秦地税发〔2013〕107号）收悉。经研究，批复如下：

一、个人投资者归还从其投资企业取得的一年以上借款，已经按照"利息、股息、红利"征收的个人所得税，应予以退还或在以后应纳个人所得税中抵扣。

二、个人投资者从其投资企业有多笔借款，在归还借款时，根据协议（合同）约定来确定归还的具体是哪笔借款，无协议（合同）的，按实际情况确定。

河北省地方税务局

二〇一三年七月十九日

（五）其他视同取得股息、红利所得情形

|||| 案件追踪 ||||||||||||||||||||||||||||||||||||||||||||||||||||||||||||||||||||||||||||

国家税务总局滁州市税务局稽查局
税务处理决定书

滁税稽处〔2020〕103号

唐某东（纳税人识别号：340111×××××6516）：

2019年3月13日至2019年12月15日，我局对你2011年1月1日至

2013年12月31日在滁州瑶海农机大市场开发有限公司涉及的个人所得税情况进行了检查,违法事实及处理决定如下:

一、违法事实

2011年你本人通过从滁州瑶海农机大市场开发有限公司向合肥市大圩建筑安装工程有限公司滁州分公司和安徽亚坤建设集团有限公司滁州分公司支付虚假工程预付款的形式,共套出分红资金48 484 947.45元,滁州瑶海农机大市场开发有限公司未履行代扣代缴个人所得税义务,你本人也未向我局申报缴纳该笔个人所得税。

二、处理决定

1.根据《个人所得税法》(2011年6月30日第十一届全国人民代表大会常务委员会第二十一次会议《关于修改〈中华人民共和国个人所得税法〉的决定》第六次修正)[1]第一条、第二条、第三条、第六条、第八条、第九条、第十三条、第十四条,《国务院关于修改〈中华人民共和国个人所得税法实施条例〉的决定》(国务院令第600号)第八条第一款第(七)项、第三十五条,《财政部 国家税务总局关于规范个人投资者个人所得税征收管理的通知》(财税〔2003〕158号)第二条,《国家税务总局关于印发〈个人所得税管理办法〉的通知》(国税发〔2005〕120号)第三十五条第(四)项规定,滁州瑶海农机大市场开发有限公司应代扣代缴个人所得税(股息所得)9 696 989.49元。

原滁州市地方税务局稽查局根据《关于对贯彻〈中华人民共和国税收征收管理法〉及其实施细则若干具体问题的通知》(国税发〔2003〕47号)规定,已责成扣缴义务人将上述应扣未扣个人所得税限期补扣,但至今滁州瑶海农机大市场开发有限公司尚未补扣补缴,现根据《税收征收管理法》第六十九条之规定,对该公司未代扣代缴你的个人所得税9 696 989.49元,现向你本人追缴。

2.根据《税收征收管理法》第三十二条的规定,对你上述2011年度少申报缴纳的个人所得税(股息所得)9 696 989.49元,责令你限期缴纳,并从税款滞

---

[1] 现为2018年版。

纳之日起,按日加收滞纳税款万分之五的滞纳金。

3.限你自收到本决定书之日起 15 日内到国家税务总局滁州市税务局(滁州市政务服务大厅窗口)将上述税款及滞纳金缴纳入库。逾期未缴,将依照《行政强制法》第五十三条规定强制执行。

你若同我局在纳税上有争议,应自收到本决定书之日起 60 日内依照本决定缴纳税款,或者提供相应的担保,然后可依法向国家税务总局滁州市税务局申请行政复议。

国家税务总局滁州市税务局稽查局

2020 年 11 月 19 日

四、我国港澳台居民及外籍个人取得股息、红利所得的税务处理

改革开放以来,为了吸引外资,引进国外的先进技术和管理经验,我国出台了一系列针对外商投资企业和外籍投资个人的税收优惠政策。这些优惠政策在推动我国经济持续、快速和健康发展过程中发挥了重要作用。

其中,《财政部 国家税务总局关于个人所得税若干政策问题的通知》(财税字〔1994〕20 号)第二条第(八)项规定,外籍个人从外商投资企业取得的股息、红利所得,暂免征收个人所得税。根据国家税务总局的相关回复精神,该规定也适用于我国香港、澳门、台湾地区居民。

东财资讯

美籍华人袁某彬从伯特利取得股息、红利所得暂免征收个税[1]

2018年3月19日,芜湖伯特利汽车安全系统股份有限公司(证券代码:603596,以下简称伯特利)发布《首次公开发行股票招股意向书附录》披露:

《中国银河证券股份有限公司关于芜湖伯特利汽车安全系统股份有限公司首次公开发行股票并上市的发行保荐工作报告》

第二节 项目存在问题及其解决情况

三、内部核查部门关注的主要问题以及对内部核查部门意见的逐项落实情况

(一)伯特利整体变更及分红转增时,自然人股东纳税情况

问题:请进一步说明伯特利整体变更、分红转增时,自然人股东是否履行了纳税义务。

经核查,伯特利整体变更、分红转增时,自然人股东履行纳税义务的情况如下:

2.伯特利分红转增(实施2016年半年度权益分派)时自然人股东纳税义务的履行情况

(2)伯特利2016年半年度权益分派中自然人股东须承担的纳税义务。

②送红股及现金分红。

伯特利根据《财政部 国家税务总局 证监会关于实施全国中小企业股份转让系统挂牌公司股息红利差别化个人所得税政策有关问题的通知》(财税〔2014〕48号)[2]及《财政部 国家税务总局 证监会关于上市公司股息红利差别化个人所得税政策有关问题的通知》(财税〔2015〕101号)的规定,截至本次权

---

[1] 参考资料来源:东方财富网—数据中心—公告大全—伯特利—公告正文:《603596:伯特利首次公开发行股票招股意向书附录》。

[2] 现已失效。

益分派股权登记日 2016 年 9 月 28 日,伯特利自然人股东袁某彬、熊某武、王某宁、王某江、史某富等持有的伯特利股票期限(自伯特利股票于 2016 年 1 月 23 日在新三板挂牌之日计算)均在 1 年以下。因此,对于在伯特利分红派息时所获得的股息红利可暂不扣缴个人所得税,在后期发生股权转让时再依据《财政部 国家税务总局 证监会关于实施全国中小企业股份转让系统挂牌公司股息红利差别化个人所得税政策有关问题的通知》(财税〔2014〕48 号)[1]的相关规定计算应缴个人所得税金额。因此,伯特利通过中国证券登记结算公司北京分公司实施本次权益分派时,未扣缴自然人股东在本次权益分派中对应的个人所得税。

鉴于伯特利已于 2017 年 1 月 26 日终止其股票在新三板挂牌,上述自然人股东持有的伯特利股票不再属于"挂牌公司股票"。经项目组建议,发行人协调熊某武、王某宁、王某江、史某富等 4 位自然人股东缴纳了本次权益分派中送红股及现金分红涉及的个人所得税,应纳税额按照《财政部 国家税务总局 证监会关于实施全国中小企业股份转让系统挂牌公司股息红利差别化个人所得税政策有关问题的通知》(财税〔2014〕48 号)中的规定计算。在计算"持股期限"时,"转让交割该股票之日前一日"为公司股票终止挂牌之日。

根据《财政部 国家税务总局关于个人所得税若干政策问题的通知》(财税字〔1994〕20 号)第二条第(八)项关于外籍个人从外商投资企业取得的股息、红利所得暂免征收个人所得税的规定,免征袁某彬(美国国籍)在本次权益分派中送红股及现金分红涉及的个人所得税。

然而,为贯彻落实党的十八大提出的"实现发展成果由人民共享,必须深化收入分配制度改革"要求,深入推进"十二五"规划实施,完善收入分配结构和制度,增加城乡居民收入,缩小收入分配差距,规范收入分配秩序,2013 年 2 月 3 日,国务院下发《国务院批转

---

[1] 现已失效。

发展改革委等部门关于深化收入分配制度改革若干意见的通知》(国发〔2013〕6号)。国发〔2013〕6号文件提出要加强个人所得税调节,加快建立综合与分类相结合的个人所得税制度,完善高收入者个人所得税的征收、管理和处罚措施,将各项收入全部纳入征收范围,建立健全个人收入双向申报制度和全国统一的纳税人识别号制度,依法做到应收尽收,取消对外籍个人从外商投资企业取得的股息、红利所得免征个人所得税等税收优惠。

根据国发〔2013〕6号文件精神,2013年7月22日,原湖北省地方税务局下发《关于对外籍个人从外商投资企业取得股息红利所得征收个人所得税问题的公告》(湖北省地方税务局公告2013年第1号)[1],规定自2013年2月3日起,取消对外籍个人从外商投资企业取得的股息、红利所得免征个人所得税税收优惠。对取得上述所得的外籍个人,按照"利息、股息、红利"的所得项目征收个人所得税。

但是,除湖北省外,其余各地均未出台文件贯彻落实国发〔2013〕6号文件的上述规定。同时,部分地方(如广西壮族自治区)还曾下发文件强调财税字〔1994〕20号文件第二条第(八)项规定的法律效力。

|||| 政策链接 ||||||||||||||||||||||||||||||||||||||||||||||||||||||||||||||||||||||

广西壮族自治区地方税务局关于外籍个人从外商投资企业取得股息红利收入征免个人所得税问题的批复[2]

桂地税函〔2015〕255号

自治区地方税务局桂林稽查局:

你局《关于外籍个人从外商投资企业取得股息红利收入征免个人所得税问题的请示》(桂地税桂稽报〔2015〕14号)收悉。经请示国家税务总局所得税司,现批复如下:

对外籍个人从外商投资企业取得股息红利收入,在财政部和国家税务总局

---

[1] 现已失效。
[2] 现已失效。

没有新的政策规定前,仍按照《财政部 国家税务总局关于个人所得税若干政策问题的通知》(财税字〔1994〕020号)第二条第(八)项的规定执行,暂免征收个人所得税。

此复。

自治区地方税务局
2015年7月3日

截至2021年12月,财税字〔1994〕20号文件第二条第(八)项规定从未出现在国家税务总局公开发布的废止税务规范性文件目录中。因此,结合税收法定原则,财税字〔1994〕20号文件第二条第(八)项规定仍然现行有效,具备法律效力,即外籍个人从外商投资企业取得的股息、红利所得,仍然可以享受暂免征收个人所得税的超国民税收待遇。

东财资讯

中国香港居民余某、陈某在原尚股份整体变更时暂免征收个税[1]

2017年8月8日,广东原尚物流股份有限公司(证券代码:603813,以下简称原尚股份)发布《首次公开发行股票招股意向书附录》披露:

《民生证券股份有限公司关于广东原尚物流股份有限公司首次公开发行股票并上市之保荐工作报告》

第二节 项目存在问题及解决情况

三、内部核查部门关注的主要问题及相关意见落实情况

(十三)请项目组核查说明:原尚股份整体变更设立股份公司时,以未分配

---

[1] 参考资料来源:东方财富网—数据中心—公告大全—原尚股份—公告正文:《603813:原尚股份首次公开发行股票招股意向书附录》。

利润和盈余公积转增资本金涉及的个人所得税缴纳情况。

落实情况：

1994年5月13日，财政部、国家税务总局颁布《关于个人所得税若干政策问题的通知》（财税字〔1994〕20号）规定：外籍个人从外商投资企业取得的股息、红利所得，暂免征收个人所得税。

余某以及陈某为中国香港居民，根据上述规定，余某以及陈某在股份公司整体变更时均不用缴税。

这里需要注意外籍个人的认定问题。

"外籍个人"并不是一个专用法律名词，通俗来说，外籍个人是指拥有非中国国籍的个人。外籍个人和非居民个人并不能画等号。区分居民个人和非居民个人的主要标准是"住所"和"居住时间"，也就是说，外籍个人可能是居民个人，也可能是非居民个人。

|||| 东财资讯 ||||

内地居民张某君继承香港居民毛某卿股息、红利所得被补征个税[1]

2021年3月30日，宁波德业科技股份有限公司（证券代码：605117，以下简称德业股份）发布《首次公开发行股票招股意向书附录》披露：

《北京市中伦文德律师事务所关于宁波德业科技股份有限公司首次公开发行股票并上市的补充法律意见书（二）》

十九、《反馈意见》信息披露问题15

招股说明书"风险因素"部分，披露德业股份实际控制人存在分红被追缴个

---

[1] 参考资料来源：东方财富网—数据中心—公告大全—德业股份—公告正文：《605117：德业股份首次公开发行股票招股意向书附录》。

人所得税的风险。请保荐机构和律师说明德业股份实际控制人是否因此受到行政处罚或存在相关风险,是否构成重大违法行为,该事项对德业股份的具体影响,是否对发行条件产生重大不利影响,相关风险揭示是否充分、表述是否准确有针对性。

回复如下:

1. 核查方式

(1)查阅了德业股份关于本次分红的股东决定文件;

(2)取得了宁波市北仑区市场监督管理局出具的合法合规证明文件;

(3)取得了宁波市地方税务局经济技术开发区分局五分局关于本次分红事宜的备案文件;

(4)取得了国家税务总局宁波市北仑区(宁波经济技术开发区)税务局出具的合法合规证明文件;

(5)取得了德业股份实际控制人关于本次分红事宜出具的承诺文件。

2. 核查情况

经核查,德业股份原股东毛某卿于2015年5月31日去世,因毛某卿为香港居民,梳理其拥有的财产需要耗费较多时间,继承的相关手续及文件亦较为繁琐,待办理完成继承手续后,距离毛某卿去世已经过去3个月;德业股份的相关工作人员因工作疏忽,未及时前往工商登记管理部门办理股东变更手续,直至2017年5月10日才办理完成工商变更登记手续。

根据《公司登记管理条例(2016修订)》[1]第三十四条之规定,"有限责任公司变更股东的,应当自变更之日起30日内申请变更登记,并应当提交新股东的主体资格证明或者自然人身份证明。有限责任公司的自然人股东死亡后,其合法继承人继承股东资格的,公司应当依照前款规定申请变更登记"。

德业股份未按照上述规定在德业股份原自然人股东毛某卿死亡后向工商登记管理部门申请变更登记,但是德业股份已经补办了变更登记手续,上述违

---

[1] 现已失效。

法情况已经消除。根据宁波市北仑区市场监督管理局于 2018 年 4 月 24 日出具的《关于宁波德业科技股份有限公司守法经营情况的证明》（仑市监企监证〔2018〕118 号），在德业股份于 2017 年 5 月 10 日办理股权转让变更登记时宁波市北仑区市场监督管理局未对其进行处罚。

2016 年 12 月，德业股份分配现金股利 1.05 亿元。税务主管部门根据《财政部 国家税务总局关于个人所得税若干政策问题的通知》（财税字〔1994〕20 号）"二、下列所得，暂免征收个人所得税：……（八）外籍个人从外商投资企业取得的股息、红利所得"的规定，未对上述分红征收个人所得税。德业股份就此事项已于 2017 年 6 月 1 日主动向宁波市地方税务局经济技术开发区分局五分局进行报告并备案。

根据《国家税务总局关于修订〈重大税收违法案件信息公布办法（试行）〉的公告》（国家税务总局公告 2016 年第 24 号）[1]第六条之规定，本办法所称"重大税收违法案件"是指符合下列标准的案件：

（1）纳税人伪造、变造、隐匿、擅自销毁账簿、记账凭证，或者在账簿上多列支出或者不列、少列收入，或者经税务机关通知申报而拒不申报或者进行虚假的纳税申报，不缴或者少缴应纳税款，查补税款金额 100 万元以上，且任一年度查补税额占当年各税种应纳税总额的 10% 以上；

（2）纳税人欠缴应纳税款，采取转移或者隐匿财产的手段，妨碍税务机关追缴欠缴的税款，欠缴税款金额 100 万元以上的；

（3）以假报出口或者其他欺骗手段，骗取国家出口退税款的；

（4）以暴力、威胁方法拒不缴纳税款的；

（5）虚开增值税专用发票或者虚开用于骗取出口退税、抵扣税款的其他发票的；

（6）虚开普通发票 100 份或者金额 40 万元以上的；

（7）私自印制、伪造、变造发票，非法制造发票防伪专用品，伪造发票监制

---

[1] 现已失效。

章的;

(8)虽未达到上述标准,但违法情节严重、有较大社会影响的。

符合前款规定的重大税收违法案件,由税务稽查局作出了《税务处理决定书》或《税务行政处罚决定书》,且当事人在法定期间内没有申请行政复议或者提起行政诉讼,或者经行政复议或法院裁判对此案件最终确定效力后,按本办法处理。

律师认为,德业股份实际控制人取得上述分红而未缴纳个人所得税的情形存在被税务部门追缴个人所得税的风险,但德业股份已在上述行为发生后及时向主管税务部门进行了报备,不属于《税收征收管理法》中规定的逃税、偷税、漏税的行为,不存在被税务机关行政处罚的风险,亦不属于《重大税收违法案件信息公布办法(试行)》(国家税务总局公告2016年第24号)[1]中规定的重大违法行为。

国家税务总局宁波市北仑区(宁波经济技术开发区)税务局分别于2019年1月31日和2019年7月23日出具证明,确认德业股份在报告期内不存在税务违法违章及税务行政处罚的记录。

同时,德业股份实际控制人张某君出具承诺:"本人愿意依法承担德业股份2016年分红所产生的个人所得税的纳税义务。

如果主管税务机关要求本人依法缴纳上述个人所得税、滞纳金和罚款时,本人将依法及时足额缴纳相关税款;如果德业股份因上述原因所产生的自然人股东个人所得税问题被税务机关处罚或发生其他经济损失,本人将对德业股份承担全额赔偿责任,保证德业股份及其社会公众股东不会因此受到损失。

如因本人违反本承诺函而给德业股份造成损失的,本人同意全额赔偿德业股份因此遭受的所有损失,并承担由此产生的一切法律责任。"

3. 核查结论

综上所述,律师认为,德业股份实际控制人的上述分红行为未受到行政处

---

[1] 现已失效。

罚,亦不构成重大违法行为,因此上述事项不会对德业股份的生产经营产生重大不利影响。但是,由于德业股份于2016年12月分配现金股利1.05亿元时,工商登记的股东毛某卿实际已去世,而继承其股权的张某君为该笔现金股利的受益人,其不符合"外籍个人从外商投资企业取得的股息、红利所得"的条件,因此,仍存在主管部门对此次分红进行追缴个人所得税的风险;《招股说明书》对德业股份该事项的相关风险提示充分,表述准确且有针对性。

近年来,越来越多的中国境内高净值人士青睐于取得境外身份,有些不保留中国身份,有些保留中国身份。对于双重身份的高净值人士是否可以适用财税字〔1994〕20号文件第二条第(八)项规定的免税政策,以下文件可以提供参考思路。

政策链接

国家税务总局关于具有中国国籍的日本国居民李梅取得的股息免征个人所得税问题的批复

国税函〔1999〕403号

山东省地方税务局:

你局《关于中国国籍的外国居民从外商投资企业取得的股息征免个人所得税的请示》(鲁地税发〔1999〕36号)收悉。

李梅系中国国籍,1989年定居于日本国并成为日本国居民。经山东省潍坊市中级人民法院和山东省高级人民法院二审民事判决,李梅从日本北神清理有限会社(潍坊市得利斯食品有限公司的原外国投资者)受让潍坊市得利斯食品有限公司(设立在中国境内的中外合资经营企业)7.5万美元的外方股权(占30万美元外方股权总额的25%)。

关于李梅受让该外方股权后,从潍坊市得利斯食品有限公司取得股息的税收待遇问题,根据1990年8月19日国务院发布施行的《国务院关于鼓励华侨和香港澳门同胞投资的规定》(国务院令第64号)第五条第二款"华侨、港澳投资者在境内进行其他形式的投资,以及在境内没有设立营业机构而有来源于境内的股息、利息、租金、特许权使用费和其他所得,除适用本规定外,也可参照执行国家有关涉外经济、法律、法规的规定"的规定和《中华人民共和国个人所得税法实施条例》第二十九条规定的原则,如李梅能提供其华侨身份的有效证明,可参照执行《财政部 国家税务总局关于个人所得税若干政策问题的通知》(财税字〔1994〕20号)第二条第(八)款的规定,免予征收个人所得税。

国家税务总局
1999年6月8日

值得注意的是,在内地(大陆),人们往往习惯以居民身份证作为判别籍贯的主要依据,但是在国外和中国港、澳、台地区情况则有所不同。

以中国香港特区为例,香港身份证共分为两类,分别为"香港永久性居民身份证"和"香港居民身份证"。香港永久性居民身份证是入境处签发给拥有香港居留权人士的身份证,俗称"三粒(颗)星",因香港永久性居民身份证上注有"＊＊＊"的标记。持有香港永久性居民身份证意味着拥有的权利更完善,并且可以申请特区护照,内地人只有放弃其内地户口,才能取得香港永久性居民身份证。而香港居民身份证是入境处签发给没有香港居留权人士的身份证,仅有在港的居住权。如果内地人有这个身份证,说明其户口还是在原籍,拿通行证过关,护照也是内地护照。

媒体视点

揭穿"身份伪装"查补个税四百万[1]

江苏省徐州地税局在对一家外商投资企业进行纳税辅导的过程中,发现股东在分配红利过程中个人所得税缴纳存在疑点。税务机关及时锁定线索,充分利用"互联网+大数据"取证,追根溯源,层层推进,通过案头审核、税务约谈和调查取证等方式,最终查清案情,否定持股人潘某香港居民身份,追缴潘某个人所得税428.58万元。

疑点:关联交易涉嫌避税。

2016年3月10日,江苏HC铝厂有限公司财务经理李某来到徐州地税局,咨询拟向港籍投资人分配红利时对外支付开具证明及所得免征个人所得税问题。李某称,2015年公司未分配利润3 172.65万元,目前有分配意向,拟分配3 000万元,港籍个人股东潘某依持股比例应分得2 142.9万元。根据《财政部 国家税务总局关于个人所得税若干政策问题的通知》(财税字〔1994〕20号)的规定,外国人从外商投资企业取得红利所得应暂免征收个人所得税,企业提出应给潘某开具免税证明。

该局立即将该信息列入专项税收风险应对,并通过税收征管系统,全面了解该企业相关信息。经查询发现,江苏HC铝厂有限公司成立于2007年4月6日,原注册资金500万美元,登记类型为中外合资企业。股权结构为广东HC铝厂有限公司200万美元,澳大利亚HC铝厂300万美元,无港籍个人投资信息。于是,税务机关约谈该公司财务经理李某。李某解释说,潘某是公司董事长,2014年年底,澳大利亚HC铝厂将持有股份转到潘某名下,同时增资200万美元。这样,江苏HC铝厂有限公司的股东就变为潘某和广东HC铝厂有限公司(私营有限责任公司)。其中,广东HC铝厂有限公司占有股份28.57%,潘某

---

[1] 参考资料来源:闫士亮、崔梅:《揭穿"身份伪装"查补个税四百万》,《中国税务报》2017年4月7日。

占有股份71.43%。该公司在工商部门作了股权变更登记,因故未在税务机关办理变更登记。

税务机关告知该公司,应先办理税务登记变更手续。2016年3月18日,该公司完成税务变更登记。税务人员对相关情况进行调查确认,注意到政策差异所带来的税收结果的巨大差异:境内外资企业向非居民企业股东(澳大利亚HC铝厂)分配股息需要缴纳10%的预提所得税,而向外籍个人股东(潘某)分配股息则享受免税政策,由此认为HC铝厂此次股权变更及股息分红存在利用税收优惠政策避税的嫌疑。

焦点:政策理解观点不一。

江苏HC铝厂有限公司股权转让和股息分红业务税收筹划痕迹明显,潘某所获股利分红是否应缴纳个人所得税?对此,徐州地税局迅速行动,在确认业务事实的同时,向上级机关寻求政策支持。

江苏HC铝厂有限公司财务经理李某认为,该企业属外商投资企业,潘某持有香港居民身份证投资,符合《财政部 国家税务总局关于个人所得税若干政策问题的通知》(财税字〔1994〕20号)关于外国人暂免征收个人所得税的条件。在了解到税务机关对该公司能否享受这项政策存在质疑后,该公司多途径寻求关注,给基层税务机关施加压力。

案件一度陷入困境。基层税务机关承受着巨大的压力,寻求新的突破点。

突破:"虚假身份"露出马脚。

徐州地税局再次仔细审阅该公司业务案卷,将关注点锁定到潘某身上。公司另一大股东是广东HC铝厂,其董事长也是潘某。香港距离广东这么近,潘某真的是香港人吗?税务机关转变思路,开始查证潘某的身份信息。通过"互联网+大数据",最终否定了其香港身份。

税务人员通过互联网查询发现:潘某,男,广东人,出生于南海大沥,广东HC铝厂有限公司董事长。1992年,潘某正式进入铝型材行业。2007年,潘某被推选为南海区铝型材行业协会会长。2014年年底,潘某当选佛山市南海区政协委员。2015年,潘某被推选为中国建筑金属结构协会副会长。2016年3月

16日,潘某作为南海区政协委员、南海区铝型材行业协会会长,获评先进民营企业家。

与此同时,徐州地税局委托公安部门查询潘某户籍信息。公安部门"常住人口基本信息"查询显示:潘某,身份证号码为440621×××××××4335,性别男,户籍地广东省佛山市南海区。

通过上述工作,基本确定了潘某为内地居民的身份。那么其香港身份又是从何而来?于是,税务机关通过互联网了解其香港身份证信息。经查询,根据中国香港特区政府律政司所公布的香港法例第177章《人事登记条例》,香港身份证共分为两类,分别为"香港永久性居民身份证"及"香港居民身份证"。香港永久性居民身份证是入境处签发给拥有香港居留权人士的身份证,俗称"三粒(颗)星",因永久性居民身份证上注有"***"的标记。持有永久身份证意味着所拥有的权利更为完善,并且可以申请特区护照,内地人只有放弃其内地户口,才能得到永久身份证。而香港居民身份证是入境处签发给没有香港居留权人士的身份证,仅有在港的居住权。如果内地人持有这类身份证,说明其户口还是在原籍,拿通行证过关,护照也还是内地的护照。

了解上述信息后,徐州地税局立即向省地税局作了专题汇报,并和深圳市地税局联系确认。通过上述调查,税务人员确定潘某港籍身份事实不成立。

在明确相关政策依据并取得省地税局的大力支持下,徐州地税局再次约谈企业财务人员,指出潘某外籍身份存在的问题。最终,企业认可了税务机关的调查结果,潘某欠缴的428.58万元个人所得税款顺利缴纳入库。

第三节 取得境内新三板挂牌公司股息、红利所得的税务处理

为更好地发挥金融对经济结构调整和转型升级的支持作用,进一步拓宽民间投资渠道,充分发挥全国中小企业股份转让系统的功能,根据《国务院关于全国中小企业股份转

让系统有关问题的决定》(国发〔2013〕49号)的相关规定,2014年6月27日,财政部、国家税务总局和证监会联合下发《关于实施全国中小企业股份转让系统挂牌公司股息红利差别化个人所得税政策有关问题的通知》(财税〔2014〕48号)[1],规定自2014年7月1日起至2019年6月30日止,对全国中小企业股份转让系统挂牌公司实施股息红利差别化个人所得税政策。

财税〔2014〕48号文件执行到期后,2019年7月12日,财政部、税务总局和证监会又联合下发《关于继续实施全国中小企业股份转让系统挂牌公司股息红利差别化个人所得税政策的公告》(财政部 税务总局 证监会公告2019年第78号),规定自2019年7月1日起至2024年6月30日止,继续对全国中小企业股份转让系统挂牌公司实施股息红利差别化个人所得税政策。

一、主要规定

《财政部 国家税务总局 证监会关于实施全国中小企业股份转让系统挂牌公司股息红利差别化个人所得税政策有关问题的通知》(财税〔2014〕48号)规定:

(1)个人持有挂牌公司的股票,持股期限在1个月以内(含1个月)的,其股息红利所得全额计入应纳税所得额;持股期限在1个月至1年(含1年)的,暂减按50%计入应纳税所得额,持股期限超过1年的,暂减按25%应纳税所得额。上述所得统一适用20%的税率计征个人所得税。

(2)上述所称挂牌公司是指股票在全国中小企业股份转让系统挂牌公开转让的非上市公众公司;持股期限是指个人取得挂牌公司股票之日至转让交割该股票之日前一日的持有时间。

(3)上述所称年(月)是指自然年(月),即持股一年是指从上一年某月某日至本年同月同日的前一日连续持股,持股一个月是指从上月某日至本月同日的前一日连续持股。

(4)上述规定自2014年7月1日起至2019年6月30日止执行。

---

[1] 现已失效。

《财政部 财税总局 证监会关于继续实施全国中小企业股份转让系统挂牌公司股息红利差别化个人所得税政策的公告》(财政部 税务总局 证监会公告2019年第78号)规定：

(1) 个人持有挂牌公司的股票,持股期限超过1年的,对股息红利所得暂免征收个人所得税。个人持有挂牌公司的股票,持股期限在1个月以内(含1个月)的,其股息红利所得全额计入应纳税所得额；持股期限在1个月至1年(含1年)的,其股息红利所得暂减按50%计入应纳税所得额；上述所得统一适用20%的税率计征个人所得税。

(2) 上述所称挂牌公司是指股票在全国中小企业股份转让系统挂牌公开转让的非上市公众公司；持股期限是指个人取得挂牌公司股票之日至转让交割该股票之日前一日的持有时间。

(3) 上述所称年(月)是指自然年(月),即持股一年是指从上一年某月某日至本年同月同日的前一日连续持股,持股一个月是指从上月某日至本月同日的前一日连续持股。

(4) 上述规定自2019年7月1日起至2024年6月30日止执行。

|||| **东财资讯** ||||||||||||||||||||||||||||||||||||||||||||||||||||||||||||||||||||

舒华体育在新三板挂牌期间现金分红适用股息红利差别化个人所得税政策[1]

2020年11月24日,舒华体育股份有限公司(证券代码:605299,以下简称舒华体育)发布《首次公开发行股票招股意向书附录(三)》披露：

第一部分 关于反馈意见的回复

三、《反馈意见》"一、规范性问题"之12

12. 请舒华体育补充披露：(1) 历次出资、增资及股权转让的资金来源、合法性,增资及股权转让的原因、价格、定价依据及其合理性,前后增资定价存在较

---

[1] 参考资料来源:东方财富网—数据中心—公告大全—舒华体育—公告正文:《605299:舒华体育首次公开发行股票招股意向书附录(三)》。

大差异的原因,增资或股权转让价款支付、税收缴纳、决策程序等情况,是否存在股份代持、委托持股或其他利益安排的情形;(2)舒华体育历次增资款的缴纳时间、出资方式和构成变动是否符合法律规定或章程约定,是否受到行政处罚或构成重大违法行为;(3)舒华体育公司性质由外商投资企业变更为内资企业,是否取得相关主管部门的批准,转变过程是否合法合规,是否符合外资、外汇管理等相关规定;(4)自然人股东的工作经历及在舒华体育处任职情况、自然人股东增资或受让股权的资金来源及合法性,法人股东的成立时间、注册资本、注册地、股权结构、实际控制人或管理人;(5)林芝安大投资舒华体育是否符合其经营范围的规定;(6)舒华体育现有股东是否为适格股东,直接间接股东与舒华体育及其实际控制人、发行中介机构负责人及其签字人员是否存在亲属关系、关联关系、委托持股、信托持股或利益输送安排,是否存在对赌协议等特殊协议或安排,是否存在纠纷或潜在争议。请保荐机构和律师核查并发表明确意见。

(一)历次出资、增资及股权转让的资金来源、合法性,增资及股权转让的原因、价格、定价依据及其合理性,前后增资定价存在较大差异的原因,增资或股权转让价款支付、税收缴纳、决策程序等情况,是否存在股份代持、委托持股或其他利益安排的情形。

1. 舒华体育历次出资、增资的情况

舒华体育前述历次出资或增资过程中,涉及缴税的情况如下:

(1)舒华体育整体变更为股份公司时,公司发起人中的自然人股东张维建持有舒华体育6 075 000股股份,持股比例为10%。根据晋江市地方税务局池店分局(173)闽地证03259935号《税收完税证明》,就舒华体育整体变更为股份公司事宜,张某建已缴纳个人所得税。

(2)2016年11月,舒华体育以总股本70 649 535股为基数,合计转(送)股275 850 459股股份,其中未分配利润送红股14 447 180股、资本公积转增275 870 802股、盈余公积转增3 532 477股。舒华体育当时为新三板挂牌公司,根据《关于实施全国中小企业股份转让系统挂牌公司股息红利差别化个人所得税政策有关问题的通知》(财税〔2014〕48号)[1]、《关于上市公司股息红利差别化个人所得税政策有关问题的通知》(财税〔2015〕101号)[2]等相关法律法规,企业以未分配利润、盈余公积转增股本,需按照股息、红利所得征收个人所得税,针对新三板挂牌公司个人股东的股息红利所得,个人股东持股期限超过1年的,暂免征收个人所得税;个人持股期限1年(含1年)以内的,暂不扣缴所得税,待转让股份后缴纳。因此,依照前述规定,舒华体育未就此次转增为自然人股东张某建、张某鹏代扣代缴个人所得税。

2018年8月12日,国家税务总局晋江市税务局向舒华体育出具《证明》,"2016年10月舒华体育以资本公积、盈余公积转增股本的方式,向全体股东分派股票股利。根据相关规定,舒华体育挂牌之后的历次权益分派,相关自然人股东暂不扣缴个人所得税,舒华体育亦无需代扣代缴个人所得税。2015年1月1日至2018年6月30日,舒华体育的上述利润分配事项中自然人股东不存在欠缴个人所得税情形,舒华体育对历次分红的自然人股东个人所得税处理符合相关税收法规的规定;舒华股份不存在因违反税收方面的法律、法规、规章和其他规范性文件而受到行政处罚的情形"。

经核查,舒华体育历史上的历次出资、增资的资金来源真实、合法。舒华体育2015年9月前的历次增资,均为舒华体育原股东增资,均依照舒华体育注册资本定价;2015年9月后,舒华体育引进了外部投资者,增资的定价依据主要为舒华体育的情况和所处阶段、盈利前景和对舒华体育未来发展的判断等因素,是增资各方平等友好协商的结果,系各方真实意思表示,不存在重大定价差异。舒华体育历次增资的款项已足额支付,并履行相应的纳税义务,履行相应的决策程序。

---

[1] 现已失效。
[2] 第四条现已失效。

二、适用范围

前述所称适用股息红利差别化个人所得税政策的挂牌公司股票包括:①在全国股份转让系统挂牌前取得的股票;②通过全国股份转让系统转让取得的股票;③因司法扣划取得的股票;④因依法继承或家庭财产分割取得的股票;⑤通过收购取得的股票;⑥权证行权取得的股票;⑦使用附认股权、可转换成股份条款的公司债券认购或者转换的股票;⑧取得发行的股票、配股、股票股利及公积金转增股本;⑨挂牌公司合并,个人持有的被合并公司股票转换的合并后公司股票;⑩挂牌公司分立,个人持有的被分立公司股票转换的分立后公司股票;⑪其他从全国股份转让系统取得的股票。

上述所称适用股息红利差别化个人所得税政策的转让股票情形包括:①通过全国股份转让系统转让股票;②持有的股票被司法扣划;③因依法继承、捐赠或家庭财产分割让渡股票所有权;④用股票接受要约收购;⑤行使现金选择权将股票转让给提供现金选择权的第三方;⑥用股票认购或申购交易型开放式指数基金(ETF)份额;⑦其他具有转让实质的情形。

三、计算口径

个人转让股票时,按照先进先出的原则计算持股期限,即证券账户中先取得的股票视为先转让。应纳税所得额以个人投资者证券账户为单位计算,持股数量以每日日终结算后个人投资者证券账户的持有记录为准,证券账户取得或转让的股票数为每日日终结算后的净增(减)股票数。

对个人从全国中小企业股份转让系统挂牌的原 STAQ、NET 系统挂牌公司(以下简称两网公司)以及全国中小企业股份转让系统挂牌的退市公司取得的股息红利所得,按照股息红利差别化个人所得税政策规定计征个人所得税,但退市公司的限售股按照《财政部 国家税务总局 证监会关于实施上市公司股息红利差别化个人所得税政策有关问题的通知》(财税〔2012〕85 号)第四条的规定执行。

四、征收管理

根据《财政部 国家税务总局 证监会关于实施全国中小企业股份转让系统挂牌公司股息红利差别化个人所得税政策有关问题的通知》(财税〔2014〕48号)[1]的相关规定,挂牌公司派发股息红利时,对截至股权登记日个人已持股超过1年的,其股息红利所得,按25%计入应纳税所得额,直接由挂牌公司计算并代扣代缴税款。对截至股权登记日个人持股1年以内(含1年)且尚未转让的,税款分两步代扣代缴:第一步,挂牌公司派发股息红利时,统一暂按25%计入应纳税所得额,计算并代扣税款;第二步,个人转让股票时,证券登记结算公司根据其持股其实计算实际应纳税额,超过已扣缴税款的部分,由证券公司等股票托管机构从个人资金账户中扣收并划付证券登记结算公司,证券登记结算公司应于次月5个工作日内划付挂牌公司,挂牌公司在收到税款当月的法定申报期内向主管税务机关申报缴纳。

个人应在资金账户留足资金,依法履行纳税义务。证券公司等股票托管机构应依法划扣税款,对个人资金账户暂无资金或资金不足的,证券公司等股票托管机构应当及时通知个人补足资金,并划扣税款。

根据《财政部 税务总局 证监会关于继续实施全国中小企业股份转让系统挂牌公司股息红利差别化个人所得税政策的公告》(财政部 税务总局 证监会公告2019年第78号)的相关规定,挂牌公司派发股息红利时,对截至股权登记日个人持股1年以内(含1年)且尚未转让的,挂牌公司暂不扣缴个人所得税;待个人转让股票时,证券登记结算公司根据其持股期限计算应纳税额,由证券公司等股票托管机构从个人资金账户中扣收并划付证券登记结算公司,证券登记结算公司应于次月5个工作日内划付挂牌公司,挂牌公司在收到税款当月的法定申报期内向主管税务机关申报缴纳,并应办理全员全额扣缴申报。

个人应在资金账户留足资金,依法履行纳税义务。证券公司等股票托管机构应依法

---

[1] 现已失效。

划扣税款,对个人资金账户暂无资金或资金不足的,证券公司等股票托管机构应当及时通知个人补足资金,并划扣税款。

|||| **东财资讯** ||||||||||||||||||||||||||||||||||||||||||||||||||||||||||||||||||||||||||||||||

锦浪科技终止在新三板挂牌后现金分红
不再适用股息红利差别化个人所得税政策[1]

2019年3月6日,宁波锦浪新能源科技股份有限公司(证券代码:300763,以下简称锦浪科技)发布《国浩律师(北京)事务所关于宁波锦浪新能源科技股份有限公司首次公开发行股票并在创业板上市之补充法律意见书(一)》披露:

第二部分　正　文

七、《反馈意见》"一、规范性问题"之问题8

问题:请锦浪科技说明其整体变更设立股份公司时,及历次股权转让及股利分配过程中,股东是否依法缴纳了个人所得税。如未缴纳,请说明是否导致控股股东、实际控制人出现重大违法行为;说明锦浪科技实际控制人对分红款的具体使用情况,是否用于员工薪酬,是否与锦浪科技的其他股东、客户供应商存在资金往来,是否存在为锦浪科技分担成本费用的情形。请保荐机构、律师核查并发表意见。

答复:

(一)关于整体变更、历次股权转让及股利分配中纳税事项

律师核查了锦浪科技的工商变更登记资料、锦浪科技历次股权转让协议及股利分配股东会/股东大会决议、锦浪科技整体变更设立股份有限公司的股东大会决议、锦浪科技历次股权转让前后及整体变更设立股份有限公司前后的财务报表、验资报告、锦浪科技历次股权转让及股利分配的付款凭证、锦浪科技及

---

[1] 参考资料来源:东方财富网—数据中心—公告大全—锦浪科技—公告正文;《锦浪科技:国浩律师(北京)事务所关于公司首次公开发行股票并在创业板上市之补充法律意见书(一)》。

其股东、实际控制人出具的说明等相关资料。

1. 锦浪科技整体变更为股份有限公司股东需履行的纳税义务

律师核查了锦浪科技的工商变更登记资料、锦浪科技整体变更设立股份有限公司前后的财务报表、验资报告等相关资料。

宁波锦浪新能源科技有限公司(以下简称锦浪有限)以2015年6月30日为审计基准日,根据立信会计师事务所(特殊普通合伙)出具的《股改审计报告》,将锦浪有限经审计的账面净资产39 906 393.03元折合股份10 065 790股,每股1元,大于股本部分人民币29 840 603.03元计入资本公积。锦浪有限于2015年9月29日整体变更为股份有限公司。

锦浪有限股份制变更后,锦浪科技的总股本为人民币10 065 790元,锦浪有限全体股东作为发起人,以各自在锦浪有限经审计后的所有者权益项下的净资产份额认购锦浪科技的股份,各发起人认购的股份数和持股比例如下表所示。

序号	股东姓名/名称	持股股数(万股)	出资方式	持股比例
1	王某鸣	414.000	净资产折股	41.13%
2	王某适	126.000	净资产折股	12.52%
3	林某舊	180.000	净资产折股	17.88%
4	许某	45.000	净资产折股	4.47%
5	聚才财聚	135.000	净资产折股	13.41%
6	东元创投	106.579	净资产折股	10.59%
合计		1 006.579	—	100.00%

锦浪有限本次整体变更之前注册资本为人民币1 006.579万元,本次整体变更之后注册资本为人民币1 006.579万元。由于注册资本于整体变更前后未发生变化,股东未就本次整体变更缴纳个人所得税。

2. 锦浪科技历次股权转让股东需履行的纳税义务

律师在核查锦浪科技历次股权转让时的股权转让协议、转让时点最近一期的财务报表、股权转让对价的支付情况后确认,锦浪科技及其前身自设立至今共发生2次股权转让,具体股权转让情况如下表所示。

序号	时间	股权转让方	股权受让方	转让出资额		纳税情况
1	2007年12月	王某鸣	许某	7.5万元	1元/每元出资额	本次股权转让的对价金额等于转让方相应初始投资成本,转让方于本次股权转让中的股权转让收益为零,未缴纳个人所得税
2	2013年7月	王某鸣	聚才财聚	81万元	1元/每元出资额	聚才财聚为王某鸣和王某适于2013年5月设立的有限责任公司,王某鸣和王某适本次将其持有的锦浪有限股权转让给聚才财聚为同一控制下转让,其股权转让价格定为1元/每元出资额具有合理性。本次股权转让的对价金额等于转让方相应初始投资成本,转让方于本次股权转让中的股权转让收益为零且为同一控制下的股权转让,转让方未就本次股权转让缴纳个人所得税
		王某适	聚才财聚	54万元	1元/每元出资额	

3.锦浪科技股利分配股东需履行的纳税义务

律师在了解锦浪科技的说明并核查了锦浪科技关于分配股利的股东大会决议、股利分配权益分派资金到账通知、权益分派预付款通知、权益分派结果反馈、现金红利款收款收据、股利分配的付款凭证、纳税凭证等相关资料后确认,锦浪科技于2017年4月及2017年9月发生2次股利分配,具体情况如下。

(1)2017年4月,资本公积转增股本至59 999 952元、现金分红7 994 764.338元。

2017年3月30日,锦浪科技2016年年度股东大会作出决议,审议通过资本公积转增股本等有关议案。根据天健会计师出具的天健审〔2017〕446号审计报告,截至2016年12月31日,锦浪科技累计资本公积为81 311 120.11元,锦浪科技拟以权益分派实施时股权登记日的股本总数为基数,以资本公积向全体股东按每10股转增45.6864股(其中,以股东溢价增资所形成的资本公积金每10股转增45.475025股,不需要纳税;以其他资本公积每10股转增0.211375股,需要纳税),派7.42元人民币现金。锦浪科技本次增资已经天健会计师以天健验〔2017〕137号《验资报告》审验。

根据《关于实施全国中小企业股份转让系统挂牌公司股息红利差别化个人所得税政策有关问题的通知》(财税〔2014〕48号)[1]和《财政部 国家税务总局 证监会关于上市公司股息红利差别化个人所得税政策有关问题的通知》(财税〔2015〕101号)的有关规定,除东元创投于2016年9月及华桐恒德于2017年1月增资形成的股份,其持股期限不足1年之外,锦浪科技其他股东持股期限均超过1年。对于持股期限超过1年的股份可暂免征收个人所得税;对于华桐恒德于2017年1月增资形成的股份,虽持股期限不足1年,暂减按50%计入应纳税所得额,但在资本公积转增股本及派发股息红利时,锦浪科技暂不扣缴个人所得税。

据此,锦浪科技之股东在本次资本公积转增股本及派发现金红利时暂无需就本次资本公积转增股本缴纳个人所得税。

经中国结算确认,锦浪科技本次权益分派之权益登记日为2017年4月14日,股份到账日为2017年4月17日,锦浪科技于2017年4月26日在宁波市市场监督管理局办理完毕工商变更登记的全部手续。

(2)2017年9月,现金分红1 500万元。

锦浪科技2017年第四次临时股东大会审议通过《关于对公司股东进行分红的议案》,同意对锦浪科技截至2017年6月30日经审计未分配利润人民币63 217 506.85元中的15 000 000.00元,在扣税后,按各股东的出资比例对股东进行现金分红。具体分红情况如下表所示。

---

[1] 现已失效。

单位:万元

序号	股东	税前应付股利	应缴纳个人所得税	税后应付股利
1	王某鸣	576.3540	115.2708	461.0832
2	王某适	175.4130	35.0826	140.3304
3	林某舊	250.5885	50.1177	200.4708
4	许某	62.6475	12.5295	50.1180
5	聚才财聚	187.9425	—	187.9425
6	东元创投	168.1125	—	168.1125
7	华桐恒德	78.9420	—	78.9420
合计		1 500.0000	213.0006	1 286.9994

律师在核查中国工商银行于2017年11月15日出具的电子缴税付款凭证后确认,2017年10月,锦浪科技已代扣代缴上述股东所得税税款,税务征收机关为象山县地方税务局。

4. 相关税务机关出具的证明

根据锦浪科技书面确认并经律师对主管税务部门的访谈,截至补充法律意见书出具之日,锦浪科技及发起人、前述股权转让及股利分配相关方未被税务机关要求就锦浪科技整体变更、股权转让及股利分配等事项补缴个人所得税或企业所得税。

5. 控股股东、实际控制人出具的承诺

锦浪科技之控股股东、实际控制人已就此出具承诺,若经主管税务机关要求,其将根据要求就前述整体变更事项及股利分配事项相应缴纳个人所得税,并承担因延迟缴纳而需承担的责任。

综上,律师认为:

(1)2015年锦浪科技整体变更前后注册资本未发生变化,发起人未缴纳所得税。

(2)锦浪科技历次股权转让的对价金额均为转让方相应初始投资成本,转让方于股权转让中的股权转让收益为零及/或该次转让为同一控制下转让,转让方未就股权转让缴纳个人所得税。

(3)锦浪科技历次股利分配中,除锦浪科技2017年4月分红根据《关于实施全国中小企业股份转让系统挂牌公司股息红利差别化个人所得税政策有关问题的通知》(财税〔2014〕48号)[1]和《财政部 国家税务总局 证监会关于上市公司股息红利差别化个人所得税政策有关问题的通知》(财税〔2015〕101号)的有关规定,锦浪科技之股东在该次资本公积转增股本及派发现金红利时暂无需缴纳个人所得税外,锦浪科技已在历次股利分配事项中代扣代缴股东应缴纳的所得税。相关主管税务部门未要求相关方缴纳且根据律师对其访谈,该等税务部门书面确认相关方无需缴纳,此外,相关方已承诺若未来经相关主管税务部门要求缴纳所得税的,该等相关方同意根据届时法律法规的要求进行补缴,因此,锦浪科技整体变更、股权转让及股利分配等事项中,锦浪科技及发起人、前述股权转让及股利分配相关方未缴纳个人所得税或企业所得税不会导致控股股东、实际控制人出现重大违法行为。

第四节 取得境内上市公司股息、红利所得的税务处理

一、取得流通股股息、红利所得

为促进资本市场发展,经国务院批准,2005年6月13日,财政部、国家税务总局联合发布《关于股息红利个人所得税有关政策的通知》(财税〔2005〕102号)[2],规定自文发之日起,对个人投资者从上市公司取得的股息红利所得,暂减按50%计入个人应纳税所得额,依照现行税法规定计征个人所得税。

随后,为了鼓励长期投资,抑制短期炒作,促进我国资本市场长期稳定健康发展,经

---

[1] 现已失效。
[2] 现已失效。

国务院批准,2012 年 11 月 16 日,财政部、国家税务总局和证监会联合发布《关于实施上市公司股息红利差别化个人所得税政策有关问题的通知》(财税〔2012〕85 号),规定自 2013 年 1 月 1 日起,对上市公司实施股息红利差别化个人所得税政策。

经国务院批准,2015 年 9 月 7 日,财政部、国家税务总局和证监会又联合发布《关于上市公司股息红利差别化个人所得税政策有关问题的通知》(财税〔2015〕101 号),进一步调整上市公司股息红利差别化个人所得税政策,规定自 2015 年 9 月 8 日起,个人从公开发行和转让市场取得的上市公司股票,持股期限超过 1 年的,股息红利所得暂免征收个人所得税。

(一)主要规定

根据《财政部 国家税务总局关于股息红利个人所得税有关政策的通知》(财税〔2015〕102 号)[1]的相关规定,对个人投资者从上市公司取得的股息红利所得,暂减按 50% 计入个人应纳税所得额,依照现行税法规定计征个人所得税。上述规定自 2005 年 6 月 13 日至 2012 年 12 月 31 日止执行。

根据《财政部 国家税务总局 证监会关于实施上市公司股息红利差别化个人所得税政策有关问题的通知》(财税〔2012〕85 号)的相关规定:

(1)个人从公开发行和转让市场取得的上市公司股票,持股期限在 1 个月以内(含 1 个月)的,其股息红利所得全额计入应纳税所得额;持股期限在 1 个月以上至 1 年(含 1 年)的,暂减按 50% 计入应纳税所得额;持股期限超过 1 年的,暂减按 25% 计入应纳税所得额。上述所得统一适用 20% 的税率计征个人所得税。

(2)上述所称上市公司是指在上海证券交易所、深圳证券交易所挂牌交易的上市公司;持股期限是指个人从公开发行和转让市场取得上市公司股票之日至转让交割该股票之日前一日的持有时间。

(3)上述所称年(月)是指自然年(月),即持股一年是指从上一年某月某日至本年同月同日的前一日连续持股,持股一个月是指从上月某日至本月同日的前一日连续持股。

---

[1] 现已失效。

（4）上述规定自 2013 年 1 月 1 日至 2015 年 9 月 7 日止执行。

根据《财政部 国家税务总局 证监会关于上市公司股息红利差别化个人所得税政策有关问题的通知》（财税〔2015〕101 号）的相关规定：

（1）个人从公开发行和转让市场取得的上市公司股票，持股期限超过 1 年的，股息红利所得暂免征个人所得税。个人从公开发行和转让市场取得的上市公司股票，持股期限在 1 个月以内（含 1 个月）的，其股息红利所的全额计入应纳税所得额；上述所得统一适用 20% 税率计征个人所得税。

（2）上述所称上市公司是指在上海证券交易所、深圳证券交易所挂牌交易的上市公司；持股期限是指个人从公开发行和转让市场取得上市公司股票之日至转让交割该股票之日前一日的持有时间。

（3）上述所称年（月）是指自然年（月），即持股一年是指从上一年某月某日至本年同月同日的前一日连续持股，持股一个月是指从上月某日至本月同日的前一日连续持股。

（4）上述规定自 2015 年 9 月 8 日起执行。

东财资讯

贵州茅台派发 2021 年度现金红利 272.28 亿元[1]

2022 年 6 月 24 日，贵州茅台酒股份有限公司（证券代码：600519，以下简称贵州茅台）发布《2021 年年度权益分派实施公告》（编号：临 2022—015）披露：

一、分配方案

1. 发放年度：2021 年年度。

2. 分派对象：截至股权登记日下午上海证券交易所收市后，在中国证券登记结算有限责任公司上海分公司（以下简称中国结算上海分公司）登记在册的贵州茅台全体股东。

---

[1] 参考资料来源：东方财富网—数据中心—公告大全—贵州茅台—公告正文：《600519：贵州茅台 2021 年年度权益分派实施公告》（编号：临 2022—015）。

3. 分配方案:本次利润分配以方案实施前的贵州茅台总股本 1 256 197 800 股为基数,每股派发现金红利 21.675 元(含税),共计派发现金红利 27 228 087 315.00 元。

二、相关日期

股份类别	股权登记日	最后交易日	除权(息)日	现金红利发放日
A 股	2022/6/29	—	2022/6/30	2022/6/30

三、分配实施办法

(一)实施办法

除贵州茅台自行发放现金红利的股东外,其他股东的现金红利委托中国结算上海分公司通过其资金清算系统向股权登记日上海证券交易所收市后登记在册并在上海证券交易所各会员办理了指定交易的股东派发。已办理指定交易的投资者可于红利发放日在其指定的证券营业部领取现金红利,未办理指定交易的股东红利暂由中国结算上海分公司保管,待办理指定交易后再进行派发。

(二)自行发放对象

股东中国贵州茅台酒厂(集团)有限责任公司、贵州茅台酒厂(集团)技术开发有限公司、贵州金融控股集团有限责任公司(贵州贵民投资集团有限责任公司)、贵州省国有资本运营有限责任公司的现金红利由本公司自行发放。

(三)扣税说明

对于持有贵州茅台股份的个人股东和证券投资基金,根据《关于上市公司股息红利差别化个人所得税政策有关问题的通知》(财税〔2015〕101 号)和《关于实施上市公司股息红利差别化个人所得税政策有关问题的通知》(财税〔2012〕85 号)的规定,从公开发行和转让市场取得的公司股票,持股期限超过 1 年的,股息红利所得暂免征收个人所得税,每股派发现金红利人民币 21.675 元;持股 1 年以内(含 1 年)的,贵州茅台暂不扣缴个人所得税,每股派发现金红利人民币 21.675 元,待转让股票时,中国结算上海分公司根据其持股期限计算应纳税额,由证券公司等股份托管机构从个人资金账户中扣收并划付中国结算上海分公司,中国结算上海分公司于次月 5 个工作日内划付贵州茅台,贵州茅台在收到税款当月的法定申报期内向主管税务机关申报缴纳。具体实际税负：持股期限在1个月以内（含1个月）的，其股息红利所得全额计入应纳税所得额，实际税负为20%；持股期限在1个月以上至1年（含1年）的，暂减按50%计入应纳税所得额，实际税负为10%。

对于合格境外机构投资者（QFII）股东，根据《关于中国居民企业向QFII支付股息 红利 利息代扣代缴企业所得税有关问题的通知》（国税函〔2009〕47号）的规定，按10%的税率代扣代缴企业所得税后，每股派发现金红利人民币19.5075元；如该类股东认为其取得的股息红利收入需要享受税收协定（安排）待遇的，可按照相关规定在取得股息红利后自行向主管税务机关提出申请。

对于通过沪港通投资贵州茅台股份的香港市场投资者（包括企业和个人），其股息红利将由贵州茅台通过中国结算上海分公司按股票名义持有人账户以人民币派发，根据《关于沪港股票市场交易互联互通机制试点有关税收政策的通知》（财税〔2014〕81号）的规定，按照10%的税率代扣代缴所得税后，每股派发现金红利人民币19.5075元。

对于其他机构投资者和法人股东，贵州茅台将不代扣代缴企业所得税，每股派发现金红利人民币21.675元。

（二）适用范围

上述所称个人从公开发行和转让市场取得的上市公司股票包括：①通过证券交易所集中交易系统或大宗交易系统取得的股票；②通过协议转让取得的股票；③因司法扣划取得的股票；④因依法继承或家庭财产分割取得的股票；⑤通过收购取得的股票；⑥权证行权取得的股票；⑦使用可转换公司债券转换的股票；⑧取得发行的股票、配股、股份股利及公积金转增股本；⑨持有从代办股份转让系统转到主板市场（或中小板、创业板市场）的股票；⑩上市公司合并，个人持有的被合并公司股票转换的合并后公司股票；⑪上市公司分立，个人持有的被分立公司股票转换的分立后公司股票；⑫其他从公开发行和转让市场取得的股票。

上述所称转让股票包括下列情形:①通过证券交易所集中交易系统或大宗交易系统转让股票;②协议转让股票;③持有的股票被司法扣划;④因依法继承、捐赠或家庭财产分割让渡股票所有权;⑤用股票接受要约收购;⑥行使现金选择权将股票转让给提供现金选择权的第三方;⑦用股票认购或申购交易型开放式指数基金(ETF)份额;⑧其他具有转让实质的情形。

(三) 计算口径

个人转让股票时,按照先进先出的原则计算持股期限,即证券账户中先取得的股票视为先转让。

应纳税所得额以个人投资者证券账户为单位计算,持股数量以每日日终结算后个人投资者证券账户的持有记录为准,证券账户取得或转让的股份数为每日日终结算后的净增(减)股份数。

(四) 征收管理

根据《财政部 国家税务总局关于股息红利个人所得税有关政策的通知》(财税〔2005〕102号)[1]的规定,《个人所得税法》的相关规定,对个人投资者从上市公司取得的股息红利所得,由上市公司依法代扣代缴个人所得税。

根据《财政部 国家税务总局 证监会关于实施上市公司股息红利差别化个人所得税政策有关问题的通知》(财税〔2012〕85号)的相关规定,上市公司派发股息红利时,对截止股权登记日个人已持股超过1年的,其股息红利所得,按25%计入应纳税所得额。对截止股权登记日个人持股1年以内(含1年)且尚未转让的,税款分两步代扣代缴:第一步,上市公司派发股息红利时,统一暂按25%计入应纳税所得额,计算并代扣税款;第二步,个人转让股票时,证券登记结算公司根据其持股期限计算实际应纳税额,超过已扣缴税款的部分,由证券公司等股票托管机构从个人资金账户中扣收并划付证券登记结算公

---

[1] 现已失效。

司,证券登记结算公司应于次月5个工作日内划付上市公司,上市公司在收到税款当月的法定申报期内向主管税务机关申报缴纳。

个人应在资金账户留足资金,依法履行纳税义务。证券公司等股份托管机构应依法划扣税款,对个人资金账户暂无资金或资金不足的,证券公司等股票托管机构应当及时通知个人补足资金,并划扣税款。

根据《财政部 国家税务总局 证监会关于上市公司股息红利差别化个人所得税政策有关问题的通知》(财税〔2015〕101号)的相关规定,上市公司派发股息红利时,对个人持股1年以内(含1年)的,上市公司暂不扣缴个人所得税;待个人转让股票时,证券登记结算公司根据其持股期限计算应纳税额,由证券公司等股票托管机构从个人资金账户中扣收并划付证券登记结算公司,证券登记结算公司应于次月5个工作日内划付上市公司,上市公司在收到税款当月的法定申报期内向主管税务机关申报缴纳。

东财资讯

江南嘉捷变更证券代码和证券简称
继续适用股息红利差别化个税政策[1]

2018年2月23日,江南嘉捷电梯股份有限公司(证券代码:601313,以下简称江南嘉捷)发布《关于变更公司证券代码和证券简称的实施公告》(编号:2018—024号)披露:

三、需要说明的其他事项

江南嘉捷实施重大资产重组时将同步变更证券代码,将江南嘉捷原证券代码"601313"变更为"601360",证券简称同步变更为三六零。上述变更代码申请已经上海证券交易所受理。

---

[1] 参考资料来源:东方财富网—数据中心—公告大全—三六零—公告正文:《601313:江南嘉捷关于变更公司证券代码和证券简称的实施公告》(编号:2018—024)。

(二)各项相关业务的具体处理安排:

3.股息红利差别化计税业务的处理:证券代码变更后个人投资者持股期限将持续计算,即个人投资者601360代码的持股期限自其取得601313股份开始计算。

T日后(含T日)投资者转让601360股份时股息红利税款计算将回溯处理,即持股期限在1个月以上至1年(含1年)的,按《关于上市公司股息红利差别化个人所得税政策有关问题的通知》(财税〔2015〕101号)规定计征个人所得税。T-1日前(含T-1日)投资者已经转让601313股份并计算股息红利税款,但证券公司等股份托管机构未从个人资金账户中扣收并划付证券登记结算公司的,请各证券公司在收到证券登记结算公司计税数据后的31个工作日之内尽快将扣收数据(证券代码为601313)反馈证券登记结算公司,证券登记结算公司将于收到税款的次月5个工作日内划付江南嘉捷,江南嘉捷在收到税款当月的法定申报期内向主管税务机关申报缴纳。

4.个人转让限售股所得税业务的处理:对于尚未完成个人转让限售股所得税缴纳的股东,在代码变更后仍然需要继续履行转让限售股的缴税义务。由于江南嘉捷为2012年3月1日前上市的公司,根据相关税收规定,按照新股限售股上市首日收盘价计算转让收入、限售股原值和合理税费,以及预扣预缴个人所得税额,因此代码变更后三六零新股限售股上市首日收盘价仍然继续沿用601313代码的新股限售股上市首日收盘价信息。

二、取得限售股股息、红利所得

对个人持有的上市公司限售股,解禁后取得的股息红利,按照上市公司股息红利差别化个人所得税政策相关规定计算纳税,持股时间自解禁日起计算;解禁前取得的股息红利继续暂减按50%计入应纳税所得额,适用20%的税率计征个人所得税。

上述所称限售股,是指财税〔2009〕167号文件和财税〔2010〕70号文件规定的限售股。

关于限售股的相关具体规定请参见本书第三章第三节。

三、通过沪(深)港通取得H股股息、红利所得

(一)沪港通

沪港通是指上海证券交易所(简称上交所)和香港联合交易所有限公司(简称香港联交所)建立技术连接,使内地和香港投资者可以通过当地证券公司或经纪商买卖规定范围内的对方交易所上市的股票。经国务院批准,2014年11月17日,沪港通正式启动。

沪港通是加强内地与香港资本市场联系、推动资本市场双向开放的有益尝试,是我国资本市场对外开放的重要内容。沪港通涉及内地与香港企业投资者和个人投资者,涉及股票转让所得和股息红利等不同所得来源,涉及现行内地企业所得税、个人所得税、证券(股票)交易印花税等政策,以及《内地和香港特别行政区关于对所得避免双重征税和防止偷漏税的安排》等一系列税收法律法规。

因此,为支持沪港通试点的顺利开展,便于纳税人和税务机关遵照执行,经国务院批准,2014年10月31日,财政部、国家税务总局和证监会联合发布《关于沪港股票市场交易互联互通机制试点有关税收政策的通知》(财税〔2014〕81号),规定自2014年11月17日起,对内地个人投资者通过沪港通投资香港联交所上市H股取得的股息红利,H股公司应向中国证券登记结算有限责任公司(以下简称中国结算)提出申请,由中国结算向H股公司提供内地个人投资者名册,H股公司按照20%的税率代扣个人所得税。内地个人投资者通过沪港通投资香港联交所上市的非H股取得的股息红利,由中国结算按照20%的税率代扣个人所得税。个人投资者在国外已缴纳预提税的,可持有效扣税凭证到中国结算的主管税务机关申请税收抵免。

(二)深港通

在沪港通试点成功的基础上,经国务院批准,2016年12月5日,深港通也正式落地。

深港通是指深圳证券交易所(简称深交所)和香港联合交易所有限公司(简称香港联交所)建立技术连接,使内地和香港投资者可以通过当地证券公司或经纪商买卖规定范围内的在对方交易所上市的股票。

为支持深港通的顺利开展,便于纳税人和税务机关遵照执行,经国务院批准,2016年11月5日,财政部、国家税务总局和证监会联合发布《关于深港股票市场交易互联互通机制试点有关税收政策的通知》(财税〔2016〕127号),规定自2016年12月5日起,对内地个人投资者通过深港通投资香港联交所上市H股取得的股息红利,H股公司应向中国结算提出申请,由中国结算向H股公司提供内地个人投资者名册,H股公司按照20%的税率代扣个人所得税。内地个人投资者通过深港通投资香港联交所上市的非H股取得的股息红利,由中国结算按照20%的税率代扣个人所得税。个人投资者在国外已缴纳预提税的,可持有效扣税凭证到中国结算的主管税务机关申请税收抵免。

CHAPTER

第三章

退出阶段

根据现行《公司法》第七十一条之规定,有限责任公司的股东之间可以相互转让其全部或者部分股权。

股东向股东以外的人转让股权,应当经其他股东过半数同意。股东应就其股权转让事项书面通知其他股东征求同意,其他股东自接到书面通知之日起满30日未答复的,视为同意转让。其他股东半数以上不同意转让的,不同意的股东应当购买该转让的股权;不购买的,视为同意转让。

经股东同意转让的股权,在同等条件下,其他股东有优先购买权。两个以上股东主张行使优先购买权的,协商确定各自的购买比例;协商不成的,按照转让时各自的出资比例行使优先购买权。

公司章程对股权转让另有规定的,从其规定。

作为股东退出的最主要方式,股(票)权转让是投资者实现价值变现和财富倍增的重要手段,因此,本章主要讨论股(票)权转让的税务处理问题。

第一节 转让非公众公司股权的税务处理

为加强股权转让所得个人所得税征收管理,规范税务机关、纳税人和扣缴义务人的征纳行为,维护纳税人的合法权益,国家税务总局先后发布《关于加强股权转让所得征收个人所得税管理的通知》(国税函〔2009〕285 号)[1]和《关于股权转让个人所得税计税依据核定问题的公告》(国家税务总局公告 2010 年第 27 号)[2]等多个规范性文件。

然而,随着时间的推移和经济社会的不断发展,新的股权交易形式不断涌现,交易内容日趋丰富多样,新的涉税诉求不断提出,上述规范性文件已难以适应新形势下征管工作的需要,纳税人和基层税务机关对完善和升级现行股权转让个人所得税相关规定的诉求颇为强烈。基于此,在充分调研论证和多方征求意见的基础上,2014 年 12 月 7 日,国家税务总局发布《股权转让所得个人所得税管理办法(试行)》(国家税务总局公告 2014 年第 67 号),自 2015 年 1 月 1 日起正式实施。

一、征税范围

国家税务总局公告 2014 年第 67 号第二条和第三条规定,《股权转让所得个人所得税管理办法(试行)》所称股权是指个人股东投资于在中国境内成立的企业或组织(不包括个人独资企业和合伙企业)的股权或股份,股权转让是指个人将股权转让给其他个人或法人的行为,包括以下七类情形。

(1)出售股权。

|||| 东财资讯 ||||||||||||||||||||||

华谊兄弟 7.56 亿元现金对价收购李某等
注册成立仅 1 天的影视公司[3]

2015 年 10 月 22 日,华谊兄弟传媒股份有限公司(证券代码:300027,以下简称华谊兄弟)发布《关于投资控股浙江东阳浩瀚影视娱乐有限公司的公告》

---

[1] 现已失效。
[2] 现已失效。
[3] 参考资料来源:东方财富网—数据中心—公告大全—华谊兄弟—公告正文;《华谊兄弟:关于投资控股浙江东阳浩瀚影视娱乐有限公司的公告》(编号:2015—108)。

（编号：2015—108）披露：

华谊兄弟拟以现金支付方式收购李某等自然人所持浙江东阳浩瀚影视娱乐有限公司（以下简称"东阳浩瀚"）70%股权，交易对价为7.56亿元。

根据天眼查App披露，东阳浩瀚成立于2015年10月21日，注册资本1 000万元，注册地址为浙江省金华市东阳市浙江横店影视产业实验区，主营业务为影视剧项目的投资、制作和发行，艺人衍生品业务的开发和经营。

(2) 公司回购股权。

司法裁判

洪桥机械回购股东赵某龙、宋某斌所持本公司16%股权[1]

营口洪桥磁选机械有限公司（以下简称洪桥机械）成立于2002年2月28日，公司创始股东为赵某龙、宋某斌和董某桥等5人，董某桥为法定代表人，宋某斌为财务负责人。

洪桥机械注册资本为50万元，公司章程与工商登记股东为赵某龙、宋某斌和董某桥等5人，赵某龙、宋某斌出资各6万元，占股分别为12%。后赵某龙、宋某斌各将4%股权转让给张某明、杨某顺，赵某龙、宋某斌实际占股各为8%。后董某桥将其股份转给其妻子杨某华、其女董某杰。

全体股东均未实际出资。

2009年3月10日，洪桥机械召开董事会，董某杰任公司董事长和法定代表人。

---

[1] 参考资料来源：威科先行·法律信息库—案例—裁判文书：《再审申请人营口洪桥磁选机械有限公司与被申请人赵某龙、宋某斌请求公司收购股份纠纷一案民事裁定书》[（2015）辽审四民申字第1380号]。

2010年,赵某龙、宋某斌与董某杰产生矛盾,洪桥机械解除与赵某龙、宋某斌的劳动关系。

2010年9月6日,洪桥机械另在工商部门注册成立了营口洪桥磁选设备有限公司(以下简称洪桥设备)。

洪桥设备与洪桥机械的经营范围基本相同,无厂房和生产设备,以"租用"洪桥机械厂房的形式,利用洪桥机械的场地、设备、人员进行生产经营,且除赵某龙、宋某斌外,洪桥机械其他股东均属于洪桥设备的股东。

洪桥机械经营十多年无分红,税务机关提供的报表显示,洪桥机械在2006年到2010年连续5年均盈利。

洪桥机械还将其应收账款转到洪桥设备。

据此,赵某龙、宋某斌上诉至营口市西市区人民法院(以下简称一审法院),要求洪桥机械回购其所持本公司16%股权。

经审理,一审法院依法作出(2011)营西民二初字第103号民事判决:洪桥机械于判决生效之日起10日内按其资产额10 466 038.46元对赵某龙持有的股份8%、宋某斌持有的股份8%予以收购,即分别给付赵某龙、宋某斌每人股权回购款人民币837 283.00元。

洪桥机械不服,上诉至营口市中级人民法院(以下简称二审法院)。

经审理,二审法院认定:

洪桥机械发起设立时制定的公司章程、完成的工商登记、置备的原始股东名册,均载明了赵某龙、宋某斌是洪桥机械的原始股东,依据《公司法》的规定,股东身份的确认应以股东名册和工商登记为准,赵某龙、宋某斌系洪桥机械发起人,是公司章程和工商登记注册的股东;赵某龙、宋某斌参与了洪桥机械的经营、决策和管理,参加了股东会的决议,即使如洪桥机械主张,公司成立伊始全体股东均未出资,但事后公司以所挣利润补齐注册资本金50万元,应视为全体股东缴纳出资行为。因此,赵某龙、宋某斌应与洪桥机械登记注册的其他股东一样具有股东资格,享有法律上股东应享有的权利。洪桥机械连续5年盈利一直没有向股东分配利润,符合公司法规定的股东请求公司收购其股权的条件。

关于洪桥机械主张一审判决认定赵某龙、宋某斌具备要求收购股份的法定条件与事实不符,"连续5年盈利而没有向股东分配利润"是以税务报表为依据得出的结论,明显错误和违法一节,因一审法院要求洪桥机械提供财务账目和会计凭证,并向其发出限期提供的通知后,洪桥机械仍拒绝提供,故一审法院以洪桥机械税务报表为依据证明相关事实,并无失当。

2015年8月12日,二审法院依法作出(2014)营民三终字第00624号民事判决:驳回上诉,维持原判。

洪桥机械不服,申请辽宁省高级人民法院(以下简称辽宁高院)再审。

2016年5月30日,辽宁高院依法作出(2015)辽审四民申字第1380号民事裁定:驳回洪桥机械的再审申请。

(3) 发行人首次公开发行新股时,被投资企业股东将其持有的股份以公开发行方式一并向投资者发售。

|||| **东财资讯** ||||||||||||||||||||||||||||||||||||||||||||||||||||||||||||||||||||

养元饮品首发老股转让1 075.50万股[1]

2018年1月30日,河北养元智汇饮品股份有限公司(证券代码:603156,以下简称养元饮品)发布《首次公开发行股票招股说明书》披露:

本次公开发行股票5 380.50万股,包括养元饮品公开发行新股和养元饮品股东公开发售股份,占发行后股本总额的10%,其中,发行新股数量4 305.00万股,老股(主要为自然人股东)转让数量1 075.50万股,且老股转让数量不超过

---

[1] 参考资料来源:东方财富网—数据中心—公告大全—养元饮品—公告正文:《603156:养元饮品首次公开发行股票招股说明书》。

自愿设定 12 个月限售期的投资者获得配售股份的数量。

(4)股权被司法或行政机关强制过户。

|||| 司法裁判 ||||

范某光对刘某林所持国泰公司 80% 股权申请司法强制执行[1]

由于公司经营需要,2015 年 1 月 5 日至 2015 年 10 月 8 日,福建国泰港口发展有限公司(以下简称国泰公司)、刘某林先后 17 次向范某光借款本金 20 467 400 元。

2015 年 12 月 8 日,国泰公司、刘某林与范某光签订《借款合同》,确认国泰公司、刘某林共同向范某光借款 20 467 400 元,并约定月利率为 2%,借款到期时间为 2015 年 12 月 31 日,到期一次性连本带息付清。

后因双方就还款事宜发生争议,范某光上诉至福建省宁德市中级人民法院(以下简称一审法院),请求判令:国泰公司、刘某林共同向其偿还借款本金 20 467 400 元以及按月利率 2% 计算的利息(暂计至 2016 年 6 月 30 日为 5 460 211.33 元,此后至实际还款日的利息按月 2% 另计)。

经审理,2017 年 2 月 6 日,一审法院依法作出(2016)闽 09 民初 206 号民事判决:国泰公司、刘某林应于判决生效之日起 10 日内偿还范某光借款本金 20 467 400 元及利息 5 059 996.80 元(利息仅计算至 2016 年 6 月 30 日止,此后至判决生效确定的还款日的利息,按月 2% 另计)。

因国泰公司、刘某林未按(2016)闽 09 民初 206 号民事判决指定的期间履

---

[1] 参考资料来源:威科先行·法律信息库—案例—裁判文书,《国家税务总局宁德市蕉城区税务局 范某光 福建国泰港口发展有限公司等借款合同纠纷执行审查类执行裁定书》[(2019)闽 09 执异 80 号]。

行给付金钱义务,范某光遂向一审法院申请司法强制执行。

依范某光申请,一审法院按照(2016)闽09民初206号民事判决对刘某林所持国泰公司80%股权(其中75%股权质押给新海投资集团有限公司)进行依法拍卖。最终,宁德新圣鑫投资有限公司通过公开拍卖竞价以最高价3 200万元竞得(拍卖公告未对上述股权拍卖转让产生的税费承担作出特别约定)。

拍卖成交后,国家税务总局宁德市蕉城区税务局(以下简称蕉城区税务局)向一审法院发出《关于将福建国泰港口发展有限公司股权拍卖所得款优先缴纳税款的函》(蕉税函〔2019〕17号),请求一审法院协助从刘某林所持国泰公司80%股权拍卖款3 200万元中扣缴股权转让税款,即股权转让产生的刘某林个人所得税5 706 666.67元。

2019年10月30日,一审法院向蕉城区税务局发出(2017)闽09执77号《通知书》。《通知书》载明,依法处置的刘某林所持的国泰公司80%股权中,有75%股权质押给了新海投资集团有限公司,且刘某林应当缴纳的股权转让所得个人所得税发生在上述质押权设定之后。因此,依照现行《税收征收管理法》第四十五条之规定,蕉城区税务局对该75%股权对应的拍卖款无优先权。

蕉城区税务局不服,向一审法院提出书面异议。

经审理,一审法院认定:

根据《最高人民法院关于人民法院网络司法拍卖若干问题的规定》第三十条之规定,"因网络司法拍卖本身形成的税费,应当依照相关法律、行政法规的规定,由相应主体承担;没有规定或者规定不明的,人民法院可以根据法律原则和案件实际情况确定税费承担的相关主体、数额"。蕉城区税务局异议主张的刘某林个人所得税5 706 666.67元系刘某林所持国泰公司80%股权经司法拍卖本身形成的税费,拍卖公告对该税费的承担未作出特别约定,依法应由刘某林承担。因该个人所得税系刘某林名下股权在司法拍卖交易环节产生的税款,属于司法拍卖过程中必须支出的税费,应直接在拍卖款中先行扣除,以依法保障转让过户手续最终完成,实现司法拍卖目的,该税款在实现顺序上应先于担保物权。现行《税收征收管理法》第四十五条规定的欠缴税款主要是指在标的物拍卖之前,按规定应缴而未缴的税费,(2017)闽09执77号《通知书》引用该法条不当,应予纠正。

2019年11月26日,一审法院依法作出(2019)闽09执异80号执行裁定:蕉城区税务局异议成立,撤销(2017)闽09执77号《通知书》。

(5)以股权对外投资或进行其他非货币性交易。

|||| 东财资讯 ||||

张某等13名自然人以罗欣药业部分股权参与东音股份定向增发股票[1]

2019年12月3日,浙江东音泵业股份有限公司(证券代码:002793,以下简称东音股份)发布《重大资产置换及发行股份购买资产暨关联交易报告书(草案)》披露:

东音股份拟以发行股份方式置入山东罗欣控股有限公司、张某等所持山东罗欣药业集团股份有限公司99.65%股权,交易对价为753 891万元。

本次交易中,拟置出资产最终作价为90 325万元,拟置入资产的最终作价为753 891万元,上述差额663 566万元由东音股份以发行股份的方式向交易对方购买。

拟置入资产中价格不足一股部分对应的资产,由交易对方无偿赠与东音股份。

根据东音股份2019年半年度权益分派方案调整前后的交易价格,本次购买资产项下发行股份数量情况如下表所示。

---

[1] 参考资料来源:东方财富网—数据中心—公告大全—罗欣药业—公告正文:《东音股份:重大资产置换及发行股份购买资产暨关联交易报告书(草案)(修订稿)(2019/12/03)》。

序号	股东姓名/名称	交易前持有罗欣药业的股数(股)	调整前发行股份数量(股)	调整后发行股份数量(股)
1	罗欣控股	293 075 954	305 463 987	518 843 206
2	克拉玛依珏志	79 507 359	82 868 057	140 754 819
3	Ally Bridge	43 083 320	44 904 409	76 271 995
4	张某	30 239 822	31 518 029	53 534 675
5	陈某阳	30 239 821	31 518 028	53 534 674
6	前海投资	17 221 166	17 949 087	30 487 267
7	天津平安	14 433 500	15 043 589	25 552 159
8	GL Instrument	12 522 418	13 051 728	22 168 899
9	深圳平安	11 732 500	12 228 421	20 770 478
10	王某	9 360 136	9 755 779	16 570 595
11	许某	9 350 000	9 745 215	16 552 651
12	高瓴天成	8 640 000	9 005 204	15 295 711
13	得怡投资	7 500 000	7 817 017	13 277 527
14	广州德福	7 280 000	7 587 718	12 888 053
15	侯某峰	6 000 000	6 253 614	10 622 022
16	物明云泽	5 000 000	5 211 345	8 851 685
17	Giant Star	4 046 000	4 217 020	7 162 783
18	孙某华	2 500 000	2 605 672	4 425 842
19	陈某汉	2 500 000	2 605 672	4 425 842
20	杨某伟	2 000 000	2 084 538	3 540 674
21	云泽丰茂	1 708 909	1 781 142	3 025 344
22	得盛健康	1 680 000	1 751 011	2 974 166
23	云泽丰盛	1 603 922	1 671 718	2 839 482
24	中南弘远	1 470 600	1 532 760	2 603 457
25	济南钰贤	1 290 136	1 344 668	2 283 975
26	南京捷源	1 000 000	1 042 269	1 770 337
27	云泽丰采	980 392	1 021 832	1 735 624
28	GL Healthcare	597 373	622 623	1 057 551
29	Lu Zhenyu	590 000	614 938	1 044 498
30	张某雷	174 000	181 354	308 038

续表

序号	股东姓名/名称	交易前持有罗欣药业的股数(股)	调整前发行股份数量(股)	调整后发行股份数量(股)
31	Zheng Jiayi	112 100	116 838	198 454
32	Mai Huijing	34 000	35 437	60 191
33	高某英	22 000	22 929	38 947
	合计	607 495 428	633 173 648	1 075 471 621

(6)以股权抵偿债务。

东财资讯

胡某忠以讯美电子部分股权抵偿对赌债务[1]

2011年11月28日,高新兴科技集团股份有限公司(证券代码:300098,以下简称高新兴)发布《关于使用超募资金17 850万元收购重庆讯美电子有限公司51%股权的公告》(编号:2011—052)披露:

高新兴拟以现金支付方式收购重庆泰克数字技术有限公司(以下简称重庆泰克)、胡某忠所持重庆讯美电子有限公司(以下简称讯美电子)36.114%和14.886%股权,交易对价分别为12 639.9万元和5 210.1万元。

2014年4月21日,高新兴发布《关于受让讯美电子科技有限公司部分股权作为重庆泰克数字技术有限公司 胡某忠支付公司利润承诺补偿款暨关联交易的公告》(编号:2014—024)披露,其拟受让重庆泰克、胡某忠所持讯美电子7.729%和3.186%股权作为利润承诺补偿,交易对价分别为1 695.6889万元和

---

[1] 参考资料来源:东方财富网—数据中心—公告大全—高新兴—公告正文:《高新兴:关于使用超募资金17 850万元收购重庆讯美电子有限公司51%股权的公告》(编号:2011—052)。

698.9540万元。

2015年3月12日,高新兴发布《关于受让讯美电子科技有限公司部分股权作为重庆泰克数字技术有限公司 胡某忠支付公司利润承诺补偿款及减值测试补偿款暨关联交易的公告》(编号:2015—017)披露,其拟受让重庆泰克、胡某忠所持讯美电子20.0430%和18.042%股权作为利润承诺补偿及减值测试补偿,交易对价分别为4 779.9488万元和4 302.7409万元。

(7)其他股权转移行为。

|||| **东财资讯** ||||

金石资源1.04亿元承债式收购冯某富、潘某松所持庄村矿业80%股权[1]

2019年12月5日,金石资源集团股份有限公司(证券代码:603505,以下简称金石资源)发布《关于收购宁国市庄村矿业有限责任公司80%股权的公告》(编号:2019—026)披露:

金石资源拟以承债式并购方式收购冯某富、潘某松所持宁国市庄村矿业有限责任公司(以下简称庄村矿业)80%股权。

本次交易的价款总额为10 400万元,包括金石资源受让庄村矿业股权所支付的转让价款27 946 694.97元(冯某富、潘某松因转让庄村矿业股权而应缴纳的税费由金石资源承担,经初步测算约600万元,最终以税务机关核定的数据为准)及金石资源向庄村矿业提供无息借款以使庄村矿业清偿截至基准日的债

---

[1] 参考资料来源:东方财富网—数据中心—公告大全—金石资源—公告正文:《603505:金石资源关于收购宁国市庄村矿业有限责任公司80%股权的公告》(编号:2019—026)。

务的价款 76 053 305.03 元;其中,就金石资源受让庄村矿业股权,应向冯某富支付 10 829 344.30 元,向潘某松支付 17 117 350.67 元。

交易完成后庄村矿业的股权结构:金石资源持有庄村矿业 80% 股权,冯某富持有庄村矿业 20% 股权。庄村矿业成为金石资源的控股子公司。

对于以上七类情形,股权都已经发生了实质上的转移,而且转让方也获取了相应报酬或免除了责任,因此均属于股权转让行为,应当就取得的应税所得按规定计算缴纳个人所得税。

二、计税依据

国家税务总局公告 2014 年第 67 号文件第四条规定,个人转让股权,以股权转让收入减除股权原值和合理费用后的余额为应纳税所得额,按"财产转让所得"缴纳个人所得税。

(一)股权转让收入

股权转让收入是指转让方因股权转让而获得的现金、实物、有价证券和其他形式的经济利益。

|||||东财资讯|||||

奥赛康通过发行股份及支付现金方式收购唯德康 60% 股权[1]

2021 年 8 月 3 日,北京奥赛康药业股份有限公司(证券代码:002755,以下

---

[1] 参考资料来源:东方财富网—数据中心—公告大全—奥赛康—公告正文,《奥赛康:北京奥赛康药业股份有限公司发行股份及支付现金购买资产交易报告书(草案)(修订稿)》。

简称奥赛康)发布《发行股份及支付现金购买资产交易报告书(草案)(修订稿)》披露：

奥赛康拟通过发行股份及支付现金方式购买庄某金、缪某林、常州倍瑞诗企业管理有限公司(以下简称倍瑞诗)和常州伊斯源企业管理有限公司(以下简称伊斯源)所持江苏唯德康医疗科技有限公司(以下简称唯德康)60%股权，交易对价为8.34亿元。其中，股份对价为4.17亿元，现金对价为4.17亿元，相关内容见下表。

序号	股东姓名/名称	拟出让的标的公司股权比例	支付对价（万元）	发行股份购买部分对应的股权比例	股份对价（万元）	现金购买部分对应的股权比例	现金对价（万元）
1	庄某金	35.40%	49 208.54	12.90%	17 933.54	22.50%	31 275.00
2	缪某林	10.17%	14 139.37	2.67%	3 714.37	7.50%	10 425.00
3	倍瑞诗	9.60%	13 341.46	9.60%	13 341.46	—	—
4	伊斯源	4.83%	6 710.63	4.83%	6 710.63	—	—
合计		60.00%	83 400.00	30.00%	41 700.00	30.00%	41 700.00

笔者认为，在上述经济事项中，庄某金和缪某林取得的股份对价和现金对价，均属于因其转让所持唯德康股权而获得的经济利益，应当并入股权转让收入，按照"财产转让所得"项目，适用20%的比例税率，依法计算缴纳个人所得税。

转让方取得与股权转让相关的各种款项，包括违约金、补偿金以及其他名目的款项、资产、权益等，纳税人按照合同约定，在满足约定条件后取得的后续收入，均应当并入股权转让收入。

> **政策链接**
>
> ### 国家税务总局关于个人股权转让过程中
> ### 取得违约金收入征收个人所得税问题的批复
>
> 国税函〔2006〕866号
>
> 四川省地方税务局：
>
> 你局《关于股权转让取得违约金收入如何征收个人所得税问题的请示》（川地税发〔2006〕48号）收悉。经研究，批复如下：
>
> 根据《中华人民共和国个人所得税法》的有关规定，股权成功转让后，转让方个人因受让方个人未按规定期限支付价款而取得的违约金收入，属于因财产转让而产生的收入。转让方个人取得的该违约金应并入财产转让收入，按照"财产转让所得"项目计算缴纳个人所得税，税款由取得所得的转让方个人向主管税务机关自行申报缴纳。
>
> 国家税务总局
二〇〇六年九月十九日

股权转让收入应当按照公平交易原则确定，这是股权转让收入确定的基本原则。也就是说纳税人转让股权，应当获得与之相匹配的回报，无论回报是何种形式或名义，都应作为股权转让收入的组成部分。通常情况下，股权转让收入就是转让方在转让当期或后续期间获得的各种形式及名义的转让所得。

东财资讯

中际装备向收购标的原股东兑现超额业绩奖励近5亿元[1]

2017年5月9日,山东中际电工装备股份有限公司(证券代码:300308,以下简称中际装备)发布《发行股份购买资产并募集配套资金暨关联交易报告书(修订稿)》披露:

中际装备拟通过发行股份方式向刘某、朱甲、靳某树、朱乙和余某等27名交易对方购买其所持苏州旭创科技有限公司(以下简称苏州旭创)100%股权,交易对价为28亿元。

2019年7月23日,中际装备发布《关于实施超额业绩奖励的公告》(编号:2019—077)披露,根据中际装备与刘某、朱甲、朱乙、余某、益兴福、坤融创投、禾裕科贷、西藏揽胜、悠晖然、舟语然、福睿晖、睿临兰、云昌锦、旭创香港、谷歌香港、ITC Innovation、凯风旭创和上海光易共18名交易对方签署的经重述及修订的《业绩补偿协议》以及《发行股份购买资产并募集配套资金暨关联交易报告书(修订稿)》中关于"业绩补偿安排"和"超额业绩奖励"的有关规定,各方约定在2016年、2017年及2018年业绩补偿期限内,苏州旭创扣除非经常性损益后归属于母公司股东的净利润(以下简称扣非净利润)分别不低于1.73亿元、2.16亿元和2.79亿元。

根据中际装备编制的《关于苏州旭创科技有限公司2016—2018年度业绩承诺完成情况说明》,苏州旭创2016年度、2017年度及2018年度财务报表已经普华永道中天会计师事务所(特殊普通合伙)审计,并分别于2017年3月31日、2018年4月9日及2019年4月22日出具了报告号为普华永道中天苏州审字(2017)第168号、普华永道中天苏州审字(2018)第0193号和普华永道中天苏州审字(2019)第0220号的标准无保留意见审计报告,并于2019年4月22日出

---

[1] 参考资料来源:东方财富网—数据中心—公告大全—中际旭创—公告正文;《中际装备:发行股份购买资产并募集配套资金暨关联交易报告书(修订稿)》。

具了报告号为普华永道中天特审字(2019)第2174号的《关于苏州旭创科技有限公司2018 2017及2016年度业绩承诺完成情况说明专项审核报告》。

苏州旭创2016—2018年度实际扣非净利润与承诺扣非净利润的完成情况见下表。

单位:元

年度	项目	承诺净利润	实际净利润	差异数(实际净利润-承诺净利润)
2016	苏州旭创净利润	173 000 000.00	236 173 335.63	63 173 335.63
2017	苏州旭创净利润	216 000 000.00	589 221 524.00	373 221 524.00
2018	苏州旭创净利润	279 000 000.00	662 570 254.41	383 570 254.41
合计		668 000 000.00	1 487 965 114.04	819 965 114.04

苏州旭创2016—2018年度内实际实现扣非净利润与承诺净利润相比,实现率分别为136.52%、272.79%和237.48%。

苏州旭创2016—2018年度累计实际实现的扣非净利润为人民币1 487 965 114.04元,按超额业绩奖励的约定,苏州旭创2016—2018年度实现的超额业绩奖励金额为人民币491 979 068.42元,未超过标的资产总交易对价的20%。

笔者认为,在上述经济事项中,刘某、朱甲、朱乙和余某等原自然人股东取得的超额业绩奖励,属于按照合同约定,在满足约定条件后取得的股权转让后续收入,应当并入股权转让收入,按照"财产转让所得"项目,适用20%的比例税率,依法计算缴纳个人所得税。

(二) 股权原值

通常情况下,股权原值应当按照纳税人取得股权时的实际支出进行确认,即个人转让股权的原值依照以下方法确认:

（1）以现金出资方式取得的股权，按照实际支付的价款与取得股权直接相关的合理税费之和确认股权原值。

|||| 东财资讯 ||||||||||||||||||||||||||||||||||||||||||||||||||||||||||||||

吴某理低价受让隆利有限85%股权并以1元/股确认原值[1]

2018年11月19日，深圳市隆利科技股份有限公司（证券代码：300752，以下简称隆利科技）发布《上海市君悦（深圳）律师事务所关于公司首次公开发行股票并在创业板上市的补充法律意见书（二）》披露：

三、请隆利科技补充披露实际控制人夫妇历次现金出资资金来源是否合法，是否履行历次股权转让、整体变更设立股份有限公司涉及的纳税义务，是否存在违法违规行为，是否存在委托持股、股份代持或其他利益安排的情形。请完整披露实际控制人任职经历、历任职务以及任职年限、学术背景。请保荐机构、律师发表核查意见（《反馈意见"一、规范性问题3"》）。

（二）实际控制人夫妇是否履行历次股权转让、整体变更设立股份有限公司涉及的纳税义务，是否存在违法违规行为

君悦律师就以下事实进行查证：①查阅了隆利科技及持股平台欣盛杰的工商内档；②查阅了实际控制人夫妇间接转让股权的代扣代收税款凭证及完税证明；③查阅了瑞华就隆利科技从隆利有限整体变更为股份有限公司出具的瑞华专审字[2016]48090008号《审计报告》、深圳市龙华新区地方税务局大浪税务所出具的《个人所得税（转增股本）备案表》；④取得了隆利科技实际控制人夫妇就隆利有限整体变更为股份有限公司的税费缴纳问题出具的承诺；⑤就实际控制人夫妇是否履行纳税义务、是否存在违法违规行为对实际控制人夫妇进行了访谈确认。

---

[1] 参考资料来源：东方财富网—数据中心—公告大全—隆利科技—公告正文《隆利科技：上海市君悦（深圳）律师事务所关于公司首次公开发行股票并在创业板上市的补充法律意见书（二）》。

1. 实际控制人夫妇直接转让股权的纳税义务

自隆利科技前身隆利有限设立至今,共进行过 2 次股权转让。该等股权转让的具体情况见下表。

序号	股权转让时间	股权转让的具体情况
1	2014 年 8 月	吕某霞将其持有的隆利有限 85% 的股权作价 1 元转让予受让方吴某理
2	2015 年 9 月	吕某霞将其持有的隆利有限 12.2% 的股权作价 488 万元转让给欣盛杰;吴某理将持有的隆利有限 7.8% 的股权作价 312 万元转让给欣盛杰

关于上述股权转让的纳税事宜如下所述:

(1)2014 年 8 月,吕某霞将其持有的隆利有限 85% 的股权作价 1 元转让予受让方吴某理的纳税事宜。

鉴于吕某霞与吴某理系夫妻关系,其进行的股权转让系家庭内部之间的股权调整,其转让符合《国家税务总局关于股权转让所得个人所得税计税依据核定问题的公告》(国家税务总局公告 2010 年第 27 号)[1] 的相关规定。依据国家税务总局关于发布《股权转让所得个人所得税管理办法(试行)》(2014 年第 67 号)第十三条第(二)项之规定,吕某霞将其持有的股权以明显偏低的价格转让予其配偶,属于有正当理由的情形,鉴于股权转让并未溢价,故无需缴纳个人所得税。

(2)2015 年 9 月 16 日,吕某霞将其持有的隆利有限 12.2% 的股权作价 488 万元转让给欣盛杰;吴某理将其持有的隆利有限 7.8% 的股权作价 312 万元转让给欣盛杰的纳税事宜。

此次股权转让价格均系每单位注册资本 1 元,欣盛杰受让股权并未溢价,故股权转让方吕某霞、吴某理无需缴纳个人所得税。

2. 实际控制人夫妇间接转让股权的纳税义务欣盛杰系隆利科技设立的员工持股平台,实际控制人夫妇系欣盛杰的创始股东,其二人设立欣盛杰后,通过

---

[1] 现已失效。

股权转让的方式将部分股权转让予员工。自欣盛杰设立至今，实际控制人夫妇转让其所持有的欣盛杰股权的具体情况见下表。

序号	股权转让时间	股权转让的具体情况
1	2015年9月	吴某理将其持有的欣盛杰39%的股权以468万元的价格转让给庄某强等24人；吕某霞将其持有的欣盛杰5.79%的股权以69.45万元的价格转让给李某
2	2016年4月	吕某霞将其持有的欣盛杰9.01%的股权以180.25万元的价格转让给黄某佳等12人
3	2016年5月	吕某霞将其持有的欣盛杰2.5%的股权以50万元的价格转让给刘某丽

如上表所列，实际控制人夫妇转让其持有的欣盛杰股权存在溢价转让之情形，依据相关法律法规，其应缴纳个人所得税。

经君悦律师核查，吴某理溢价取得收益156万元，应缴纳个人所得税31.20万元；吕某霞溢价取得收益156.62万元，应缴纳个人所得税31.32万元。两人共计应缴纳个人所得税62.52万元。

根据隆利科技提供的《客户借记回单》，欣盛杰已代扣代缴吴某理、吕某霞股权转让应缴纳的所得税共计62.52万元。

3. 实际控制人夫妇整体变更设立股份有限公司涉及的纳税义务

（1）隆利科技前身隆利有限按照瑞华出具的瑞华专审字〔2016〕48090008号《审计报告》，以隆利有限截至2016年1月31日经审计的净资产7 881.24万元，折为股份公司的股本5 000万元，整体变更时，隆利科技股东权益结构见下表。

科目名称	股改前(万元)	股改后(万元)
股本	4 210.53	5 000.00
未分配利润	1 639.91	
盈余公积	247.67	
资本公积	783.13	2 881.24

基于上述情况，隆利有限在整体变更为股份有限公司时，注册资本由4 210.53万元增加至5 000万元，实际控制人夫妇存在纳税义务。

(2)对于实际控制人在隆利科技整体变更设立股份有限公司涉及的纳税义务,隆利科技税务主管行政机关深圳市龙华新区地方税务局大浪税务所出具了《个人所得税(转增股本)备案表》,准予实际控制人夫妇自股改之日起分5年缴纳个人所得税。

(3)关于隆利有限整体变更为股份有限公司的税费缴纳问题,实际控制人夫妇共同作出承诺:"将严格依照《个人所得税(转增股本)备案表》之要求,在规定时间内履行个人所得税缴交义务。"

4. 实际控制人夫妇是否存在违法违规行为

经核查,实际控制人夫妇历次股权转让已依法缴纳了个人所得税,对于隆利科技整体变更设立股份有限公司涉及的纳税义务,已按照相关法律规定报主管税务机关备案;截至《补充法律意见书(二)》出具之日,实际控制人夫妇未被行政机关予以处罚,不存在违法违规行为。

(2)以非货币性资产出资方式取得的股权,按照税务机关认可或核定的投资入股时非货币性资产价格与取得股权直接相关的合理税费之和确认股权原值。

|||| **东财资讯** ||||||||||||||||||||||||||||||||||||||||||||||

张某国、张某琪以其所持敷特佳100%股权增资 敷尔佳应以投资入股价格及税费确认股权原值[1]

2022年1月27日,哈尔滨敷尔佳科技股份有限公司(以下简称敷尔佳)发布《北京市中伦律师事务所关于哈尔滨敷尔佳科技股份有限公司首次公开发行

---

[1] 参考资料来源:东方财富网—数据中心—公告大全—敷尔佳—公告正文:《北京市中伦律师事务所关于哈尔滨敷尔佳科技股份有限公司首次公开发行股票并在创业板上市的补充法律意见书(一)(申报稿)》。

股票并在创业板上市的补充法律意见书(一)》预披露:

第一部分 《审核问询函》问题回复

问题1:关于历史沿革

请敷尔佳说明:

(6)历次股权转让、增资、分红、整体变更等过程中涉及的控股股东及实际控制人缴纳所得税、敷尔佳代扣代缴情况,是否存在违反税收法律法规等情形,是否构成重大违法行为。

请保荐人、律师发表明确意见,补充提供相关文件,并对申报文件的齐备性进行核查。

回复:

(六)历次股权转让、增资、分红、整体变更等过程中涉及的控股股东及实际控制人缴纳所得税、敷尔佳代扣代缴情况,是否存在违反税收法律法规等情形,是否构成重大违法行为。

1.股权转让和增资涉税情况

根据敷尔佳提供的工商档案等相关资料,敷尔佳历次股权转让、增资、转增股本过程中涉及张某国缴纳所得税、敷尔佳代扣代缴的情况见下表。

日期	事项	过程描述	纳税情况
2020年12月	未分配利润转增股本	张某国、张某琪以敷尔佳有限未分配利润转增注册资本至24 200.00万元	敷尔佳已为实际控制人代扣代缴个人所得税
2020年12月	增资	注册资本由24 200.00万元增至24 628.00万元,新增注册资本由被激励对象郝某祝等12人认缴	敷尔佳已办理股权激励对象个人所得税递延纳税备案,实际控制人非为增资对象,不涉及其纳税义务
2021年1月	增资	张某国、张某琪以其持有敷特佳100%股权向敷尔佳有限增资	张某国、张某琪已办理非货币性资产投资分期缴纳个人所得税备案,自2021年起分5年缴纳个人所得税

续表

日期	事项	过程描述	纳税情况
2021年1月	股权转让	张某琪将其持有的敷尔佳有限6 754.40万元出资额转让给张某国	直系亲属股权转让无需缴纳个人所得税
2021年2月	增资	敷尔佳引入投资者哈三联,哈三联以其持有北星药业100%股权向敷尔佳有限增资	敷尔佳及实际控制人不涉及代扣代缴义务

2.整体变更的纳税情况

2021年3月,敷尔佳整体变更成为股份有限公司,具体折股方案为敷尔佳将敷尔佳有限截至2021年2月28日经审计的净资产123 290.98万元折合注册资本36 000.00万元,其余部分计入资本公积,整体变更前后敷尔佳的注册资本未发生变化,不存在以未分配利润、盈余公积或资本公积转增股本的情形。

鉴于敷尔佳在整体变更设立股份公司前后注册资本维持不变,不涉及以资本公积、盈余公积、未分配利润转增股本的情况,股东出资额与股改后股东持股数量相同。根据现行有效的法律法规的规定,敷尔佳在整体变更过程中不存在涉税事项,实际控制人无须缴纳个人所得税。

3.历次分红的纳税情况

根据敷尔佳提供的相关资料,敷尔佳及敷特佳历次分红涉及实际控制人纳税的相关情况见下表。

序号	分红时间	分红情况	纳税情况
1	2019年6月	敷尔佳向全体股东现金分红10 000.00万元	敷尔佳已代扣代缴
2	2019年8月	敷尔佳向全体股东现金分红1 000.00万元	敷尔佳已代扣代缴
3	2019年9月	敷尔佳向全体股东现金分红1 000.00万元	敷尔佳已代扣代缴
4	2020年11月	敷尔佳向全体股东现金分红30 000.00万元	敷尔佳已代扣代缴
5	2020年12月	敷尔佳未分配利润转增注册资本23 700.00万元,全体股东按持股比例享有	敷尔佳已代扣代缴
6	2020年3月	敷特佳向全体股东现金分红2 500.00万元	敷尔佳已代扣代缴
7	2020年5月	敷特佳向全体股东现金分红2 250.00万元	敷尔佳已代扣代缴

序号	分红时间	分红情况	纳税情况
8	2020年8月	敷特佳向全体股东现金分红47 490.93万元	敷尔佳已代扣代缴
9	2020年11月	敷特佳向全体股东现金分红10 000.00万元	敷尔佳已代扣代缴

根据敷尔佳主管税务机关分别于2021年4月27日及2021年10月25日出具的《涉税信息查询结果告知书》，敷尔佳自2017年12月14日至2021年10月25日不存在因违反税务管理规定而受到处罚的记录。

综上，在敷尔佳历次股权转让、增资、分红及整体变更等过程中，实际控制人均按照相关法律法规的规定履行了纳税义务，敷尔佳进行了代扣代缴，不存在违反税收法律法规的情况，不存在重大违法违规行为。

（3）通过无偿让渡方式取得股权，具备国家税务总局公告2014年第67号文件第十三条第（二）项所列情形的，按取得股权发生的合理税费与原持有人的股权原值之和确认股权原值。

||||| 东财资讯 |||||||||||||||||||||||||||||||||||||||||||

朱某怡、方某悦分别承继朱某琴、方某华所持天振股份股权原值[1]

2022年1月24日，浙江天振科技股份有限公司（以下简称天振股份）发布《首次公开发行股票并在创业板上市招股说明书（申报稿）》预披露：

第五节　天振股份基本情况

九、天振股份股本情况

（三）前十名自然人股东及其在天振股份处担任的职务

---

[1] 参考资料来源：东方财富网—数据中心—公告大全—天振股份—公告正文：《首次公开发行股票并在创业板上市招股说明书（申报稿）》。

截至招股说明书签署日,前十名自然人股东及其在天振股份处担任的职务见下表。

序号	股东姓名	持股数量(万股)	股权比例	在发行人担任的职务
1	方某华	4 887.00	54.30%	董事长、总经理
2	朱某琴	1 683.00	18.70%	董事
3	朱某怡	720.00	8.00%	无
4	方某悦	720.00	8.00%	无
5	夏某英	45.00	0.50%	董事、副总经理、董事会秘书
6	朱某明	45.00	0.50%	副总经理
合计		8 100.00	90.00%	

(四)天振股份国有股份和外资股份情况

本次发行前,天振股份不存在国有股份或外资股份情况。

(五)最近一年天振股份新增股东情况

截至招股说明书签署日,最近一年天振股份通过股权转让的形式新增2名自然人股东,即实际控制人方某华、朱某琴夫妇的长女朱某怡和次女方某悦,见下表。

时间	新增方式	股东姓名	持股数量(万股)	持股比例	股转价格	定价依据
2020年6月	股权转让	朱某怡	720.00	8.00%	0元/股	国家税务总局〔2014〕67号公告第十三条规定:符合下列条件之一的股权转让收入明显偏低,视为有正当理由:继承或将股权转让给其能提供具有法律效力身份关系证明的配偶、父母、子女、祖父母、外祖父母、孙子女、外孙子女、兄弟姐妹以及对转让人承担直接抚养或者赡养义务的抚养人或者赡养人
		方某悦	720.00	8.00%		

2020年6月15日,天振有限召开股东会,同意股东方庆华将8.00%股权以0元价格转让给新股东方某悦,股东朱某琴将8.00%股权以0元价格转让给新股东朱某怡。同日,转让各方就上述股权转让事项签署《股权转让协议》。

2020年6月24日,天振股份就上述股权转让事宜向湖州市市场监督管理局办理完成变更登记手续。

方某悦、朱某怡系方某华、朱某琴夫妇的女儿,两人目前均为学生,未在天振股份及其前身天振有限担任任何职务。两人具体情况详见本招股说明书本节之"八、持有发行人5%以上股份的主要股东及实际控制人的基本情况"之"(二)其他持有发行人5%以上股份或表决权的主要股东"之"2.朱某怡"及"3.方某悦"。入股原因系天振股份实际控制人两女儿已成年,实际控制人考虑到未来接班问题以及希望提高女儿对企业的关心程度,因此于2020年6月天振有限改制为股份公司前赠与两女儿公司股份,使其成为天振股份发起人股东。

根据国家税务总局〔2014〕67号公告第十三条之规定,"符合下列条件之一的股权转让收入明显偏低,视为有正当理由:……(二)继承或将股权转让给其能提供具有法律效力身份关系证明的配偶、父母、子女、祖父母、外祖父母、孙子女、外孙子女、兄弟姐妹以及对转让人承担直接抚养或者赡养义务的抚养人或者赡养人"。因此,本次股权转让价格合理,符合相关法律法规的要求,不涉及公司股份支付,可免交个人所得税。

---

(4)被投资企业以资本公积、盈余公积、未分配利润转增股本,个人股东已依法缴纳个人所得税的,以转增额和相关税费之和确认其新转增股本的股权原值。

┃┃┃┃东财资讯┃┃┃┃

徐某珠等应以转增额及税费确认新转增股本的股权原值[1]

2019年11月28日,广西河池化工股份有限公司(证券代码:000953,以下

---

[1] 参考资料来源:东方财富网—数据中心—公告大全—河化股份—公告正文:《*ST河化:重大资产出售并发行股份及支付现金购买资产并募集配套资金暨关联交易报告书(草案)(修订稿)》。

简称*ST 河化)发布《重大资产出售并发行股份及支付现金购买资产并募集配套资金暨关联交易报告书(草案)(修订稿)》披露:

*ST 河化拟以发行股份及支付现金相结合的方式收购徐某珠、何某国1、何某国2、周某平、周某、黄某群、许某赞和熊某清8名自然人所持重庆南松医药科技股份有限公司(以下简称南松医药)93.41%股权,交易对价为266 208 791.21 元。其中,股份对价为 16 170.24 万元,现金对价为 10 450.64 万元。具体情况见下表。

序号	交易对方	标的公司持股比例	交易价格(元)	现金对价(元)	股份对价(股)	拟发行股份数量(股)
1	徐某珠	34.40%	98 038 280.76	98 038 280.76	—	—
2	何某国	29.74%	84 766 828.03	—	84 766 828.03	24 219 093
3	何某国	26.99%	76 935 591.76	—	76 935 591.76	21 981 597
4	周某平	0.82%	2 323 454.67	2 323 454.67	—	—
5	周某	0.72%	2 043 543.96	2 043 543.96	—	—
6	黄某群	0.39%	1 123 557.69	1 123 557.69	—	—
7	许某赞	0.21%	589 182.69	589 182.69	—	—
8	熊某清	0.14%	388 351.65	388 351.65	—	—
合计		93.40%	266 208 791.21	104 506 371.42	161 702 419.79	46 200 690

根据相关资料披露,2015 年 8 月 28 日,南松医药召开 2014 年年度股东大会,审议通过了公司股票在全国股转系统挂牌并公开转让等相关议案。

2015 年 12 月 30 日,全国中小企业股转系统有限责任公司出具《关于同意重庆南松医药科技股份有限公司股票在全国中小企业股份转让系统挂牌的函》(股转系统函〔2015〕9551 号),同意南松医药股票在全国股转系统挂牌。

2016 年 1 月 20 日,南松医药股票在全国股转系统挂牌并公开转让,证券简称:南松医药,证券代码:835627,转让方式为协议转让。

一、2017 年度股东权益分配

2017 年 5 月 18 日,南松医药召开 2016 年年度股大会,审议通过了《关于重庆南松医药科技股份有限公司 2016 年资本公积金转增股本及利润分配预案的议案》,以南松医药2016年末总股本1 820万股为基数,向全体股东每10股送红股6股,每10股转增4股(其他资本公积),派7元现金。

本次权益分派实施的股权登记日为2017年6月8日,除权除息日为2017年6月9日。本次权益分派实施完毕后,南松医药总股本增至3 640万股,注册资本增至3 640万元。

二、2018年度股东权益分配

2018年5月19日,南松医药召开2017年年度股大会,审议通过了《关于重庆南松医药科技股份有限公司2017年资本公积金转增股本及利润分配预案的议案》,以南松医药2017年末总股本3 640万股为基数,向全体股东每10股送红股2股,每10股转增1股(其他资本公积),派3元现金。

本次权益分派实施的股权登记日为2018年6月29日,除权除息日为2018年7月2日。本次权益分派实施完毕后,南松医药总股本增至4 732万股,注册资本增至4 732万元。

三、2019年度股东权益分配

2019年5月6日,南松医药召开2018年年度股东大会,审议通过了《关于重庆南松医药科技股份有限公司2018年利润分配预案》议案,以南松医药2018年末总股本4 732万股为基数,向全体股东每10股送红股12股。

本次权益分派实施的股权登记日为2019年5月16日,除权除息日为2019年5月17日。本次权益分派实施完毕后,南松医药总股本增至10 410.40万股,注册资本增至10 410.40万元。

根据《财政部 国家税务总局 证监会关于实施全国中小企业股份转让系统挂牌公司股息红利差别化个人所得税政策有关问题的通知》(财税〔2014〕48号)[1]的相关规定,南松医药的上述三次股东权益分配,可以依法享受全国中小企业股份转让系统挂牌公司股息红利差别化个人所得税征免政策。

2019年7月30日,南松医药召开2019年第四次临时股东大会,审议通过

---

[1] 现已失效。

了《关于申请公司股票在全国中小企业股份转让系统终止挂牌》议案、《关于提请股东大会授权董事会办理申请公司股票在全国中小企业股份转让系统终止挂牌相关事宜》议案等。

2019年8月6日,全国股转系统出具《关于同重庆南松医药科技股份有限公司股票终止在全国中小企业股份转让系统挂牌的函》(股转系统函〔2019〕3841号),同意南松医药股票自2019年8月8日起终止在全国股转系统挂牌。

(5)对个人多次取得同一被投资企业股权的,转让部分股权时,采用"加权平均法"确定其股权原值。

东财资讯

孙某华多次转让、回购长盛轴承股权采用"加权平均法"确定原值[1]

2017年10月16日,浙江长盛滑动轴承股份有限公司(证券代码:300718,以下简称长盛轴承)发布《上海精诚申衡律师事务所关于浙江长盛滑动轴承股份有限公司首次公开发行股票并在创业板上市的补充法律意见书(四)》披露:

2013年4月,孙某华将所持8%股份转让给陆某林等五人,2015年3月,孙某华将所持1%股份转让给朱某有,2016年6月,孙某华将所持3.30%、2.70%股份转让给合盛投资、百盛投资,上述三次未缴纳个人所得税。进一步说明缴纳个人所得税的法律依据,是否构成重大违法违规,针对上述三种情形是否征得税务部门的同意,是否存在补缴税款的风险。其他未缴纳个人所得税的情况是否征得税务部门的同意,是否合规,是否存在补缴风险。

---

[1] 参考资料来源:东方财富网—数据中心—公告大全—长盛轴承—公告正文:《长盛轴承:上海精诚申衡律师事务所关于公司首次公开发行股票并在创业板上市的补充法律意见书(四)》。

【回复】

进一步说明缴纳个人所得税的法律依据,是否构成重大违法违规,针对上述三种情形是否征得税务部门的同意,是否存在补缴税款的风险。

长盛轴承历次股权转让过程中个人所得税缴纳情况见下表。

单位:万元

序号	股权转让情况	股权转让价格	是否需要缴纳个税	是否缴纳个税	缴纳个税金额
1	2008年5月,王某盛将所持发行人100%股权转让给孙某华等6人	注册资本1:1	否	—	—
2	2011年6月,孙某华将所持发行人8.21%股权转让给联盛投资、广盛投资和陆某泉	注册资本1:4.65	是	是	237.20
3	2011年6月,孙某华将所持发行人8%股权转让给尚晖投资、立晖世源和英琦大河	注册资本1:16.62	是	是	988.71
4	2013年4月,孙某华将所持8%股份转让给陆某林、曹某超、周某祥、陆某泉、王某杰	注册资本1:3.41	否	—	—
5	2015年3月,孙某华将所持1%股份转让给朱某有	注册资本1:4.53	是	抵扣	—
6	2016年6月,孙某华将所持3.30%、2.70%股份转让给嘉善合盛、嘉善百盛	注册资本1:5.73	是	抵扣	—

从上表第2、第3项可以看出,2011年6月,孙某华将持有的8.21%的股份转让给尚晖投资、立晖世源、英琦大河(以下合称外部PE公司);将8%的股权转让给联盛投资、广盛投资(以下合称员工持股公司)和陆某泉,孙某华已缴纳个人所得税共计1 225.91万元。因长盛轴承战略调整,长盛轴承于2013年3月撤回上市申请,应外部PE公司及员工持股公司要求,2013年3~4月,孙某华以原转让价格加上一定的投资回报率为作价依据,收回了尚晖投资、英琦大河和立晖世源持有的长盛轴承8%的股份,孙某华收回联盛投资、广盛投资所持有的长盛轴承7.21%的股份。长盛轴承股份基本恢复到引入PE公司及员工持股公

司前的股份结构。尽管孙某华于 2011 年 6 月转让长盛轴承股份给外部 PE 公司及员工持股公司,但 2013 年 4 月其又收回上述长盛轴承股份,因此与 2011 年转让股份前相比,长盛轴承的股权结构基本未发生变化,然而孙某华已缴纳了个人所得税 1 225.91 万元。经咨询浙江省嘉善县地方税务局获悉,今后孙某华如进行股份转让,个人需缴纳所得税时可进行扣抵。长盛轴承及孙某华于 2013 年 3 月、4 月向浙江省嘉善县地方税务局进行了书面备案。

从上表第 4、第 5、第 6 项可以看出,自 2013 年 4 月至 2016 年 6 月,孙某华将其持有的 15% 的股份转让给员工及员工持股平台(嘉善合盛、嘉善百盛)、外部投资者(朱某有)。2016 年 5 月 20 日,浙江省嘉善县地方税务局作出批复,"根据不重复征税的原则,对多次转让、回购部分,采用'加权平均法'确定其股权原值"。原则上同意孙某华所需缴纳的个人所得税均由其原先缴纳的个人所得税进行抵扣。

孙某华需缴纳相关个人所得税的金额见下表。

序号	股权转让情况	转让数量(万股)	转让价(万元)	持股成本(万元)	缴纳个税金额(万元)
1	2013 年 4 月,孙某华将所持 8% 股份转让给陆某林、曹某超、周某祥、陆某泉、王某杰	600.00	2 046.00	1 389.05	131.39
2	2015 年 3 月,孙某华将所持 1% 股份转让给朱某有	75.00	339.75	173.63	33.22
3	2016 年 6 月,孙某华将所持 3.30%、2.70% 股份转让给嘉善合盛、嘉善百盛	450.00	2 578.50	1 041.79	307.34
合计		1 125.00	4 964.25	2 604.47	471.96

从上表可以看出,自 2013 年 4 月至 2016 年 6 月孙某华所需缴纳的个人所得税金额远小于可抵扣的 1 197.03 万元。

另外,根据《国家税务总局关于股权转让所得个人所得税计税依据核定问题的公告》(国家税务总局公告 2010 年第 27 号,本公告自 2015 年 1 月 1 日起废止)第四条规定,纳税人再次转让所受让的股权的,股权转让的成本为前次转让的交易价格及买方负担的相关税费。2013年4月孙某华转让股权,作价为每元注册资本3.41元,远小于其从尚晖投资、立晖世源、英琦大河所受让的股份价格,故根据上述条款亦无需缴纳个人所得税。

2017年9月4日,浙江省嘉善县地方税务局出具说明,确认孙某华以在2011年6月股权转让时已缴纳的个人所得税抵扣在2015年3月和2016年6月进行的股权转让所需缴纳的个人所得税不构成违法违规事项。

综上,律师认为,孙某华股份转让涉及的个人所得税缴纳行为合法合规,不会影响长盛轴承发行上市条件。

---

(6)个人转让股权未提供完整、准确的股权原值凭证,不能正确计算股权原值的,由主管税务机关核定其股权原值。

股权转让人已被主管税务机关核定股权转让收入并依法征收个人所得税的,该股权受让人的股权原值以取得股权时发生的合理税费与股权转让人被主管税务机关核定的股权转让收入之和确认。

司法裁判

税务机关核定股权原值不应仅考虑注册资本[1]

广西南宁朝华置业有限公司(以下简称朝华置业)成立于2010年6月,注册地址位于南宁市金湖路19号锦和花园4号楼1层421号,经营范围为房地产投资项目的咨询、房地产营销策划,股东为罗某仁、庞某甲和庞某乙3人。

2014年5月26日,罗某仁与北海强远房地产有限公司(以下简称强远房地

---

[1] 参考资料来源:威科先行·法律信息库—案例—裁判文书:《国家税务总局广西壮族自治区税务局第一稽查局国家税务总局广西壮族自治区税务局税务行政管理(税务)二审行政判决书》[(2020)桂71行终345号]。

产)签订了《股权转让协议书》,协议约定:罗某仁以 2 583 万元的价格将其所持朝华置业 49% 的股权转让给强远房地产,自协议生效之日起 3 个月内,强远房地产向罗某仁支付第一笔 1 000 万元股权转让款,协议生效之日起 4 个月内,强远房地产向罗某仁支付余下的 1 583 万元股权转让款;协议生效后,强远房地产按照受让的股权比例分享朝华置业的红利,分担相应的风险和亏损等内容。

协议签订后,强远房地产依约于 2014 年 8 月 26 日、2014 年 8 月 27 日、2014 年 9 月 3 日、2014 年 9 月 5 日、2014 年 9 月 9 日、2014 年 9 月 17 日分别向罗某仁支付股权转让款项共计 2 583 万元。

接群众实名检举,2015 年 12 月,南宁市地方税务局稽查局(以下简称南宁市稽查局)按照上级税务机关要求,依法对罗某仁转让其所持朝华置业 49% 股权的涉税事项实施专案检查。

2016 年 1 月 27 日,南宁市稽查局向罗某仁送达《税务检查通知书》。

2016 年 1 月 27 日、8 月 25 日,南宁市稽查局检查人员依法对罗某仁进行询问并制作了询问(调查)笔录,罗某仁认可在 2015 年 8 月 21 日将其所持朝华置业 49% 股权转让给强远房地产,并办理了工商登记手续,股权转让获得了转让收入 2 583 万元,但强远房地产未代扣股权转让的个人所得税,罗某仁也未进行纳税申报。

2016 年 2 月 2 日,南宁市稽查局通知罗某仁于 2016 年 3 月 1 日前提供股权转让的相关成本资料。截至 2016 年 3 月 20 日,罗某仁未按期提供相关成本资料。

2016 年 4 月 25 日,罗某仁向南宁市稽查局提交《关于罗某仁在广西南宁朝华置业有限公司投资成本的情况说明》,请求南宁市稽查局到朝华置业审查账目,以便查清其投资数额。

2017 年 2 月 27 日,朝华置业出具《情况说明》,大致内容:朝华置业注册资本 50 万元,罗某仁占 49%,其余两名股东占 51%,自朝华置业成立以来,罗某仁未向朝华置业投入任何资金,朝华置业成立后通过拍卖公司竞得的资产包支付了 1 185 万元拍卖款,是朝华置业成立后借入的资金,北海铁山港 169.5 亩土地不是朝华置业的资产。

2017年4月28日,检查人员作出《朝华置业检查情况汇报》,大致内容:检查组对朝华置业2010年至2014年缴纳地方税的情况进行检查,检查了所属年度企业提供的报表、账册及凭证,对朝华置业相关人员做了询问笔录,朝华置业成立后通过拍卖公司竞得的资产包支付了1 185万元拍卖款,都在朝华置业账户支付,检查朝华置业相关账册,未发现朝华置业有北海铁山港169.5亩土地的证据,也未发现朝华置业占有、处分该地块的证据,朝华置业经营活动是从其他单位及个人借款维持经营,未发现朝华置业有向罗某仁借款的证据。

2017年6月14日,南宁市稽查局依法作出桂地税南稽处〔2017〕1008号税务处理决定(以下简称1008号税务处理决定),认定罗某仁将朝华置业49%的股权转让给强远房地产,股权原值为245 000元,强远房地产共支付25 830 000元的转让款,但并未代扣代缴的个人所得税,决定向罗某仁追缴个人所得税5 114 417元及滞纳金。

2017年6月16日,罗某仁收到1008号税务处理决定,随后向广西地方税务局申请税务行政复议。罗某仁在税务行政复议阶段提供的《股权转让补充协议书》显示签订日期为2014年5月28日,协议约定:《股权转让协议书》第二条中的"2 583万元价格"由股权转让款和垫资两部分资金构成,其中,股权转让款为1 080万元,垫资为1 503万元。垫资1 503万元是罗某仁在2014年5月26日前因朝华置业公司事务已投入的资金,即罗某仁向朝华置业投入的垫资或朝华置业向罗某仁的借资;罗某仁因股权转让而退出朝华置业,无法与朝华置业结算垫资,因此垫资1 503万元,罗某仁以债权方式转移给强远房地产后,协助强远房地产与朝华置业结算,具体包括:(1)2010年8月16日由罗某仁为朝华置业支付购买资产包债权款1 185万元;(2)2011年1月28日至12月16日罗某仁为朝华置业支付北海市三宗土地相关费用197万元;(3)2011年10月由罗某仁为朝华置业支付北海市海城区人民法院诉讼费121万元;本补充协议书对《股权转让协议书》约定的49%股权转让款1 080万元付款方式为自本协议生效之日起5日内,强远房地产支付罗某仁300万元,向工商局办理完毕股权变更登记手续后3个月内,强远房地产支付罗某仁300万元,余款480万元强远房地产在8个月内支付给罗某仁。罗某仁在税务行政复议阶段提供的银行转款凭证显示,强远房地产的股东欧某莲作为罗某仁的代理人于2014年8月27日分两次从罗某仁的建设银行账户提取现金共计1 000万元。欧某兰作为罗兆仁的代理人于2014年9月4日分两次从罗某仁的建设银行账户转出1 000万元至罗某仁的农村信用社账户,并于2014年9月9日将该1 000万元分别转给张某莉、欧某裕、张某慧。2014年9月10日,欧某兰作为罗某仁的代理人从罗某仁的农村信用社账户提取了现金13万元,并从该账户转款300万元给欧某裕。

2018年6月,广西国家税务局和广西地方税务局合并为国家税务总局广西税务局(以下简称广西税务局)。2018年8月,南宁市稽查局合并为国家税务总局广西税务局第一稽查局(以下简称第一稽查局)。

2019年11月4日,广西税务局依法作出桂税复决字[2019]12号税务行政复议决定(以下简称12号税务行政复议决定),决定维持第一稽查局向罗某仁追缴未申报缴纳的2014年个人所得税51 14 417元并加收滞纳金的税务处理决定。

罗某仁不服,上诉至南宁铁路运输法院(以下简称一审法院),请求判令:(1)撤销12号税务行政复议决定;(2)撤销1008号税务处理决定;(3)第一稽查局重新调查、核定、区分清楚股权转让收入金额及债权金额后,重新作出税务处理决定。

经审理,2020年7月,一审法院依法作出(2020)桂7102行初41号行政判决:(1)撤销第一稽查局作出的1008号税务处理决定,并重新作出税务处理决定;(2)撤销广西税务局作出的12号税务行政复议决定。

第一稽查局和广西税务局不服,上诉至南宁铁路运输中级法院(以下简称二审法院)。

经审理,二审法院认定:

根据《个人所得税法》第二条第(九)项和第六条第一款第(五)项的规定,财产转让所得应纳个人所得税,财产转让所得,以转让财产的收入额减除财产原值和合理费用后的余额,为应纳税所得额。根据《股权转让所得个人所得税管理办法(试行)》(2014年第67号)(以下简称《个税管理办法》)第四条第一款的规定,个人转让股权,以股权转让收入减除股权原值和合理费用后的余额为应纳税所得额,按"财产转让所得"缴纳个人所得税。本案中,1008号税务处理决定书认定,罗某仁应补缴2014年财产转让所得个人所得税5 114 417元及滞纳金,追缴罗某仁未申报缴纳的个人所得税的计算方法如下:应补缴个人所得税=(转让收入－股权原值－印花税)×20% =(25 830 000－245 000－12 915)×20% =5 114 417(元)。因此,本案应缴纳的个人所得税数额的关键在于股权转让收入额及财产原值的认定。

关于股权转让收入额认定问题。本案罗某仁以股权转让方式获得25 830 000元转让款,但根据2013年3月4日的《股权转让事项通知》提及"转让价按公司财产及债权析产表中本人应得份额人民币25 830 000元进行转让"和2014年5月28日《股权转让补充协议》中确认转让款由股权和债权两部分构成。同时《股权转让协议书》第二条"2 583万元价格"由股权转让款和垫资两部分资金构成,其中,股权转让款为1 080万元,对朝华置业垫资为1 503万元,说明本案25 830 000元转让款可能存在股权与债权混淆的问题。

关于股权原值认定问题。根据《股权转让所得个人所得税管理实施办法》(广西壮族自治区地方税务局公告2015年第6号)(以下简称《个税管理实施办法》)第八条"股权原值是指自然人股东投资入股时按章程、合同、协议约定向被投资企业实际支付的出资金额,或购买该项股权时受让方实际支付的股权转让价款及相关税费"及第九条第(一)项"自然人股东取得的股权原值,按照以下方法确定:(一)初始投资股权原值,是自然人股东按章程或者投资合同、协议约定向被投资企业实际支付的出资金额,包括:1.自然人股东在初始投资、增资扩股时,实际投入被投资企业计入'实收资本(股本)'的金额。2.实际出资额大于约定份额而计入'资本公积—资本(股本)溢价'的金额。3.债转股过程中债权人实际交换对价大于'实收资本'、'股本'而计入'资本公积'的金额。4.自然人股东未缴足资本的部分不得计入股权原值"的规定。股权原值并不仅指注册资本"。

第一稽查局在对罗某仁征收个人所得税时,罗某仁已提出其向朝华置业的投资不仅仅是注册资本,还有其他的投资以及存在其为朝华置业垫资的款项,但彼时罗某仁已不是朝华置业的股东,且与朝华置业存在纠纷,罗某仁无法向第一稽查局提供朝华置业的会计报表、银行存款对账单、付款凭证等证据供第一稽查局核实。第一稽查局于2016年11月23日作出《关于罗某仁要求转让股权所得个人所得税成本抵减问题的函》,要求检查组于12月30日前核实罗某仁在朝华置业的投资数额,确认股权原值,明确是否允许抵减,并要求将相关证据及书面报告一并移送。但根据第一稽查局向法院提交的《朝华置业检查情况汇报》即检查组在2016年7月27日针对朝华置业被举报缴纳问题进行的检查报告,检查组的建议是由于朝华置业绝大部分费用、成本以白条入账,应采取核定征收方式征收,朝华置业需补缴企业所得税,并没有针对《关于罗某仁要求转让股权所得个人所得税成本抵减问题的函》作出回复,且仅向第一稽查局移送了朝华置业作出的否认罗某仁有投入资本的《情况说明》,并无其他相关证据。根据《个税管理实施办法》第九条第(六)项"自然人股东未能提供完整、准确的股权成本凭证,不能正确计算股权成本的,由主管地税机关按照避免重复征收个人所得税的原则,合理核定其股权原值"的规定,在罗某仁不能提供完整、准确的股权成本凭证,且检查组查实朝华置业财务管理混乱,不能反映正确的股权成本的情况下,应由税务机关采取核定的方式合理核定其股权原值。

据此,一审法院以第一稽查局作出的1008号税务处理决定主要证据不足为由,作出撤销1008号税务处理决定,责令第一稽查局重新作出税务处理决定并不无当。罗某仁在税务行政复议期间提供《股权转让补充协议书》、案件受理费收据等证据,以证实其确实存在为朝华置业垫资情况,因此一审法院认为广西税务局所作12号税务行政复议决定书,亦未能对本案事实审查清楚,一并予以撤销的处理意见亦无不当。

2020年11月25日,二审法院依法作出(2020)桂71行终345号行政判决:驳回上诉,维持原判。

除以上情形外,由主管税务机关按照避免重复征收个人所得税的原则合理确认股权原值。

按照现行《公司法》的规定,除法律、行政法规以及国务院决定对公司的注册资本实行实缴制外,一般实行认缴制。也就是说,自2014年3月1日起,新公司在成立时除有特殊规定以外,股东可以暂不出资,公司的注册资本在公司章程规定的出资期限内由股东缴足即可。

这样的出资方式就带来了一个新的税收问题。有些个人股东在未出资或少出资的情形下转让全部股权或部分股权,那么此时,注册资本当中"个人股东未足额履行出资义务的部分"是否可以计入股权原值?由于国家税务总局公告2014年第67号对此并没有明确规定,所以在实务中时常产生纳税争议。对此,笔者建议可以参考广西壮族自治区地方税务局2015年9月10日发布的《股权转让所得个人所得税管理实施办法》(广西壮族自治区地方税务局公告2015年第6号)第九条第一款第(四)项之规定,自然人股东未缴足资本的部分不得计入股权原值。

(三)合理费用

合理费用是指股权转让时按照规定支付的有关税费。

关于"有关税费"的具体范围,由于国家税务总局公告2014年第67号并未进行正向列举,所以在实务中也时常产生纳税争议。对此,笔者建议可以参考安徽省地方税务局2016年6月12日发布的《关于股权转让所得个人所得税征收管理有关事项的公告》(安徽省地方税务局公告2016年第9号)第二条第(六)项之规定,允许在计算股权转让所得时扣除的合理税费主要包括个人转让股权时按规定缴纳的税金、凭合法票据实际支付的中介服务费、资产评估费及其相关的其他合理费用,但已作为被投资企业成本费用核算的税费支出除外。

司法裁判

最高人民法院:"因股权转让所产生的一切税费"不包括个人所得税[1]

经仲裁机关作出(2009)中国贸仲深裁字第103号裁决书并签订《执行和解协议书》,2012年,杨某山与深圳市佳家豪投资发展有限公司(以下简称佳家豪公司)签订《股权转让协议》,约定将其以杨某成名义持有的M公司股权转让给佳家豪公司,交易价款为6 500万元。同时,佳家豪公司向杨某山出具《保证函》承诺:"因股权转让事宜所产生的一切税费等款项均由佳家豪公司承担。"

《股权转让协议》签订后,佳家豪公司按照约定向杨某山支付了全部股权转让价款并依法在工商部门办理了股权变更登记。

后经税务机关向杨某山追缴6 500万元股权转让款项下的个人所得税1 424万元以及滞纳金571万元,杨某山在支付前述个人所得税及滞纳金后,向佳家豪公司追讨前述款项。经多次协商无果,杨某山遂提起民事诉讼,请求法院判令:佳家豪公司向杨某山支付其依法缴纳的6 500万元股权转让款项下的个人所得税1 424万元以及滞纳金571万元。

经过一审、二审及最高人民法院(以下简称最高院)再审,最高院认定:

本案系股权转让纠纷再审审查案件,应当围绕杨某山的再审申请是否成立进行审查。本案应予重点审查的问题:佳家豪公司是否应负担其向杨某山支付的6 500万元款项产生的个人所得税。

本案中,杨某山主张案涉个人所得税应由佳家豪公司负担,其有义务提供证据证明双方之间存在关于该个人所得税由佳家豪公司负担的约定。现杨某山未提供充分的证据证明,佳家豪公司应在完成代扣代缴义务后再向其支付6 500万元的款项。在双方当事人并未约定案涉争议的6 500万元所涉个人所得税由谁负担的前提下,原判决认为,根据案涉合同的约定及履行情况,尚不足

---

[1] 参考资料来源:威科先行·法律信息库—案例—裁判文书:《杨某山、深圳市佳家豪投资发展有限公司股权转让纠纷其他民事民事裁定书》[(2021)最高法民申4455号]。

以认定双方就案涉个人所得税的负担达成由佳家豪公司负担的合意,并无不当。而《个人所得税代扣代缴暂行办法》(国税发〔1995〕65号,已于2016年5月29日废止)系国家税务总局为了加强对个人所得税代扣代缴工作的管理而制定的部门规章,系管理性规定,佳家豪公司未履行代扣代缴义务,并不能否定杨某山应承担纳税义务人的责任。同时,在双方当事人没有明确约定案涉个人所得税实际缴纳主体的情况下,原判决认定应当由法定纳税义务人杨某山承担案涉个人所得税,符合商事交易习惯的基本规则。故原判决认定,案涉个人所得税应由杨某山承担,并无不当。

2021年7月28日,最高院依法作出(2021)最高法民申4455号民事裁定:驳回杨某山的再审申请。

三、特别纳税调整

国家税务总局公告2014年第67号第十条和第十一条规定,股权转让收入应当按照公平交易原则确定,符合下列情形之一的,主管税务机关可以核定股权转让收入:①申报的股权转让收入明显偏低且无正当理由的;②未按照规定期限办理纳税申报,经税务机关责令限期申报,逾期仍不申报的;③转让方无法提供或拒不提供股权转让收入的有关资料;④其他应核定股权转让收入的情形。

其中,对于申报的股权转让收入明显偏低的情形,主管税务机关是否选择重新核定股权转让收入,关键取决于股权转让人是否有正当理由。

符合下列情形之一,视为股权转让收入明显偏低且有正当理由:

(1)能出具有效文件,证明被投资企业因国家政策调整,生产经营受到重大影响,导致低价转让股权。

司法裁判

股权交易价格变动　税务局拒退税败诉[1]

五莲县朔易天然气有限公司(以下简称朔易天然气)成立于2013年5月,注册资本2 000万元,注册地址位于山东省日照市五莲县解放路62号,主要经营范围为天然气技术的推广和服务,股东为王某、付某辉2人,其中,王某出资额1 560万元,占注册资本的78%,付某辉出资440万元,占注册资本的22%。

2015年1月28日,港华燃气投资有限公司(以下简称港华燃气)与王某、付某辉签订《关于外资并购五莲县朔易天然气有限公司的股权购买协议》,协议约定:港华燃气分别以60 342 857元和27 657 143元购买王某、付某辉持有的朔易天然气48%和22%的股权,王某的股权原值为960万元,付某辉的股权原值为440万元。

2015年4月24日,港华燃气作为股权转让个人所得税扣缴义务人,向五莲县税务局第二税务分局(以下简称第二税务分局)提交了《股权购买协议》、批准文件等相关资料,第二税务分局核查确认王某应交股权转让个人所得税10 142 537.11元,付某辉应交股权转让个人所得税4 648 662.89元,港华燃气代扣代缴了上述个人所得税。

2016年6月3日,港华燃气与王某、付某辉签订《关于〈外资并购五莲县朔易天然气有限公司的股权购买协议〉的修改协议》,该协议约定:因朔易天然气的特许经营区域减少,双方约定将股价转让价款由8 800万元调整为500万元。

2018年4月14日,王某、付某辉以股权转让未取得收益为由,向第二税务分局申请退还其已缴纳的个人所得税,第二税务分局审查认为王某、付某辉与港华燃气签订的补充修改协议不能作为税务机关退税的依据,王某、付某辉申

---

[1] 参考资料来源:威科先行·法律信息库—案例—裁判文书:《王某、国家税务总局五莲县税务局第二税务分局税务行政管理(税务)二审行政裁定书》[(2019)鲁11行终83号]、《付某辉、国家税务总局五莲县税务局第二税务分局税务行政管理(税务)二审行政裁定书》[(2019)鲁11行终84号]。

请退税不符合条件,据此于2018年5月14日依法作出《关于王某申请退税有关事项的答复》《关于付某辉申请退税有关事项的答复》。

王某、付某辉不服,于2018年7月12日向五莲县人民政府提出行政复议申请,五莲县人民政府审查受理后,根据《行政复议法》第十二条第二款、第十八条之规定,将复议案件移送五莲县税务局处理。

2018年9月29日,五莲县税务局依法作出莲税复决字〔2018〕1号、莲税复决字〔2018〕2号《税务行政复议决定书》,维持了《关于王某申请退税有关事项的答复》《关于付某辉申请退税有关事项的答复》。

王某、付某辉不服,上诉至五莲县人民法院(以下简称一审法院)。

经审理,2019年6月28日,一审法院依法作出(2018)鲁1121行初39号、(2018)鲁1121行初40号行政判决:

1.驳回王某、付某辉要求撤销第二税务分局2018年5月14日依法作出的《关于王某申请退税有关事项的答复》《关于付某辉申请退税有关事项的答复》的诉讼请求;

2.驳回王某、付某辉要求撤销五莲县税务局于2018年9月29日依法作出的莲税复决字〔2018〕1号、莲税复决字〔2018〕2号《税务行政复议决定书》的诉讼请求。

王某、付某辉不服,上诉至山东省日照市中级人民法院(以下简称二审法院)。

经审理,二审法院认定:

首先,一审法院对于被告主体认定错误,程序违法。本案中,第二税务分局的税务行政答复认为,股权转让合同未履行完毕,解除股权转让合同及补充协议等应由仲裁委员会作出合法有效的法律文书,其再根据仲裁委员会作出的裁决审核是否符合退税条件,故王某、付某辉与港华燃气之间签订的补充修改协议不能作为税务机关退税的依据。而五莲县税务局的行政复议决定认为,王某、付某辉申请退税的依据是双方签订的修改协议,该协议是缴纳个人所得税之后发生的行为。相关法律法规并没有规定税款征缴完毕后,基于新发生的情况而退税的情形,故决定维持第二税务分局作出的《关于王某申请退税有关事项的答复》《关于付某辉申请退税有关事项的答复》。《最高人民法院关于适用〈中华人民共和国行政诉讼法〉的解释》(法释〔2018〕1号)第二十二条第一款规定,复议机关改变原行政行为,是指复议机关改变原行政行为的处理结果。

综合分析上述税务行政答复及行政复议决定,上述行政复议决定虽在最后决定内容中表述为维持第二税务分局的《关于王某申请退税有关事项的答复》《关于付某辉申请退税有关事项的答复》,但从其行政复议决定的实质内容来看,其对王某、付某辉的退税申请作出了新的独立的判断,实质上完全改变了第二税务分局税务行政答复的处理结果。基于该情形,根据法释〔2018〕1号第一百三十四条第二款规定,不应将原行政行为机关与行政复议机关列为共同被告。一审法院应向王某、付某辉释明,告知其选择适格的被告。

其次,一审法院认定被告主体错误,导致本案基本事实认定不清。第二税务分局的税务行政答复处理结果为有条件地审核是否退税,而五莲县税务局的行政复议决定处理结果为退税申请不符合规定,不存在退税情形。第二税务分局的税务行政答复的处理结果与五莲县税务局行政复议决定的处理结果相互矛盾。法释〔2018〕1号第一百三十六条第一款规定,人民法院对原行政行为作出判决的同时,应当对复议决定一并作出相应判决。一审法院对原行政行为和行政复议行为均进行了审查并作出认定,认为原行政行为和行政复议行为均合法,从而驳回了王某、付某辉的诉讼请求。对于处理结果相互矛盾的原行政行为和行政复议行为,一审法院同时认定为合法,显然属于基本事实认定不清。

2019年11月15日,二审法院依法作出(2019)鲁11行终83号、(2019)鲁11行终84号行政裁定:(1)撤销(2018)鲁1121行初39号、(2018)鲁1121行初40号行政判决;(2)发回一审法院重审。

----

(2)继承或将股权转让给其能提供具有法律效力身份关系证明的配偶、父母、子女、

祖父母、外祖父母、孙子女、外孙子女、兄弟姐妹以及对转让人承担直接抚养或者赡养义务的抚养人或者赡养人。

东财资讯

婆媳之间具有赡养义务可视为股权转让收入明显偏低且有正当理由[1]

2022年1月18日,重庆望变电气(集团)股份有限公司(以下简称望变电气)发布《首次公开发行A股股票招股说明书(申报稿)》预披露:

第五节 望变电气基本情况

三、望变电气股本形成及其变化和重大资产重组情况

18. 2020年3月,望变电气股权托管后第一次股权转让

2020年3月7日,望变电气股东杨某英与秦某签署《股权转让协议》,双方约定杨某英将其持有的望变电气31.30万股股份转让给秦某。杨某英与秦某系婆媳关系,经双方访谈确认,秦某对杨某英具有赡养义务,双方协商确定转让价格为0。2020年3月11日,本次股权转让在重庆股份转让中心完成交易过户。

具体转让情况见下表。

转让方	受让方	股数(万股)	占比	价格(元/股)
杨某英	秦某	31.30	0.1253%	0.00

(3)相关法律、政府文件或企业章程规定,并有相关资料充分证明转让价格合理且真实的本企业员工持有的不能对外转让股权的内部转让。

---

[1] 参考资料来源:东方财富网—数据中心—公告大全—望变电气—公告正文;《重庆望变电气(集团)股份有限公司首次公开发行股票招股说明书(申报稿)》。

|||| **东财资讯** ||||||||||||||||||||||||||||||||||||||||||||||||||||||||

高某忠无偿让渡依依有限4%股权
实施员工激励获税务局免税认可[1]

2021年4月30日,天津市依依卫生用品股份有限公司(证券代码:001206,以下简称依依股份)发布《首次公开发行股票招股说明书》披露:

第五节 依依股份基本情况

三、依依股份股本的形成及重大资产重组情况

(一)股本形成及其变化情况

4. 2015年10月,天津市依依卫生用品有限公司(以下简称依依有限)第一次股权转让

为激发员工工作积极性,提高内部凝聚力,稳定关键员工队伍,依依有限决定对员工高某、周某娜实施股权激励。

2015年10月1日,依依有限召开股东会,会议同意高某忠将其持有的依依有限2%的出资转让给高某,转让出资额为30万元人民币;高某忠将其持有的依依有限2%的出资转让给周某娜,转让出资额为30万元人民币,其他股东放弃优先受让权。转让价格为0。同日,出让方高某忠与受让方高某、周某娜分别签署了《股权转让协议》。

高某忠作为依依股份的控股股东,向上述员工转让股权系以换取员工的服务为目的实施的以权益结算的股份支付。

截至2014年12月31日,依依股份经审计的归属于母公司的每股净资产为6.08元,依依股份已按经审计的归属于母公司的每股净资产作为股份支付的股权公允价值,并按照会计准则的要求作相应的会计处理,增加依依股份2015年度管理费用364.80万元,同时增加资本公积364.80万元。

---

[1] 参考资料来源:东方财富网—数据中心—公告大全—依依股份—公告正文:《依依股份:首次公开发行股票招股说明书》。

本次股权激励对象受让股份情况及当时任职情况如下表所示。

受让方	受让金额(万元)	出资比例	受让价格(元)	受让时任职
高某	30.00	2.00%	0	国际贸易部副总经理
周某娜	30.00	2.00%	0	财务部经理
合计	60.00	4.00%	0	—

2015年10月12日,依依有限就上述事宜完成工商变更登记。

本次股权转让完成后,依依有限的股权结构如下表所示。

序号	股东名称	出资金额(万元)	出资比例
1	高某忠	921.00	61.40%
2	卢某美	300.00	20.00%
3	高某	75.00	5.00%
4	卢某江	45.00	3.00%
5	杨某发	45.00	3.00%
6	王某英	30.00	2.00%
7	周某娜	30.00	2.00%
8	张某	18.00	1.20%
9	张某荣	12.00	0.80%
10	许某春	12.00	0.80%
11	毕某敬	12.00	0.80%
合计		1 500.00	100.00%

鉴于本次转让不涉及转让价款的实际支付,高某忠无需履行纳税义务。同时根据《关于完善股权激励和技术入股有关所得税政策的通知》(财税〔2016〕101号)的规定要求"一、对符合条件的非上市公司股票期权、股权期权、限制性股票和股权奖励实行递延纳税政策"之"(一)非上市公司授予本公司员工的股票期权、股权期权、限制性股票和股权奖励,符合规定条件的,经向主管税务机关备案,可实行递延纳税政策,即员工在取得股权激励时可暂不纳税,递延至转让该股权时纳税"。高某、周某娜就本次股权激励事项已向主管税务机关进行备案,且上述股权截至目前没有转出,亦无需履行纳税义务。

(4)股权转让双方能够提供有效证据证明其合理性的其他合理情形。

东财资讯

王某辉与李某明解除远翔新材股权代持关系获税务局不征税认可[1]

2022年2月18日,福建远翔新材料股份有限公司(以下简称远翔新材)发布《首次公开发行股票并在创业板上市招股说明书(上会稿)》预披露:

第五节 远翔新材基本情况

二、远翔新材设立以及股本和股东变化情况

(四)远翔新材历史上的股权代持情况

远翔新材历史上曾存在股权代持,具体情况如下:

2011年9月30日,福建远翔化工有限公司(以下简称远翔有限)全体股东召开股东会并作出决议,将注册资本由2 800万元增加至3 700万元,新增出资由王某辉认缴,出资方式为货币,增资价格为每注册资本1.70元。2011年11月17日,福州闽侯瑞辉联合会计师事务所出具瑞辉验字〔2011〕F-502号《验资报告》,确认截至2011年11月17日远翔有限已收到股东出资额1 530万元,其中900万元计入实收资本,630万元计入资本公积。2011年11月22日,远翔有限在福建省邵武市工商行政管理局完成了变更登记事宜并换发了新的《企业法人营业执照》。

一方面公司扩大生产规模需要增加公司注册资本,另一方面王某辉个人资金有限但又希望增加对公司的控制权,因此王某辉与李某明于2011年10月19日签订了《委托持股协议书》,约定王某辉将认缴的900万股中的370万股以同等条件让与李某明出资认缴,李某明委托王某辉作为其对远翔有限出资的名

---

[1] 参考资料来源:东方财富网—数据中心—公告大全—远翔新材—公告正文:《福建远翔新材料股份有限公司创业板首次公开发行股票招股说明书(上会稿)》。

义持有人,代其行使相关股东权利;委托持股期限为5年,自2011年11月1日至2016年11月1日;远翔有限力争在5年内进行公司上市,如协议期满未能实现上市,受托人回购委托人股份,委托人按投资额税后的15%年固定收益(包括现金股息、红利或其他收益分配,不足部分应补足)向受托人出售代表股份,受托人应在委托人书面提出后,1个月内向委托人回购。

2015年6月29日,远翔有限全体股东召开股东会并作出决议,同意股东王某辉将其持有远翔有限10.00%的股权(出资额370万元)转让给李某明,同日王某辉与李某明签署《股权转让协议》。2015年6月30日,远翔有限在福建省邵武市工商行政管理局完成了变更登记事宜并换发了新的《企业法人营业执照》。

因本次股权转让系股权代持还原,李某明未实际向王某辉支付股权转让款,故2020年11月24日邵武市税务局出具《证明》认定,2015年6月王某辉与李某明之间的股权变更系代持股权还原,不涉及缴纳个人所得税的问题。

通过本次股权转让,王某辉和李某明之间的股权代持关系解除。2021年2月5日,王某辉和李某明出具《关于委托持股相关事项的声明与承诺》确认,已解除双方签署的《委托持股协议》,终止了双方在该协议项下的全部权利义务;双方未实际执行《委托持股协议》第六条"特别条款"约定之回购事项,李某明承诺将来无权以任何理由要求王某辉履行该条款约定;自《委托持股协议》签署之日至解除之日,双方之间就协议的签署、履行均不存在任何争议、纠纷或潜在纠纷。

截至招股说明书签署日,远翔新材共有6名股东,其中5名为自然人股东,1名法人股东。除上述已披露的王某辉曾于2011年11月远翔有限增资时代李某明持有远翔有限370万元出资额(出资比例为10.00%)并于2015年6月完成股权代持还原外,远翔新材股东不存在其他代持、委托持股或其他协议安排的情况。

对于股权转让收入明显偏低且有正当理由的情形,主管税务机关应当认可股权转让人申报的股权转让收入。

‖‖‖‖ **东财资讯** ‖‖

姚甲向直系亲属平价转让兆龙有限40%股权实现合规节税[1]

2020年11月17日,浙江兆龙互连科技股份有限公司(证券代码:300913,以下简称兆龙互连)发布《首次公开发行股票并在创业板上市招股意向书》披露:

第五节　兆龙互连基本情况

三、兆龙互连报告期内股本、股东变化情况

报告期初期,兆龙互连股权结构如下表所示:

序号	股东姓名/名称	出资额(万元)	出资比例
1	姚甲	3 000.00	100.00%
	合计	3 000.00	100.00%

(一)2017年9月,第一次股权转让

2017年9月14日,兆龙有限之唯一股东姚甲作出决定,同意将其持有的兆龙有限20%股权(对应600万元出资额)作价600万元转让给姚某轩,将其持有的兆龙有限20%股权(对应600万元出资额)作价600万元转让给姚乙。2017年9月15日,姚甲与姚某轩、姚乙分别签订了《股权转让协议》。

2017年9月21日,德清县工商行政管理局向兆龙有限核发了变更后的《营业执照》。

本次股权转让完成后,兆龙有限的股权结构如下表所示。

---

[1] 参考资料来源:东方财富网—数据中心—公告大全—兆龙互连—公告正文:《兆龙互连:招股意向书》。

序号	股东姓名/名称	出资额(万元)	出资比例
1	姚甲	1 800.00	60.00%
2	姚某轩	600.00	20.00%
3	姚乙	600.00	20.00%
	合计	3 000.00	100.00%

1. 本次股权转让的原因

根据兆龙有限的工商资料,2017年9月14日,兆龙有限之唯一股东姚甲作出决定,同意将其持有的兆龙有限20%股权(对应600万元出资额)作价600万元转让给姚某轩,另将其持有的兆龙有限20%股权(对应600万元出资额)作价600万元转让给姚乙。2017年9月15日,姚甲与姚某轩、姚乙分别签订了《股权转让协议》。2017年9月21日,德清县工商行政管理局向兆龙有限核发了变更后的《营业执照》。经核查,姚某轩、姚乙已将股权转让价款支付给姚甲。

上述受让方中,姚乙系姚甲的胞弟,姚某轩系姚甲的父亲。根据姚甲的说明,上述股权转让系姚甲为了将兆龙有限的股权在其家族成员之间进行分配以共同享受企业发展的收益,并考虑税务筹划等因素而作出的安排。具体如下:

(1)姚甲兄弟三人,其胞兄儿子姚某涛、其胞弟姚乙均系姚甲主要家族成员。为了享受企业发展的收益,姚甲拟将兆龙有限的部分股权转让给姚某涛和姚乙。

(2)根据《股权转让所得个人所得税管理办法(试行)》的规定,特定亲属间的转让作价偏低视为有正当理由。为了进行合理的税收筹划,2017年9月,姚甲先将其部分股权转让给其父亲姚某轩及其胞弟姚乙,2017年10月,姚某轩再将其受让的股权转让给其孙子姚某涛,从而实现合理节税的目的。

2. 姚某轩、姚乙与姚甲存在关联关系,转让价格是否公允

根据前述可知,该次转让作价为1元/出资额。

《股权转让所得个人所得税管理办法(试行)》第十三条规定:符合下列条件之一的股权转让收入明显偏低,视为有正当理由:继承或将股权转让给其能提供具有法律效力身份关系证明的配偶、父母、子女、祖父母、外祖父母、孙子女、外孙子女、兄弟姐妹以及对转让人承担直接抚养或者赡养义务的抚养人或

者赡养人。

根据前述,该次转让的受让方中,姚乙系姚甲的胞弟,姚某轩系姚甲的父亲,与姚甲存在亲属关系,其转让作价偏低符合《股权转让所得个人所得税管理办法(试行)》规定的有正当理由的情形。根据德清县地方税务局新市税务分局2017年9月21日盖章确认的《个人股东变动情况表》,该局认为该次转让系"直系亲属间转让",认可了姚甲与姚乙、姚某轩之间以1元/出资额转让的行为。

符合下列情形之一,视为股权转让收入明显偏低且无正当理由:①申报的股权转让收入低于股权对应的净资产份额的。其中,被投资企业拥有土地使用权、房屋、房地产企业未销售房产、知识产权、探矿权、采矿权、股权等资产的,申报的股权转让收入低于股权对应的净资产公允价值份额的。②申报的股权转让收入低于初始投资成本或低于取得该股权所支付的价款及相关税费的。③申报的股权转让收入低于相同或类似条件下同一企业同一股东或其他股东股权转让收入的。④申报的股权转让收入低于相同或类似条件下同类行业的企业股权转让收入的。⑤不具合理性的无偿让渡股权或股份。⑥主管税务机关认定的其他情形。

对于股权转让收入明显偏低且无正当理由的情形,主管税务机关应当依次按照下列方法核定股权转让收入:

一是净资产核定法,股权转让收入按照每股净资产或股权对应的净资产份额核定。具体计算公式如下:

$$
\begin{matrix} 股权对应的 \\ 净资产 \\ 份额 \end{matrix} = \left(\begin{matrix} 发生股权 \\ 转让时的 \\ 公司净资产 \end{matrix} + \begin{matrix} 全部股东 \\ 应当缴纳的 \\ 剩余出资 \end{matrix} \right) \times \begin{matrix} 转让的 \\ 股权 \\ 份额 \end{matrix} - \begin{matrix} 受让方应当 \\ 缴纳的剩余 \\ 出资 \end{matrix}
$$

被投资企业的土地使用权、房屋、房地产企业未销售房产、知识产权、探矿权、采矿权、股权等资产占企业总资产比例超过20%的,主管税务机关可参照纳税人提供的具有法定资质的中介机构出具的资产评估报告核定股权转让收入。

6个月内再次发生股权转让且被投资企业净资产未发生重大变化的,主管税务机关可参照上一次股权转让时被投资企业的资产评估报告核定此次股权转让收入。

二是类比法：①参照相同或类似条件下同一企业同一股东或其他股东股权转让收入核定。②参照相同或类似条件下同类行业企业股权转让收入核定。③其他合理方法。

主管税务机关采用以上方法核定股权转让收入存在困难的，可以采取其他合理方法核定。

东财资讯

沙某岚、王某韵无偿让渡锋尚有限股权被税务局按照净资产核定征收个税[1]

2020年8月10日，北京锋尚世纪文化传媒股份有限公司（证券代码：300860，以下简称锋尚文化）发布《首次公开发行股票并在创业板上市招股说明书》披露：

二、锋尚文化设立情况以及报告期内股本和股东变化情况

第五节　锋尚文化基本情况

（六）锋尚文化历史沿革中存在的瑕疵及其规范情况

2007年9月，沙某岚、王某韵将持有的北京锋尚世纪文化艺术有限公司（以下简称锋尚有限）股权转让给北京金典文化艺术有限公司（以下简称金典文化），委托金典文化进行代持；2008年4月，金典文化将持有的锋尚有限的股权转让给沙某岚、王某韵，即对上述股权代持进行了还原。沙某岚、王某韵委托金典文化代为持有锋尚有限的股权系基于业务发展角度考虑，由于当时锋尚有限注册资本较小，拟通过未分配利润转增的方式增加注册资本，而法人股东就未分配利润转增注册资本无需缴纳相应税费。

根据沙某岚、王某韵和金典文化于2017年8月签署的《股权转让确认书》，确认因股权代持和股权代持还原发生的股权转让行为均为各方的真实意思表

---

[1] 参考资料来源：东方财富网—数据中心—公告大全—锋尚文化—公告正文：《锋尚文化：首次公开发行股票并在创业板上市招股说明书》。

示,沙某岚、王某韵与金典文化于 2007 年 9 月签署的《股权转让协议》及于 2008 年 4 月签署的《股份转让协议》均已履行完毕,上述股权转让实际属于委托持股及解除、还原代持股权,沙某岚、王某韵与金典文化均未向对方支付股权转让价款;各方确认,相互之间均不存在任何债权债务;截至全部委托持股关系解除时,锋尚有限股权权属明确、清晰,沙某岚、王某韵与金典文化未发生也不存在任何股权争议、纠纷及潜在争议、纠纷。

根据锋尚文化与主管税务机关的沟通,由于锋尚有限在以未分配利润转增注册资本时,其名义股东金典文化不存在纳税义务,主管税务机关无法在未分配利润转增注册资本环节向实际股东沙某岚、王某韵征收个人所得税。但由于沙某岚、王某韵在将其持有的锋尚有限股权转让给金典文化时,未及时申报纳税,主管税务机关认定应在股权转让环节按照锋尚有限当时净资产金额核定股权转让价格并向沙某岚、王某韵征收个人所得税。2018 年 10 月 15 日,沙某岚、王某韵就上述事项主动申报并缴纳了税款及滞纳金。2018 年 10 月 24 日,国家税务总局北京市东城区税务局出具《涉税情况说明》:鉴于沙某岚、王某韵就上述股权转让事项自行申报补缴个人所得税税款及滞纳金,对其不予行政处罚。

根据上海浦东发展银行股份有限公司北京东三环支行提供的银行回单,沙某岚、王某韵已于 2018 年 10 月 15 日向国家税务总局北京市东城区税务局申报缴纳税款及滞纳金合计 1 038.56 万元。其中,沙某岚应缴财产转让所得个人所得税 259.25 万元、滞纳金 519.67 万元;王某韵应缴财产转让所得个人所得税 86.42 万元、滞纳金 173.22 万元。从结果上来看,若主管税务机关在未分配利润转增注册资本环节向沙某岚、王某韵追缴个人所得税,其应补缴的个人所得税款项为 200.00 万元;而由于锋尚有限当时净资产大于未分配利润转增后的注册资本,沙某岚、王某韵实际补缴的个人所得税款项合计 345.67 万元,高于前述未分配利润转增注册资本环节的潜在纳税义务金额。

综上所述,上述委托持股解除不存在纠纷,沙某岚、王某韵不存在因该等事项被主管税务机关行政处罚的风险。

经核查,保荐机构、律师认为:沙某岚、王某韵与金典文化之间的委托持股关系已彻底解除,且未发生也不存在任何股权争议、纠纷及潜在争议、纠纷;沙某岚、王某韵就相关股权转让事项已自行申报补缴个人所得税税款及滞纳金,主管税务机关对其不予行政处罚,沙某岚、王某韵不存在因该等事项被主管税务机关行政处罚的风险,不构成发行上市的法律障碍。

四、征收管理

个人股权转让所得个人所得税,以股权转让方为纳税人,以受让方为扣缴义务人,以被投资企业所在地税务机关为主管税务机关。

|||| 政策链接 ||||

国家税务总局关于个人所得税偷税案件
查处中有关问题的补充通知

国税函〔1996〕602号

最近,一些省、市反映在个人所得税偷税案件的查处中,对违反税收法律、法规的纳税义务人、扣缴义务人及其他责任人,其法律责任应如何认定等问题,要求予以明确。按照《中华人民共和国税收征收管理法》(以下简称《税收征管法》)、《全国人民代表大会常务委员会关于惩治偷税抗税犯罪的补充规定》和《中华人民共和国个人所得税法》(以下简称《个人所得税法》)的有关规定,现明确如下:

……

三、关于扣缴义务人的认定

扣缴义务人的认定,按照个人所得税法的规定,向个人支付所得的单位和个人为扣缴义务人。由于支付所得的单位和个人与取得所得的人之间有多重支付的现象,有时难以确定扣缴义务人。为保证全国执行的统一,现将认定标准规定为:凡税务机关认定对所得的支付对象和支付数额有决定权的单位和个人,即为扣缴义务人。

……

国家税务总局
1996 年 9 月 17 日

根据《国家税务总局关于发布〈股权转让所得个人所得税管理办法(试行)〉的公告》第二十条规定,具有下列情形之一的,扣缴义务人、纳税人应当依法在次月15日内向主管税务机关申报纳税:

(1)受让方已支付或部分支付股权转让价款的。

(2)股权转让协议已签订生效的。

(3)受让方已经实际履行股东职责或者享受股东权益的。

(4)国家有关部门判决、登记或公告生效的。

(5)国家税务总局公告2014年第67号文件第三条第(四)项至第(七)项行为已完成的。

(6)税务机关认定的其他有证据表明股权已发生转移的情形。

政策链接

12366 每周咨询热点(20211129-20211203)[1]

发布时间:2021年12月03日 17时09分37秒

问:自然人股东转让股权,股权转让款分期支付,应如何缴纳个人所得税?

---

[1] 参考资料来源:国家税务总局深圳市税务局官网首页—政策文件—热点问答:《12366 每周咨询热点(20211129-20211203)》。

答：根据《国家税务总局关于发布〈股权转让所得个人所得税管理办法(试行)〉的公告》(国家税务总局公告2014年第67号)第二十条规定,具有下列情形之一的,扣缴义务人、纳税人应当依法在次月15日内向主管税务机关申报纳税：

(1)受让方已支付或部分支付股权转让价款的;

(2)股权转让协议已签订生效的;

(3)受让方已经实际履行股东职责或者享受股东权益的;

(4)国家有关部门判决、登记或公告生效的;

(5)本办法第三条第(四)至第(七)项行为已完成的;

(6)税务机关认定的其他有证据表明股权已发生转移的情形。

因此,股权转让款分期支付的,应在第一笔款项支付时按照全额申报缴纳个人所得税。

五、法律责任

根据现行《税收征收管理法》第六十三条第一款之规定,纳税人伪造、变造、隐匿、擅自销毁账簿、记账凭证,或者在账簿上多列支出或者不列、少列收入,或者经税务机关通知申报而拒不申报或者进行虚假的纳税申报,不缴或者少缴应纳税款的,属于偷税。对于纳税人偷税的,由税务机关追缴其不缴或者少缴的税款、滞纳金,并处不缴或者少缴的税款50%以上5倍以下的罚款;构成犯罪的,依法追究刑事责任。

个人股权转让所得个人所得税,作为股权转让方的纳税人采取欺骗、隐瞒手段,不缴或者少缴应纳税款,税务机关应当按照现行《税收征收管理法》第六十三条第一款之规定进行定性处理。

司法裁判

"鲍师傅"的如意算盘"落空记"[1]

根据相关线索,自2017年9月起,安徽省淮南市地方税务局稽查局(以下简称淮南市稽查局)分别对鲍某、李某转让G药业(安徽)有限公司(以下简称G公司)股权的相关涉税事项实施了专案检查。

经查,G公司系有限责任公司,鲍某于2017年2月17日之前担任G公司的法定代表人,直接持有G公司20%的股权,并通过李某代持G公司40%的股权。

2017年1月17日,鲍某、李某与殷某签订股权转让协议,将G公司51.09%的股权(其中李某持有40%的股权,鲍某持有11.09%的股权)转让给殷某,转让价格为7 000万元。

2017年1月至3月,殷某先后分6次转账给鲍某5 356万元,并一次性转账给李某1 644万元。

2017年2月15日,鲍某持虚假的《股权转让协议》到淮南市地方税务局经济开发区分局申报缴纳股权转让所得个人所得税,51.09%股份在虚假《股权转让协议》中仅作价326.0506万元。

2017年2月17日,G公司法定代表人变更为殷某。

2017年9月7日、11月2日,淮南市稽查局分别对鲍某、李某转让G公司股权的相关涉税情况进行检查,查明鲍某、李某存在进行虚假的纳税申报而少缴税款的违法事实。

2018年8月28日,淮南市稽查局依法作出淮南税稽处〔2018〕4号、淮南税稽处〔2018〕5号税务处理决定和淮南税稽罚〔2018〕2号、淮南税稽罚〔2018〕3号税务行政处罚决定,决定追缴李某少缴的个人所得税税款9 176 067.64元、

---

[1] 参考资料来源:威科先行·法律信息库—案例—裁判文书:《鲍某逃税罪二审刑事裁定书》[(2021)皖04刑终102号]。

印花税税款 26 123.6 元并处以罚款,追缴鲍某少缴的个人所得税税款 2 545 404.09 元、印花税税款 7 246.1 元并处以罚款。

2018 年 9 月 4 日,淮南市稽查局依法向鲍某、李某送达《税务处理决定书》和《税务行政处罚决定书》。

鲍某、李某未在法定期限内申请税务行政复议。

2018 年 9 月 20 日,淮南市稽查局依法向李某、鲍某送达《催告书》进行税款催缴,随后,鲍某、李某仅补缴税款共计 480 万元。

因李某在 G 公司持股 40% 是帮助鲍某代持,鲍某应作为实际纳税人缴纳李某所欠税款,2020 年 6 月 17 日,淮南市公安局对鲍某正式立案侦查。

截至 2021 年 2 月 26 日,鲍某已全额缴纳应纳个人所得税税款和 7 246.1 元罚款,但滞纳金和剩余罚款仍未缴纳。随后,淮南市大通区人民检察院以大检检一刑诉[2020]304 号起诉书指控鲍某犯逃税罪,向淮南市大通区人民法院(以下简称一审法院)提起公诉。

经审理,2021 年 3 月 15 日,一审法院依法作出(2021)皖 0402 刑初 5 号刑事判决:鲍某犯逃税罪,判处有期徒刑 4 年,并处罚金人民币 50 万元。

鲍某不服,上诉至淮南市中级人民法院(以下简称二审法院)。

经审理,二审法院认定:

鲍某将其持有的 G 公司股权转让他人后应当纳税 11 926 935.07 元,但是其采取欺骗、隐瞒手段进行虚假纳税申报,逃避缴纳税款 11 754 841.43 元,至案发时仍逃避缴纳税款 6 954 841.43 元,逃避缴纳税款数额巨大并且占应纳税额的 30% 以上,其行为已构成逃税罪,依法应予惩处。鲍某归案后能如实供述自己的罪行,补缴了全部税款,有悔罪表现,依法可以从轻处罚。原审判决认定事实清楚,适用法律正确,量刑适当,审判程序合法。

2021 年 4 月 28 日,二审法院依法作出(2021)皖 04 刑终 102 号刑事裁定:驳回上诉,维持原判。

根据现行《税收征收管理法》第六十九条之规定，扣缴义务人应扣未扣、应收而不收税款的，由税务机关向纳税人追缴税款，对扣缴义务人处应扣未扣、应收未收税款50%以上3倍以下的罚款。

东财资讯

*ST光一因未依法扣缴股权交易个税被税务局罚款350余万元[1]

2022年6月21日，光一科技股份有限公司（证券代码：300356，以下简称*ST光一）发布《关于公司收到南京税务局〈行政处罚事项告知书〉的公告》（编号：2022—050）披露：

*ST光一于2022年6月21日收到国家税务总局南京市税务局稽查局（以下简称南京税务局）下发的《税务行政处罚事项告知书》（宁税稽罚告〔2022〕1032号），主要内容如下：

光一科技：

对你（单位）的税收违法行为拟于2022年7月31日之前作出税务行政处罚决定，根据《税收征收管理法》第八条、《行政处罚法》第三十一条规定，现将有关事项告知如下：

1. 税务行政处罚的事实依据、法律依据及拟作出的处罚决定：

你单位于2015年6月根据江苏德能电力设计咨询有限公司股权转让协议收购江苏德能电力设计咨询有限公司股东唐明群股权，转让价格1 450万元，未代扣代缴股权转让个人所得税。

以上违法事实由你单位提供的相关记账凭证及附件、情况说明、股权转让协议等材料证明。

根据《税收征收管理法》第六十九条规定，因你单位已无法代扣代缴上述税

---

[1] 参考资料来源：东方财富网—数据中心—公告大全—*ST光一—公告正文：《*ST光一：关于公司收到南京税务局〈行政处罚事项告知书〉的公告》（编号：2022—050）。

款,对你单位应扣未扣个人所得税行为,拟处应扣未扣税款150%罚款计3 597 825元。

根据《重大税务案件审理办法》等规定,对你单位的违法行为最终处罚意见,将由南京税务局重大税务案件审理委员会审理决定。最终审理结论如涉及新的违法事实或者依据,我局将再次进行告知。

2. 你(单位)有陈述、申辩的权利。请在我局(所)作出税务行政处罚决定之前,到我局(所)进行陈述、申辩或自行提供陈述、申辩材料;逾期不进行陈述、申辩的,视同放弃权利。

3. 若拟对你单位罚款10 000元(含10 000元)以上,你(单位)有要求听证的权利。可自收到本告知书之日后5日内向本局书面提出听证申请;逾期不提出,视为放弃听证权利。

个人股权转让所得个人所得税,作为受让方的扣缴义务人,无论是法人还是个人,应扣未扣、应收而不收税款的,税务机关均应当按照现行《税收征收管理法》第六十九条之规定进行定性处理。

案件追踪

"买卖同盟"偷税 补税罚款上亿[1]

2017年8月,肖某春、林某、缪某权、张某元、吴某雄、徐某雄、温某保7人分别向吴某佺转让各自持有的"西安华东万和城项目"(该项目由四家关联企业组

---

[1] 参考资料来源:国家税务总局陕西省税务局官网首页—信息公开—政府信息公开—法定主动公开内容—通知公告:《国家税务总局陕西省税务局稽查局税务行政处罚事项告知书》(陕税稽罚告〔2020〕3号—陕税稽罚告〔2020〕10号)。

成:陕西协鑫商业运营管理有限公司注册资金2 000万元、陕西华东金城物业管理有限公司注册资金500万元、陕西万和商业运营管理有限公司注册资金500万元、陕西华东金城投资发展有限公司注册资金3 000万元)相关股权时,签订的相关股权转让协议约定:为降低交易双方股权转让价款的税费负担,交易双方议定的股权价款为溢价款,在工商机关办理变更登记时使用的股权转让协议另行签订,登记转让价款按照注册认缴资金等额(肖某春840万元、林某630万元、缪某权250万元、张某元410万元、吴某雄410万元、徐某雄410万元、温某保830万元)转让,但交易双方实际转让价款以实际转让协议约定为准。

在西安市工商行政管理局新城分局办理"西安华东万和城项目"相关股权变更登记时,肖某春、林某、缪某权、张某元、吴某雄、徐某雄、温某保、吴某佺8人为了达到不缴应纳税款的目的,使用另行签订的登记转让价款按照注册认缴资金等额转让的虚假协议进行股权变更登记,并于2017年9月完成了在工商局的股东变更登记。

在实际股权转让时,肖某春、林某、缪某权、张某元、吴某雄、徐某雄、温某保7人分别与受让方吴某佺签订的7份股权转让协议,转让总金额为26 910万元(其中,肖某春转让金额为8 190万元、林某转让金额为4 680万元、缪某权转让金额为1 950万元、张某元转让金额为2 730万元、吴某雄转让金额为2 730万元、徐某雄转让金额为2 730万元、温某保转让金额为3 900万元)。

2017年9月,吴某佺按照签订的相关七份实际股权转让协议,将上述款项26 910万元,采取银行转账方式或冲抵债务的方式,分别支付给向肖某春、林某、缪某权、张某元、吴某雄、徐某雄、温某保7人。吴某佺在支付给肖某春、林某、缪某权、张某元、吴某雄、徐某雄、温某保7人股权转让所得时,未办理以上7人的个人所得税全员全额扣缴申报。

2020年9月,国家税务总局陕西省税务局稽查局分别对转让方肖某春、林某、缪某权、张某元、吴某雄、徐某雄、温某保7人和受让方吴某佺作出税务处理和税务行政处罚决定:

1.对转让方肖某春追缴少缴的印花税税款40 950元;处少缴印花税税款一倍的罚款40 950元;追缴少缴的个人所得税税款14 691 810元;处少缴个人所

得税税款一倍的罚款 14 691 810 元。

2. 对转让方林某追缴少缴的印花税税款 23 400 元;处少缴印花税税款一倍的罚款 23 400 元;追缴少缴的个人所得税税款 8 095 320 元;处少缴个人所得税税款一倍的罚款 8 095 320 元。

3. 对转让方缪某权追缴少缴的印花税税款 9 750 元;处少缴印花税税款一倍的罚款 9 750 元;追缴少缴的个人所得税税款 3 398 050 元;处少缴个人所得税税款一倍的罚款 3 398 050 元。

4. 对转让方张某元追缴少缴的印花税税款 13 650 元;处少缴印花税税款一倍的罚款 13 650 元;追缴少缴的个人所得税税款 4 637 270 元;处少缴个人所得税税款一倍的罚款 4 637 270 元。

5. 对转让方吴某雄追缴少缴的印花税税款 13 650 元;处少缴印花税税款一倍的罚款 13 650 元;追缴少缴的个人所得税税款 4 637 270 元;处少缴个人所得税税款一倍的罚款 4 637 270 元。

6. 对转让方徐某雄追缴少缴的印花税税款 13 650 元;处少缴印花税税款一倍的罚款 13 650 元;追缴少缴的个人所得税税款 4 637 270 元;处少缴个人所得税税款一倍的罚款 4 637 270 元。

7. 对转让方温某保追缴少缴的印花税税款 19 500 元;处少缴印花税税款一倍的罚款 19 500 元;追缴少缴的个人所得税税款 6 136 100 元;处少缴个人所得税税款一倍的罚款 6 136 100 元。

8. 对受让方吴某佺追缴少缴的印花税税款 134 550 元;处少缴印花税税款一倍的罚款 134 550 元;处应扣未扣个人所得税税款一倍的罚款 139 237 470 元。

在这里,作为受让方的扣缴义务人,应扣未扣、应收而不收税款,税务机关按照现行《税收征收管理法》第六十九条之规定,向作为转让方的纳税人追缴个人股权转让所得个人所得税的同时,不应加收滞纳金。

政策链接

国家税务总局关于行政机关应扣未扣个人所得税问题的批复

国税函〔2004〕1199号

广西壮族自治区地方税务局：

你局《关于行政机关应扣未扣个人所得税法律责任问题的请示》（桂地税报〔2004〕45号）收悉，经研究，现批复如下：

一、关于个人所得税扣缴义务人的认定问题

根据《中华人民共和国个人所得税法》（以下简称《个人所得税法》）第八条规定，行政机关是个人所得税的扣缴义务人，其向职工支付工资、奖金、补贴及其他工资薪金性质的收入，应依法代扣代缴个人所得税。

二、关于扣缴义务人应扣未扣税款的法律责任问题

2001年5月1日前，对扣缴义务人应扣未扣税款，适用修订前的《中华人民共和国税收征收管理法》（以下简称《征管法》），由扣缴义务人缴纳应扣未扣税款；2001年5月1日后，对扣缴义务人应扣未扣税款，适用修订后的《征管法》和《国家税务总局关于贯彻〈中华人民共和国税收征收管理法〉及其实施细则若干具体问题的通知》（国税发〔2003〕47号），由税务机关责成扣缴义务人向纳税人追缴税款，对扣缴义务人处应扣未扣税款百分之五十以上三倍以下的罚款。

三、关于应扣未扣税款是否加收滞纳金的问题

按照《征管法》规定的原则，扣缴义务人应扣未扣税款，无论适用修订前还是修订后的《征管法》，均不得向纳税人或扣缴义务人加收滞纳金。

国家税务总局

二〇〇四年十一月一日

同时应注意的是,上述不予加收滞纳金的规定仅适用于扣缴义务人应扣未扣、应收而不收税款的情形。

|||| 政策链接 ||||||||||||||||||||||||||||||||||||||||||||||||||||||||||||||||||||||||||

广东省地方税务局关于扣缴义务人
应扣未扣个人所得税滞纳金问题的批复

粤地税函〔2006〕226号

汕头市地方税务局:

你局《关于扣缴义务人应扣未扣个人所得税滞纳金问题的请示》收悉。经研究,现批复如下:

按照修订后的《中华人民共和国税收征收管理法》(以下简称《征管法》)第六十九条"扣缴义务人应扣未扣、应收而不收税款的,由税务机关向纳税人追缴税款,对扣缴义务人处应扣未扣、应收未收税款百分之五十以上三倍以下的罚款"以及修订前的《征管法》第四十七条"扣缴义务人应扣未扣、应收未收税款的,由扣缴义务人缴纳应扣未扣、应收未收税款"的规定,对于扣缴义务人应扣未扣税款的,无论适用修订前还是修订后的《征管法》,均不能向纳税人或扣缴义务人加收滞纳金。

广东省地方税务局
2006年04月28日

|||||||||||||||||||||||||||||||||||||||||||||||||||||||||||||||||||||||||||||||||

对于扣缴义务人已扣未缴、已收未缴税款的,税务机关应当按照现行《税收征收管理法》第三十二条之规定进行定性处理,即纳税人未按照规定期限缴纳税款的,扣缴义务人未按照规定期限解缴税款的,税务机关除责令限期缴纳外,从滞纳税款之日起,按日加收

滞纳税款万分之五的滞纳金。

六、追征期限

根据现行《税收征收管理法》第五十二条第二款之规定,因纳税人、扣缴义务人计算错误等失误,未缴或者少缴税款的,税务机关在3年内可以追征税款、滞纳金;有特殊情况的,追征期可以延长到5年。

纳税人、扣缴义务人计算错误等失误,是指非主观故意的计算公式运用错误以及明显的笔误。

特殊情况,是指纳税人或者扣缴义务人因计算错误等失误,未缴或者少缴、未扣或者少扣、未收或者少收税款,累计数额在10万元以上的。

|||| 司法裁判 ||||||||||||||||||||||||||||||||||||||||||||||||||||||||||||||||||||||||||||||||||||||||||||

税款追征期的"孰是"与"孰非"[1]

2019年7月9日,国家税务总局淄博市税务局第二稽查局(以下简称淄博市第二稽查局)接到张某松的实名检举,检举材料称:"刘某江、刘某蕊共收到5 500万元股权转让费,除去出资和别的费用900多万元,他们共获得红利4 500多万元,需要缴纳个人所得税900多万元。"

根据上述实名检举线索,2019年7月23日,淄博市第二稽查局分别对刘某江、刘某蕊转让淄博曼乔纺织用品有限公司(原淄博银龙实业有限公司)、淄博银仕来纺织有限公司和淄博博山银杉化纤有限公司100%股权的相关涉税事项实施了专案检查。

检查人员调取了淄博银龙实业有限公司、淄博银仕来纺织有限公司和淄博

---

[1] 参考资料来源:威科先行·法律信息库—案例—裁判文书:《张某松 国家税务总局淄博市税务局第二稽查局税务行政管理(税务)二审行政判决书》[(2021)鲁03行终52号]。

博山银杉化纤有限公司相关账簿、记账凭证,淄博银龙实业有限公司资本变动情况审计报告,淄博高新技术产业开发区人民法院《民事调解书》《说明》《过付款收据》,上述三家公司与刘某、刘某江、刘某蕊签订的《协议书》,刘某江、刘某蕊与刘某签订的《股权转让协议书》,刘某江与刘某签订的《股权转让协议书》,上述三家公司的《股东会决议》等相关资料。

经查发现,刘某江、刘某蕊于2008年4月29日与刘某签订股权转让协议,将其所持淄博银龙实业有限公司、淄博银仕来纺织有限公司和淄博博山银杉化纤有限公司的全部股权(含登记股权)转让给刘某,淄博银龙实业有限公司、淄博银仕来纺织有限公司、淄博博山银杉化纤有限公司及刘某自2008年5月19日至2012年12月31日向刘某江支付包括但不限于其投入到淄博银龙实业有限公司、淄博银仕来纺织有限公司、淄博博山银杉化纤有限公司的各项投资款、集资款、借款、刘某江以车队名义借给上述三家公司的款项5 500万元。

2008年7月15日,刘某江对于其持有的淄博曼乔纺织用品有限公司、淄博博山银杉化纤有限公司的股权在工商登记部门办理完毕股东变更登记手续。

案件涉及的股权转让行为发生于2008年4月29日,股东变更手续于2008年7月15日在工商登记部门办理,转让款项支付于2012年12月31日完成,刘某江、刘某蕊转让股权获得收入未申报纳税期间已经超过追征期限5年的最长期限。因此,根据现行《税收征收管理法》第五十二条第二款之规定,淄博市第二稽查局对刘某江、刘某蕊未缴个人所得税作出不予追征的调查处理决定。

2019年11月14日,淄博市第二稽查局制作《关于"刘某江与其妻刘某蕊股权转让涉税举报案件"调查核实报告》,并于2019年11月18日通过电话向张某松告知调查处理的决定。

张某松不服,上诉至淄博市淄川区人民法院(以下简称一审法院)。

经审理,一审法院依法作出(2020)鲁0302行初54号行政判决:驳回张某松的诉讼请求。

张某松不服,上诉至淄博市中级人民法院(以下简称二审法院)。

经审理,二审法院认定:张某松向淄博市第二稽查局提出的检举事项系针对刘某江、刘某蕊夫妻未对转让股权收入进行申报纳税的行为,属于《税收征收管理法》第六十四条第二款规定的"纳税人不进行纳税申报,不缴或者少缴应纳税款的"情形,不属于该法第五十二条第三款规定的可无限期追征的偷税、抗税、骗税情形,对该未进行纳税申报导致不缴或者少缴应纳税款情形的追征期限应为3年,特殊情况可以延长至5年。张某松检举所涉的股权转让、股东变更登记以及支付转让款等行为发生在2008年至2012年期间,而张某松向淄博市第二稽查局提出检举的时间是2019年6月,此时,已经超过5年的最长追征期限,淄博市第二稽查局作出不予追征的决定,事实清楚,符合法律规定。淄博市第二稽查局依据《税收违法行为检举管理办法》第三十条的规定,口头告知张某松处理情况与查处结果,亦不违反法定程序。综上,一审法院判决驳回张某松的诉讼请求,认定事实清楚,适用法律正确,审判程序合法,张某松的上诉理由不能成立,依法不予支持。

2021年3月29日,二审法院依法作出(2021)鲁03行终52号行政判决:驳回上诉,维持原判。

根据现行《税收征收管理法》第五十二条第三款之规定,对偷税、抗税、骗税的,税务机关追征其未缴或者少缴的税款、滞纳金或者所骗取的税款,不受前款规定期限的限制。也就是说,对个人转让股权未缴或者少缴税款的行为被定性为偷税的,税务机关可以无限期追征转让方未缴或者少缴的税款。

||||案件追踪||||

撕开"阴阳合同"掩盖下的逃税伪装

根据相关线索,2020年9月,Z市税务局稽查局对C科技有限公司(以下简称 C 公司）股权变动的相关涉税事项实施了专案检查。

根据检查预案，稽查人员分别向市场监管部门、主管税务机关调取了 C 公司备案的股权转让协议、个人股东变动情况报告表和个人所得税纳税申报表等涉税资料。

相关资料显示，C 公司成立于 2011 年 7 月，实收资本 2 800 万元，主要从事计算机软件的设计与开发。股东为包某、谭某等 3 人。其中，包某为 C 公司法定代表人及第一大股东，持股比例 51%。

2013 年 1 月，包某、谭某等 3 人将其所持 C 公司 100% 股权转让给张某、刘某等 3 人，交易双方签订了股权转让协议并在工商部门完成了股权变更登记。股权转让协议书中注明，股权转让价款为 2 300 万元。当时，主管税务机关认为转让价格不合理，按照净资产核定法，核定此次股权转让价格为 3 200 万元，并据此向包某、谭某等 3 人征收个人所得税 40 万元。

实收资本 2 800 万元的高科技公司，却以 2 300 万元的低价转让，其中必有蹊跷。

稽查人员随即调取了 C 公司对公账户，以及股权交易双方 6 名当事人的个人银行账户流水信息。经过分析发现，股权交易双方 6 名当事人之间存在 9 000 万余元的资金往来。

结合以往案件经验，稽查人员判断，包某、谭某等 3 人涉嫌采取与股权受让方订立"阴阳合同"的方式，逃避缴纳股权转让所得个人所得税。

确认包某、谭某等 3 人在转让 C 公司股权过程中具有偷逃个人所得税的重大嫌疑后，案件后续怎么推进、如何向涉案人员追缴税款成为关键。

由于 C 公司的股权变更登记时间为 2013 年 1 月，Z 市税务局稽查局立案检查的时间为 2020 年 9 月，因此，部分稽查人员在案情研讨时提出，C 公司的股权变动以自然人股权交易的形式进行，交易双方没有账簿，股权受让方为扣缴义务人，无法从记账凭证等方面进行调查和取证。同时，现行《税收征收管理法》第五十二条规定："因税务机关的责任，致使纳税人、扣缴义务人未缴或者少缴税款的，税务机关在三年内可以要求纳税人、扣缴义务人补缴税款，但是不得加收滞纳金。因纳税人、扣缴义务人计算错误等失误，未缴或者少缴税款的，税务机关在三年内可以追征税款、滞纳金；有特殊情况的，追征期可以延长到五年。"依照这一规定，这起自然人之间股权交易所涉及的税收违法行为，已超过5年追征期。

但更多的稽查人员则认为，C公司股权的转让方为纳税人，受让方为扣缴义务人，受让方具有法定代扣代缴义务。但从这起交易的纳税申报记录，以及相关人员银行流水信息等情况看，转让方主动进行了纳税申报，这一举动有违常规。并且，转让方和受让方涉嫌隐匿收入和虚假纳税申报，这些行为存在明显的主观故意。

因此，根据现行《税收征收管理法》第六十三条对于纳税人偷税的定性条款，以及现行《税收征收管理法》第五十二条第三款规定："对偷税、抗税、骗税的，税务机关追征其未缴或者少缴的税款、滞纳金或者所骗取的税款，不受前款追征期规定期限的限制。"税务机关对包某、谭某等3人追缴少缴税款不受追征期限制。

随后，稽查人员立即约谈了张某、刘某等3名股权受让人，向其出示了调查证据。稽查人员向张某、刘某等3人表示，不配合税务机关检查，逃避缴纳税款数额巨大，情节严重将会承担相应的法律责任。

面对证据，张某、刘某等3人承认了与包某、谭某等3人签订"阴阳合同"，逃避缴纳税款的违法事实。张某、刘某等3人称，双方签订了两份协议，股权实际转让价格为9 600万元。

至此，案情基本水落石出。稽查人员对包某、谭某等3人进行了约谈。面对证据，包某、谭某等3人最终承认了与张某、刘某等3人签订"阴阳合同"，隐匿股权转让收入7 300万元，逃避缴纳个人所得税的违法事实。

最终，包某、谭某等3人在接到Z市税务局稽查局的处理意见后，依法补缴了个人所得税和罚款。

七、收回股权

办理股权变更登记是股权交易行为完成的重要标志,这已经成为越来越多税务人的共识。然而在实务中,经常也会遇到股权变更登记办理完毕以后,交易双方出于特殊目的考虑,主动解除股权转让合同,撤销股权交易行为的情况。那么,对于转让方已经实际申报缴纳的股权转让所得个人所得税是否可以申请主管税务机关退税呢?笔者认为,此时应当区分两种情形,分别进行税务处理。

第一种情形:对于股权转让合同履行完毕、股权已作变更登记,且所得已经实现的,转让人取得的股权转让收入应当依法缴纳个人所得税。转让行为结束后,当事人双方签订并执行解除原股权转让合同、退回股权的协议,是另一次股权转让行为,对前次转让行为征收的个人所得税款不予退回。

|||| 东财资讯 ||||

恺英网络终止收购浙江九翎交易双方平均分担2亿个税[1]

2018年5月30日,恺英网络股份有限公司(证券代码:002517,以下简称恺英网络)发布《关于全资子公司收购浙江九翎网络科技有限公司部分股权的公告》(编号:2018—043)披露:

恺英网络全资子公司上海恺英网络科技有限公司(以下简称上海恺英)拟通过支付现金方式收购周某、黄某、李某韵和张某所持浙江九翎网络科技有限公司(以下简称浙江九翎)70%的股权,交易对价为10.64亿元。

交易双方于2018年5月28日签署《股权转让协议》,周某、黄某、李某韵和张某承诺于本次股权转让完成后12个月期间届满前按照法律规定的合法方式

---

[1] 参考资料来源:东方财富网—数据中心—公告大全—恺英网络—公告正文:《恺英网络:关于全资子公司收购浙江九翎网络科技有限公司部分股权的公告》(编号:2018—043)。

投入不低于人民币 5 亿元的资金购买恺英网络股票。

2020 年 4 月 2 日,恺英网络发布《关于签署浙江九翎网络科技有限公司股权转让协议之终止协议暨关联交易的公告》(编号:2020—032)披露:

根据原协议约定,原股东应在 2018 年股权转让完成后的 12 个月期间届满前(2019 年 6 月 27 日前),投入不低于人民币 5 亿元的资金购买恺英网络股票。但股权转让完成后 12 个月期间届满时,原股东仅投入人民币 1.06 亿元购买恺英网络股票,尚有人民币 3.94 亿元未履行买入义务。为尽快解决争议,恺英网络多次与原股东进行磋商,并拟定《股权转让协议之补充协议(二)》,拟与原股东协商调整股票买入义务的履行计划,但除周某已签署《股权转让协议之补充协议(二)》并向上海恺英支付 300 万元补偿金之外,李某韵、张某、黄某均拒绝签署《股权转让协议之补充协议(二)》。

上海恺英就请求判令李某韵、张某、黄某履行原协议约定等事项向浙江省杭州市中级人民法院(以下简称杭州中院)提起诉讼。2020 年 1 月 17 日,上海恺英收到杭州中院的案件受理通知书[(2020)浙 01 民初 94 号],杭州中院正在审理当中。

为了妥善解决上海恺英与原股东的纠纷,且鉴于浙江九翎存在多起未结重大仲裁诉讼案件,可能在未来无法持续经营,前期签署的《股权转让协议》之目的不可实现,为了维护恺英网络及投资者利益,上海恺英与原股东磋商,拟签署《关于浙江九翎网络科技有限公司股权转让协议之终止协议》,约定原股权转让协议及相关协议终止履行:上海恺英将其持有的浙江九翎股权返还给原股东,原股东向上海恺英返还股权转让价款 960 837 408 元。

根据原协议约定,目标股权的转让价格为人民币 10.64 亿元,且上海恺英已将股权转让价款全额支付给原股东。因股权转让价款涉及缴纳个人所得税,原股东就股权转让价款总计承担个人所得税 206 325 184 元,原股东实际得到的款项为人民币 857 674 816 元。考虑所得税实际已经缴纳且其金额巨大,基于公平原则,交易双方确定原股东缴纳的个人所得税 206 325 184 元由交易双方平均分担,上海恺英承担 103 162 592 元个人所得税,即原股东实际应向上海恺英返还的股权转让价款为 960 837 408 元。

第二种情形:对于股权转让合同未履行完毕,因执行仲裁委员会作出的解除股权转让合同及补充协议的裁决、停止执行原股权转让合同,并原价收回已转让股权的,由于其股权转让行为尚未完成、收入未完全实现,随着股权转让关系的解除,股权收益不复存在,根据《个人所得税法》和《税收征收管理法》的有关规定,以及从行政行为合理性原则出发,纳税人不应缴纳个人所得税。

东财资讯

华民股份终止股权收购获税务局退还个税近 3 500 万元[1]

2020 年 4 月 4 日,湖南华民控股集团股份有限公司(证券代码:300345,以下简称华民股份)发布《关于深圳证券交易所年报问询函的回复公告》(编号:2020—046)披露:

1. 2017 年、2018 年,华民股份连续两年亏损。2018 年年末,华民股份对应收深圳双十科技有限公司、深圳市银浩自动化设备有限公司、深圳眼千里科技有限公司的 7 467.59 万元预付股权转让款计提坏账准备 4 136.87 万元,原因是"预计无法全部收回,华民股份已通过法律途径冻结部分资产"。2019 年,华民股份盈利 4 796.95 万元,因转回上述坏账准备形成收益 4 136.87 万元。请结合上述三家公司预付股权转让款形成的背景、具体的催收情况、交易对手方财务状况、还款的具体时间等,详细说明一年内对其计提坏账准备又转回的合理性,华民股份 2018 年计提坏账准备是否谨慎合理,是否存在调节利润规避暂停上

---

[1] 参考资料来源:东方财富网—数据中心—公告大全—华民股份—公告正文:《红宇新材:关于深圳证券交易所年报问询函的回复公告》(编号:2020—046)。

市的情形。

回复：

(1) 深圳三公司预付股权转让款形成的背景

2017年6月14日和2017年6月30日，华民股份召开第三届董事会第十六次会议和2017年第一次临时股东大会，审议同意华民股份分别以现金13 341.67万元、13 334.17万元、13 332.17万元收购深圳眼千里科技有限公司、深圳双十科技有限公司、深圳市银浩自动化设备有限公司（以下分别简称眼千里、双十、银浩，合称深圳三公司）各50.01%的股权。2017年7月，华民股份按照《股权收购协议》分别预付了眼千里、双十、银浩三家公司第一笔股权转让款2 668.33万元、2 666.83万元、2 666.43万元，共计8 001.59万元，并于2017年7月17日、7月19日、7月21日，分别完成了三家公司的股权过户手续及相关工商变更登记。

受金融政策的变化及经济下行的影响，收购事项无法继续履行，2018年4月20日和2018年5月14日，华民股份召开第三届董事会第二十四次会议和2017年度股东大会，审议同意华民股份终止收购深圳三公司各50.01%股权的事项。根据《终止协议》，华民股份与深圳三公司股东将股权及预付股权转让款项相互返还至恢复原状，协议相关约定不再履行，同时，因上述股权收购或终止事宜造成双方所涉及的相关税费由华民股份承担（包括但不限于个人所得税、印花税、滞纳金、罚款等）。2018年5月24日，华民股份根据协议将收购的股权返还并变更登记至深圳三公司股东名下，但深圳三公司股东并没有按协议约定退还预付股权转让款。截至2018年12月31日，深圳三公司累计已到期未退还预付股权转让款3 766.80万元，未到期未退还预付股权转让款3 700.79万元，合计7 467.59万元。

具体的催收情况如下：

深圳三公司事宜涉及金额巨大，华民股份对此非常重视，组织专人多次采取现场、发函、邮件、电话、短信等方式进行催收，在多次催收无果的情况下，华民股份于2018年11月27日向湖南省宁乡市人民法院提请诉讼，并申请财产保全。2019年3月,在宁乡市人民法院调解下,各方达成一致,根据《民事调解书》,明确了深圳三公司股东继续支付华民股份剩余的预付股权转让款合计7 467.59万元,并另行支付资金占用费158.72万元,如发生相关税费仍然由华民股份承担。

2019年4月26日,华民股份及深圳三公司股东收到当地税务部门下发的《税务事项通知书》,深圳三公司部分股东(眼千里股东、双十股东共6人)依据《税务事项通知书》将应退还华民股份的预付股权转让款作为其股权转让个人所得税税款缴纳至当地税务部门,共计3 497.19万元。根据《民事调解书》,本次收购终止属于未完成的交易事项,为收回上述款项,在近半年的时间里,华民股份派专人常驻深圳,与当地税务部门详细汇报了华民股份与深圳三公司股东关于股权收购终止事宜的发展过程及相关情况,并就此类情况下缴纳个人所得税是否合理进行了反复、深入的研讨交流,并且,前往国家税务总局汇报交易情况并咨询相关政策。

2019年5月和2019年7月,深圳三公司缴税股东提出退税申请,当地税务部门于2019年8月下发同意退税通知。2019年8月20日,相关股东收到退税款并将所退税款共计3 497.19万元支付至华民股份;2019年9月2日,其余股东将应退还款项支付至华民股份,最终华民股份共计收到深圳三公司退还的全部预付股权转让款及资金占用费合计7 663.13万元。

第二节 转让非上市公众公司股票的税务处理

为更好地发挥金融对经济结构调整和转型升级的支持作用,进一步拓展民间投资渠道,充分发挥全国中小企业股份转让系统(以下简称新三板)缓解中小微企业融资难的功能,2013年12月13日,国务院发布《关于全国中小企业股份转让系统有关问题的决定》(国发〔2013〕49号),明确规定国务院有关部门应当加强统筹协调,为中小微企业利用新三板发展创造良好的制度环境。市场建设中涉及税收政策的,原则上比照上市公司投资者的税收政策处理。

然而在实务中,公司成功挂牌新三板成为非上市公众公司后,个人抛售新三板挂牌公司股票,是否需要缴纳个税,各地税务机关的执法口径并不一致。

为促进新三板长期稳定发展,2018年11月30日,财政部、国家税务总局和证监会联合发布《关于个人转让全国中小企业股份转让系统挂牌公司股票有关个人所得税政策的通知》(财税〔2018〕137号)。

财税〔2018〕137号文件明确规定:

(1)自2018年11月1日(含)起,对个人转让新三板挂牌公司非原始股取得的所得,暂免征收个人所得税。

上述所称非原始股是指个人在新三板挂牌公司挂牌后取得的股票,以及由上述股票孳生的送、转股。

|||| 东财资讯 ||||||||||||||||||||||||||||||||||||||||||||||||||||||||||||||||||||||||

陆某明转让翔楼新材定增股份获免征个税[1]

2021年10月21日,苏州翔楼新材料股份有限公司(以下简称翔楼新材)发布《关于苏州翔楼新材料股份有限公司首次公开发行股票并在创业板上市申请文件的审核问询函的回复》预披露:

18.关于报告期新增股东

申报材料显示,报告期内,翔楼新材进行了4次增资或发行新股,3次股权转让。2017年7月增资股东中,沈某林为翔楼新材原有股东,与翔楼新材股东、实际控制人、董事长钱某生为表兄弟关系,现任翔楼新材董事、副总经理,钱某根为翔楼新材员工。2018年10月增资股东中,曹某于2018年4月12日起在

---

[1] 参考资料来源:东方财富网—数据中心—公告大全—翔楼新材—公告正文:《1-1发行人及保荐机构关于第一轮审核问询函的回复意见(更新2021年半年报)(豁免版)(苏州翔楼新材料股份有限公司)》。

翔楼新材担任董事。

请翔楼新材：

(2)补充披露2018年10月陆某明增资翔楼新材2018年11月即退股、2018年10月奚某凤受让股权的原因；翔楼新材历史上退出的自然人股东和现有自然人股东与翔楼新材及其关联方是否存在关联关系，是否持有翔楼新材客户或者供应商的权益，是否存在股权纠纷或潜在纠纷。

回复：

二、补充披露2018年10月陆某明增资翔楼新材2018年11月即退股、2018年10月奚某凤受让股权的原因；翔楼新材历史上退出的自然人股东和现有自然人股东与翔楼新材及其关联方是否存在关联关系，是否持有翔楼新材客户或者供应商的权益，是否存在股权纠纷或潜在纠纷。

(一)陆某明转让其持有的翔楼新材股份原因

2018年2月6日，陆某明与翔楼新材签署《苏州翔楼新材料股份有限公司定向发行股份认购协议》，认购翔楼新材30万股股份，并于2018年4月20日向翔楼新材支付了全额投资款。2018年10月31日，翔楼新材完成本次非公开发行股票所涉工商变更登记手续。2018年11月12日，陆某明与苏州甘临投资合伙企业(有限合伙)(以下简称苏州甘临)签署《苏州翔楼新材料股份有限公司—股份转让协议》，约定陆某明将其持有的翔楼新材30万股股份全部转让给苏州甘临，原因及背景如下：

翔楼新材第四次非公开发行股份时，陆某明系苏州甘临的有限合伙人(持有苏州甘临26.42%财产份额)，同时其亦为苏州甘临管理人苏州震丰敦临投资管理有限公司(以下简称震丰敦临)的股东(持有震丰敦临28%股权)。苏州甘临拟参与认购翔楼新材第四次非公开发行的股份，但由于其当时尚未完成私募基金备案手续，不具备投资翔楼新材的主体资格，故为锁定交易，苏州甘临与陆某明协商一致，由陆某明先行认购翔楼新材本次非公开发行的股份，并由苏州甘临在完成私募基金备案后受让相关股份。基于上述安排，2018年10月，翔楼新材在收到股转公司出具的股转系统函[2018]3500号的《关于苏州翔楼新材料股份有限公司股票发行股份登记的函》后,已在招股说明书"第五节 发行人基本情况"之"二、发行人设立情况和报告期内的股本和股东变化情况"之"(二)报告期内的股本和股东变化情况"部分补充披露。

在翔楼新材的四次非公开发行股份中,发行对象均系货币出资,不涉及纳税事项。

根据财政部、国家税务总局、证监会《关于个人转让全国中小企业股份转让系统挂牌公司股票有关个人所得税政策的通知》(财税〔2018〕137号)之规定,自2018年11月1日(含)起,对个人转让新三板挂牌公司非原始股取得的所得,暂免征收个人所得税,陆某明于2018年11月向苏州甘临转让其持有翔楼新材的全部股份,系其参与翔楼新材第四次非公开发行股份取得,为非原始股,免征个人所得税。

(2)对个人转让新三板挂牌公司原始股取得的所得,按照"财产转让所得",适用20%的比例税率征收个人所得税。

上述所称原始股是指个人在新三板挂牌公司挂牌前取得的股票,以及在该公司挂牌前和挂牌后由上述股票孳生的送、转股。

|||| 东财资讯 ||||

王某杰等转让东利机械原始股已依法履行个税缴纳义务[1]

2021年6月25日,保定市东利机械制造股份有限公司(证券代码:832305,以下简称东利机械)发布《关于保定市东利机械制造股份有限公司首次公开发

---

[1] 参考资料来源:东方财富网—数据中心—公告大全—东利机械—公告正文:《关于保定市东利机械制造股份有限公司首次公开发行股票并在创业板上市申请文件的审核问询函的回复》。

行股票并在创业板上市申请文件的审核问询函的回复》披露:

(三)东利机械历次股权转让、整体变更、分红、转增股本过程中自然人股东个人所得税的缴纳情况,是否符合税收法律法规

1.历次股权转让中自然人股东涉税义务核查

(1)挂牌前股东转让股权涉及的纳税义务核查见下表。

序号	转让时间	转让方	受让方	转让股数(万元/万股)	股权定价	个人所得税缴纳情况
1	2005年5月	常某英	王某杰	75.00	1.00元/注册资本	股权转让价格与其持股计税成本相同,无需缴纳个人所得税
2	2013年12月	孟某明	韩某乐	329.84	1.00元/注册资本	股权转让价格与其持股计税成本相同,无需缴纳个人所得税

在上述股权转让中,各方协商按照注册资本进行转让,转让方并未因股权转让获得额外收益,故不需要缴纳个人所得税。

(2)挂牌后股东转让股份涉及的纳税义务核查。

根据财政部、国家税务总局、证监会于2018年11月30日联合发布《关于个人转让全国中小企业股份转让系统挂牌公司股票有关个人所得税政策的通知》(财税〔2018〕137号)(以下简称财税137号文),自2018年11月1日(含)起,对个人转让新三板挂牌公司非原始股取得的所得,暂免征收个人所得税;对个人转让新三板挂牌公司原始股取得的所得,按照"财产转让所得",适用20%的比例税率征收个人所得税。其中,非原始股是指个人在新三板挂牌公司挂牌后取得的股票,以及由上述股票孳生的送、转股。原始股是指个人在新三板挂牌公司挂牌前取得的股票,以及在该公司挂牌前和挂牌后由上述股票孳生的送、转股。

根据上述规定,对于东利机械的自然人股东,原始股转让需要缴纳个人所得税,非原始股转让不需要缴纳个人所得税。

第一,原始股份转让。

关于卖出东利机械股份的自然人股东,保荐机构、律师通过核对东利机械在股转系统挂牌时的《公开转让说明书》,确认相关自然人股东是否为原始股东。经保荐机构、律师进一步比对东利机械在股转系统第一个交易日开市时的股东名册、2015年9月定增时的股东名册、东利机械截至2020年7月23日的股东名册,新三板挂牌期间,除2015年9月定增的股权变动外,东利机械原始股东股份变动情况如下表所示。

买入		出售	
股东	买入股份数量(万股)	股东	出售股份数量(万股)
王某杰	28.00	孟某明	77.32
赵某新	10.00	弓某峰	0.50
买入		出售	
于某	0.20	邵某	2.60
—		周某明	1.00
—		李某辰	4.90

原始股转让均系股东自发通过股转系统进行的。2019年9月1日之前,个人转让新三板挂牌公司原始股的个人所得税,以股票受让方为扣缴义务人;自2019年9月1日(含)起,个人转让新三板挂牌公司原始股的个人所得税,以股票托管的证券机构为扣缴义务人。因此,东利机械无需就新三板挂牌期间股东转让股份承担任何代扣代缴义务。

根据上述转让涉及的主体王某杰、赵某新、于某、孟某明、弓某峰、邵某、周某明、李某辰出具的确认函,上述股权转让的转让价款已全部交割完毕,不存在纠纷或潜在纠纷,相关主体已依法完成股份转让的纳税义务,若因该等纳税原因导致东利机械遭受任何损失,由其全额补偿东利机械。

第二,非原始股份转让。

根据财税137号文第一条的规定,自2018年11月1日(含)起,对个人转让新三板挂牌公司非原始股取得的所得,暂免征收个人所得税。根据财税137

号文第四条规定,2018年11月1日之前,个人转让新三板挂牌公司非原始股,尚未进行税收处理的,可比照规定执行。

因此,东利机械在新三板挂牌期间自然人股东的非原始股转让事项不涉及纳税问题。

---

(3)2019年9月1日之前,个人转让新三板挂牌公司原始股的个人所得税,征收管理办法按照现行股权转让所得有关规定执行,以股票受让方为扣缴义务人,由被投资企业所在地税务机关负责征收管理。

自2019年9月1日(含)起,个人转让新三板挂牌公司原始股的个人所得税,以股票托管的证券机构为扣缴义务人,由股票托管的证券机构所在地主管税务机关负责征收管理。具体征收管理办法参照《财政部 国家税务总局 证监会关于个人转让上市公司限售股所得征收个人所得税有关问题的通知》(财税〔2009〕167号)和《财政部 国家税务总局 证监会关于个人转让上市公司限售股所得征收个人所得税有关问题的补充通知》(财税〔2010〕70号)有关规定执行。

东财资讯

炬申股份挂牌新三板期间股份变动涉及个税征免情况[1]

2021年4月8日,广东炬申物流股份有限公司(证券代码:001202,以下简称炬申股份)发布《首次公开发行股票并上市招股意向书》披露:

---

[1] 参考资料来源:东方财富网—数据中心—公告大全—炬申股份—公告正文:《炬申股份:公司首次公开发行股票并上市招股意向书》。

第五节 炬申股份基本情况

三、炬申股份股本形成及其变化和重大资产重组情况

(三) 历次股权转让、转增以及整体变更等履行纳税事项

1. 关于历次股权转让的涉税事项炬申股份成立以来历次股权转让及履行纳税事项如下表所示。

序号	时间	转让方	受让方	股份数量（万股）	交易价格（元/股）	交易方式
1	2019年12月19日	雷某	何某娟	0.10	7.20	竞价交易
2	2019年12月20日	雷某	佛山鑫隆（有限合伙）	100.00	5.00	特定事项协议转让
3	2019年12月24日	雷某	佛山盛茂（有限合伙）	100.00	5.00	盘后协议转让
4	2019年12月26日	雷某潮	宁波海益	67.50	7.00	盘后协议转让
5	2019年12月31日	雷某潮	宁波海益	232.50	7.00	盘后协议转让
6	2019年12月31日	何某娟	张某颖	0.10	14.01	竞价交易
7	2020年5月19日	张某颖	雷某潮	0.10	28.00	竞价交易

根据《财政部 国家税务总局 中国证券监督管理委员会关于个人转让全国中小企业股份转让系统挂牌公司股票有关个人所得税政策的通知》（财税〔2018〕137号）的规定，对个人转让新三板挂牌公司原始股取得的所得，按照"财产转让所得"，适用20%的比例税率征收个人所得税。原始股包括个人在新三板挂牌公司挂牌前取得的股票，以及在该公司挂牌前和挂牌后由上述股票孳生的送、转股。自2019年9月1日（含）起，个人转让新三板挂牌公司原始股的个人所得税，以股票托管的证券机构为扣缴义务人，由股票托管的证券机构所在地主管税务机关负责征收管理。对于股东雷某就上述1、2、3项股权转让所得，按照"财产转让所得"，适用20%的比例税率缴纳个人所得税；股东雷某潮就上述4、5项股权转让所得，按照"财产转让所得"，适用20%的比例税率缴纳个人所得税。根据炬申股份股东雷某、雷某潮提供的个人所得税纳税记录（原《税

收完税证明》),前述个人所得税已缴纳完毕。

根据《财政部 国家税务总局 中国证券监督管理委员会关于个人转让全国中小企业股份转让系统挂牌公司股票有关个人所得税政策的通知》(财税〔2018〕137号)的规定,自2018年11月1日(含)起,对个人转让新三板挂牌公司非原始股取得的所得,暂免征收个人所得税。对于第6、7项股权转让,因转让方何某娟、张某颖所转让的股份为非原始股,因此暂免征收个人所得税。

---

(4)2018年11月1日之前,个人转让新三板挂牌公司非原始股,尚未进行税收处理的,可比照财税〔2018〕137号文件第一条规定执行,已经进行相关税收处理的,不再进行税收调整。

第三节 减持上市公司股票的税务处理

一、减持非限售流通股

自1994年新个人所得税制实施以来,考虑到我国证券市场发育还不成熟,为了配合企业改制,促进股票市场的稳健发展,经报国务院批准,1998年3月30日,财政部、国家税务总局联合发布《关于个人转让股票所得继续暂免征收个人所得税的通知》(财税字〔1998〕61号),规定从1997年1月1日起,对个人转让上市公司股票取得的所得继续暂免征收个人所得税。

经过近20年的发展,我国资本市场取得了长足的进步,但总体上仍然属于新兴市场,因此,不断推进资本市场的发展壮大,确保资本市场稳定健康发展,是必须长期坚持的政策目标,这对于推动我国经济体制变革、优化资源配置、促进经济发展和社会进步有着重要意义和作用。

实践证明,对上市公司公开发行和转让市场股票转让所得免税的政策对我国资本市场的发展起到了积极的促进作用,今后还将发挥重要作用。因此,经国务院批准,2009年12月31日,财政部、国家税务总局和证监会联合发布《关于个人转让上市公司限售股所得征收个人所得税有关问题的通知》(财税〔2009〕167号),明确规定对个人在上海证券交易所、深圳证券交易所转让从上市公司公开发行和转让市场取得的上市公司股票所得,继续免征个人所得税,保持政策的稳定。

《财政部 国家税务总局关于股票转让所得暂不征收个人所得税的通知》(财税字〔1994〕40号)[1]规定,鉴于我国证券市场发育还不成熟,股份制尚处于试点阶段,对股票转让所得的计算、征税办法和纳税期限的确定等都需要做深入的调查研究后,结合国际通行的做法,做出符合我国实际情况的规定。

因此,经国务院同意,决定今明两年对股票转让所得暂不征收个人所得税。

《财政部 国家税务总局关于股票转让所得1996暂不征收个人所得税的通知》(财税字〔1996〕12号)[2]规定,鉴于目前我国证券市场发育还不成熟和股市的实际状况,对税收政策的调整变化比较敏感,因此,经报国务院同意,1996年对股票转让所得仍暂不征收个人所得税。

《财政部 国家税务总局关于个人转让股票所得继续暂免征收个人所得税的通知》(财税字〔1998〕61号)规定,为了配合企业改制,促进股票市场的稳健发展,经报国务院批准,从1997年1月1日起,对个人转让上市公司股票取得的所得继续暂免征收个人所得税。

《财政部 国家税务总局 证监会关于个人转让上市公司限售股所得征收个人所得税有关问题的通知》(财税〔2009〕167号)第八条规定,对个人在上海证券交易所、深圳证券交易所转让从上市公司公开发行和转让市场取得的上市公司股票所得,继续免征个人所得税,保持政策的稳定。

---

[1] 现已失效。
[2] 现已失效。

二、减持限售流通股

为进一步完善股权分置改革后的相关制度和现行股票转让所得个人所得税政策,发挥税收对高收入的调节作用,促进资本市场长期稳定健康发展,堵塞税收漏洞,经国务院批准,自2009年12月起,财政部、国家税务总局、证监会先后联合发布《关于个人转让上市公司限售股所得征收个人所得税有关问题的通知》(财税〔2009〕167号)和《关于个人转让上市公司限售股所得征收个人所得税有关问题的补充通知》(财税〔2010〕70号),明确规定自2010年1月1日起对个人转让上市公司限售股取得的所得征收个人所得税。

(一)基本概念

目前我国A股市场的限售股,主要由两部分构成:一是股改产生的限售股;二是新股首次发行上市(IPO)产生的限售股。

1. 股改限售股

股改限售股是指股权分置改革过程中,由原非流通股转变而来的有限售期的流通股,市场俗称为"大小非"。所谓"大非"指的是大规模的限售流通股,占总股本5%以上;所谓"小非"指的是小规模的限售流通股,占总股本5%以内。

股权分置是中国资本市场特有的情形,是指上市公司的一部分股份上市流通,另一部分股份暂时不上市流通。前者主要为流通股,主要成分为社会公众股;后者为非流通股,包括国家股、国有法人股、内资及外资法人股、发起自然人股等。股权分置改革之前,非流通股虽然不能在沪深两市自由交易,但经证监会批准后,可以通过拍卖或协议转让的方式进行流通。

为贯彻落实《国务院关于推进资本市场改革开放和稳定发展的若干意见》[1]中"积极稳妥解决股权分置问题"的要求,2005年,证监会、国资委、财政部等联合下发《关于上市公司股权分置改革的指导意见》(证监发〔2005〕80号),随后,证监会又下发《上市公司

---

[1] 现已失效。

股权分置改革管理办法》(证监发〔2005〕86号),解除了非流通股上市流通的限制,非流通股股东与流通股股东之间采取对价的方式平衡相互利益。同时,对股权分置改革后非流通股出售作出了若干限制性规定,这样,原非流通股转变为有流通期限和流通比例限售的流通股,即股改限售股。股权分置改革股票复牌后,股改限售股于解除限售前历年获得的送转股也构成了限售股。

|||| 东财资讯 |||||||||||||||||||||||||||||||||||||||||||||||||||||||

SST 佳通尚无确定的股改方案[1]

2022年2月26日,佳通轮胎股份有限公司(证券代码:600182,以下简称SST佳通)发布《关于本公司股改进展的风险提示公告》(编号:临2022—016)披露:

一、目前SST佳通非流通股股东股改动议情况

目前,书面同意股改的非流通股股东有0家,其持股总数占非流通股股份总数比例为0,尚未达到《上市公司股权分置改革管理办法》规定的2/3的界限。

目前,SST佳通未能进行股改的原因:尚无确定的股改方案。

目前,尚未书面同意股改的非流通股股东有69家,其未明确同意股改的主要原因:尚无确定的股改方案。

二、SST佳通股改保荐机构情况

目前,SST佳通尚未与保荐机构签定股改保荐合同。

2. 新股限售股

为保持公司控制权的稳定,现行《公司法》及交易所上市规则对于首次公开发行股份

---

[1] 参考资料来源:东方财富网—数据中心—公告大全—S*ST佳通—公告正文;《东方财富网—数据中心—公告大全—S*ST佳通—S*ST佳通—公告正文》(编号:临2022—016)。

(IPO)并上市的公司,于公开发行前股东所持股份都有一定的限售期规定,由于股权分置改革新老划段后不再有非流通股和流通股的划分,这部分股份在限售期满后解除流通权利限制,构成了新股限售股。这类限售股目前已经占到全部限售股的大多数,将来还会有更多的新股限售股出现。新股上市后,新股限售股于解除限售前历年获得的送转股也构成了限售股。

除股改限售股和新限售股外,目前市场上还有一些有限售期要求的股票,主要是机构配售股和增发股。机构配售股是指 IPO 的时候,参与网下申购的机构投资人获得的股票,这部分股票需要锁定一段时期,然后才可以上市交易。增发股类似机构配售股,是指定向增发后的股票,需要锁定至少 1 年,然后才可以上市交易。

东财资讯

A 股惊现市值 235 亿"天价"离婚案[1]

2020 年 5 月 29 日,深圳康泰生物制品股份有限公司(证券代码:300601,以下简称康泰生物)发布《关于股东权益变动的提示性公告》(编号:2020—0045)披露:

因解除婚姻关系并进行财产分割,康泰生物控股股东、实际控制人杜某民拟将其直接持有的 161 331 675 股康泰生物股份(占康泰生物总股本的 23.99%)分割过户至袁某萍名下。

本次股份分割过户后,杜某民直接持有康泰生物股份 183 394 125 股,占康泰生物股份总数的 27.27%,其中,处于质押状态的股份为 23 484 740 股,占其持有康泰生物股份总数的 12.81%;袁某萍直接持有康泰生物股份 161 331 675 股,占康泰生物股份总数的 23.99%。

同日,康泰生物发布的《简式权益变动报告书》和《详式权益变动报告书》

---

[1] 参考资料来源:东方财富网—数据中心—公告大全—康泰生物—公告正文:《康泰生物:关于股东权益变动的提示性公告》(编号:2020—0045)。

披露,杜某民为中国国籍,袁某萍为加拿大国籍,按照 5 月 29 日收盘价 146 元/股计算,财产分割完成后,袁某萍分得股票市值高达 235.54 亿元人民币。

由于本次财产分割的标的涉及康泰生物首发限售股,因此,笔者认为,根据财税〔2009〕167 号和财税〔2010〕70 号文件的相关规定,杜某民应当按照"财产转让所得"项目,依法计算缴纳个人所得税。

(二)征税范围

按照财税〔2009〕167 号文件第二条和财税〔2010〕70 号文件第一条之规定纳入个人所得税征税范围的限售股主要包括以下八类:①股改限售股,即上市公司股权分置改革完成后股票复牌日之前股东所持原非流通股股份,以及股票复牌日至解禁日期间由上述股份孳生的送、转股;②新股限售股,即 2006 年股权分置改革新老划断后,首次公开发行股票并上市的公司形成的限售股,以及上市首日至解禁日期间由上述股份孳生的送、转股;③个人从机构或其他个人受让的未解禁限售股;④个人因依法继承或家庭财产依法分割取得的限售股;⑤个人持有的从代办股份转让系统转到主板市场(或中小板、创业板市场)的限售股;⑥上市公司吸收合并中,个人持有的原被合并方公司限售股所转换的合并方公司股份;⑦上市公司分立中,个人持有的被分立方公司限售股所转换的分立后公司股份;⑧其他限售股,即财政部、税务总局、法制办和证监会共同确定的其他限售股。

司法裁判

钟某君减持新股限售股申请退还个税三审均败诉[1]

出于投资目的考虑,截至 2007 年 7 月 31 日,钟某君通过三板市场(代办股

---

[1] 参考资料来源:威科先行·法律信息库—案例—裁判文书:《钟某君、湛江市赤坎区地方税务局税务行政管理(税务)再审审查与审判监督行政裁定书》[(2016)粤行申 1284 号]。

份转让系统)共计买入广东九州阳光传媒股份有限公司(以下简称九州传媒)股票 64 000 股。

2007 年 9 月 17 日,九州传媒发布《首次公开发行股票招股说明书》披露,钟某君共计持有九州传媒 64 000 股股份。

2007 年 11 月 15 日,九州传媒发布《首次公开发行股票上市公告书》并在深圳证券交易所上市,证券简称:粤传媒,证券代码:002181。

2008 年 11 月 14 日,粤传媒发布《限售流通股票上市流通公告》披露,公司代办股份转让系统流通股股东持有的限售股份可上市流通日为 2008 年 11 月 17 日,同时说明了公司实施了 2008 年度中期资本公积金转增股本方案,即向全体股东每 10 股转增 3 股。

截至 2008 年 11 月 17 日,中国证券登记结算公司深圳分公司登记在钟某君个人名下的粤传媒新股限售股股票共计 83 200 股。

2008 年 11 月至 2015 年 6 月,钟某君分批次减持其个人所持全部粤传媒股票,并由信达证券股份有限公司湛江中山一路证券营业部对钟某君减持粤传媒股票所得代扣代缴个人所得税共计 214 854.50 元。

因认为不属于限售股个人所得税征税范围,钟某君向湛江市赤坎区地方税务局(以下简称赤坎区地税局)申请退还证券公司代扣代缴的个人所得税 214 854.50 元。

2012 年 8 月,赤坎区地税局作出不予退税决定。

钟某君不服,向湛江市地方税务局(以下简称湛江市地税局)申请税务行政复议。

经审理,2015 年 11 月 23 日,湛江市地税局依法作出湛地税复决字(2015)第 1 号税务行政复议决定,维持赤坎区地税局作出的不予退税决定。

钟某君不服,上诉至湛江经济技术开发区人民法院(以下简称一审法院)。

经审理,2016 年 3 月 15 日,一审法院依法作出(2015)湛开法行初字第 373 号行政判决:驳回钟某君的诉讼请求。

钟某君不服,上诉至湛江市中级人民法院(以下简称二审法院)。

经审理,二审法院依法作出(2016)粤08行终42号行政判决:驳回钟某君的诉讼请求。

钟某君不服,申请广东省高级人民法院(以下简称广东高院)再审。

经审理,广东高院认定:

《财政部 国家税务总局 证监会关于个人转让上市公司限售股所得征收个人所得税有关问题的通知》(财税〔2009〕167号)第二条规定:"本通知所称限售股,包括:……2.2006年股权分置改革新老划断后,首次公开发行股票并上市的公司形成的限售股,以及上市首日至解禁日期间由上述股份孳生的送、转股(以下统称新股限售股);……"《财政部 国家税务总局 证监会关于个人转让上市公司限售股所得征收个人所得税有关问题的补充通知》(财税〔2010〕70号)第一条第(四)项规定:"一、本通知所称限售股,包括:……(四)个人持有的从代办股份转让系统转到主板市场(或中小板、创业板市场)的限售股……"

钟某君从代办股份转让系统购买64000股粤传媒股份,在粤传媒从代办股份转让系统转入深圳证券交易所上市后,符合财税〔2009〕167号文"首次公开发行股票并上市的公司形成的限售股"及财税〔2010〕70号文"个人持有的从代办股份转让系统转到主板市场(或中小板、创业板市场)的限售股"的规定情形。

而钟某君在2008年9月5日取得的粤传媒转增的19 200股股票,符合财税〔2009〕167号文件"上市首日至解禁日期间由上述股份孳生的送、转股"的规定情形,故钟某君原持有的83 200股粤传媒股票均属于限售股。

信达证券股份有限公司湛江中山一路证券营业部对在财税〔2009〕167号文实施后,钟某君于2010年1月5日至2015年6月5日转让上述83 200股粤传媒限售股代扣代缴214 854.50元个人所得税,符合财税〔2009〕167号文关于限售股界定及转让限售股征收个人所得税计算的规定。

2017年6月19日,广东高院依法作出(2016)粤行申1284号行政裁定:驳回钟某君的再审申请。

根据财税〔2010〕70号文件第二条之规定，纳入个人所得税征税范围的限售股过户行为主要包括以下九类：①个人通过证券交易所集中交易系统或大宗交易系统转让限售股；②个人用限售股认购或申购交易型开放式指数基金（ETF）份额；③个人用限售股接受要约收购；④个人行使现金选择权将限售股转让给提供现金选择权的第三方；⑤个人协议转让限售股；⑥个人持有的限售股被司法扣划；⑦个人因依法继承或家庭财产分割让渡限售股所有权；⑧个人用限售股偿还上市公司股权分置改革中由大股东代其向流通股股东支付的对价；⑨其他具有转让实质的情形。

|||| 东财资讯 ||||

余某峰所持*ST聚力首发限售股5000万股被宁波中院强制司法拍卖[1]

2021年4月24日，浙江聚力文化发展股份有限公司（证券代码：002247，以下简称*ST聚力）发布《关于公司股东持有的公司股票将被拍卖的提示性公告》（编号：2021—020）披露：

近日，*ST聚力收到浙江省宁波市中级人民法院（以下简称宁波中院）发来的（2021）浙02执28号《执行裁定书》。关于宁波合盛集团有限公司与天津阡横科技有限公司、余某峰、周某清民间借贷纠纷一案，宁波中院查明：为担保债务的履行，被执行人余某峰将其持有的首发限售股5 000万股*ST聚力股票质押给宁波合盛集团有限公司并办理了质押登记，上述股票已被司法冻结。因被执行人余某峰未按执行通知书履行付款义务，宁波中院裁定：拍卖被执行人余某峰持有的首发限售股5 000万股*ST聚力股票。

---

[1] 参考资料来源：东方财富网—数据中心—公告大全—聚力文化—公告正文：《*ST聚力：关于公司股东持有的公司股票将被拍卖的提示性公告》（编号：2021—020）、《关于公司股东所持股份将被司法拍卖的进展公告》（编号：2021—024）、《关于公司股东所持股份被司法拍卖的进展公告》（编号：2021—026）、《关于公司股东所持股份被司法拍卖的进展及权益变动的提示性公告》（编号：2021—039）、《关于股东部分股份被司法拍卖完成过户的公告》（编号：2021—042）。

2021年5月8日,*ST聚力发布《关于公司股东所持股份将被司法拍卖的进展公告》(编号:2021—024)披露:

*ST聚力工作人员查询发现,宁波中院已在"阿里拍卖·司法"(https://sf.taobao.com)发布了司法拍卖公告,将公开拍卖余某峰持有的5 000万股*ST聚力股票(占余某峰所持*ST聚力股份的38.33%,占*ST聚力股份总数的5.88%)。

拍卖标的:余某峰持有的*ST聚力股份性质首发限售股5 000万股。

拍卖价格:拍卖的起拍价为11250万元,保证金为2 000万元,加价幅度为50万元。

拍卖时间:2021年5月24日10时至2021年5月25日10时止(延时除外)。

其他信息可在"阿里拍卖·司法"网(https://sf.taobao.com)查询。

2021年5月26日,*ST聚力发布《关于公司股东所持股份被司法拍卖的进展公告》(编号:2021—026)披露:

根据*ST聚力在"阿里拍卖·司法"(https://sf.taobao.com)上查询到的《网络竞价成功确认书》获悉,用户姓名:西藏恩和建筑工程有限公司(以下简称西藏恩和)通过竞买号02987于2021年05月25日在宁波中院于阿里拍卖平台开展的"浙江聚力文化发展股份有限公司股份性质首发限售股50 000 000股"项目公开竞价中,以最高应价胜出。

该标的网络拍卖成交价格:¥109 000 000(大写:人民币壹亿零玖佰万元)。

2021年7月1日,*ST聚力发布《关于公司股东所持股份被司法拍卖的进展及权益变动的提示性公告》(编号:2021—039)披露:

西藏恩和于2021年5月25日在宁波中院于阿里拍卖平台开展的"浙江聚力文化发展股份有限公司股份性质首发限售股50 000 000股"项目公开竞价中,以最高应价胜出。西藏恩和于2021年6月28日收到本次拍卖的《执行裁定书》,已确定拥有本次拍卖股票的所有权。

本次权益变动前,余某峰持有*ST聚力股票130 436 363股,占*ST聚力总股本的比例为15.33%,西藏恩和未持有*ST聚力股票;本次权益变动后,余某峰持有*ST聚力股票80 436 363股,占*ST聚力总股本的比例为9.45%,西藏恩和持有*ST聚力股票50 000 000股,占*ST聚力总股本的比例为5.88%。

2021年7月20日,*ST聚力发布《关于股东部分股份被司法拍卖完成过户的公告》(编号:2021—042)披露:

*ST聚力通过中国证券登记结算有限责任公司深圳分公司系统查询,并与股东西藏恩和确认,西藏恩和本次竞得的50 000 000股*ST聚力股票已于2021年7月16日办理完成过户登记手续。

由于本次司法拍卖的标的均为*ST聚力首发限售股,因此,笔者认为,根据财税〔2010〕70号文件第二条第(六)项之规定,余某峰应当按照"财产转让所得"项目,适用20%比例税率,依法计算缴纳个人所得税。

根据财税〔2009〕167号文件和财税〔2010〕70号文件的相关规定,截至目前,明确要征收个人所得税的限售股主要是股改限售股和新股限售股以及其在解禁日前所获得的送转股,不包括股改复牌后和新股上市后限售股的配股、新股发行时的配售股、上市公司为引入战略投资者而定向增发形成的限售股以及上市公司实施股权激励给予员工的股权激励限售股。

(三)税目税率

现行《个人所得税法实施条例》第六条第(八)项规定,财产转让所得,是指个人转让有价证券、股权、合伙企业中的财产份额、不动产、机器设备、车船以及其他财产取得的所得。限售股属于有价证券,是财产转让所得的一种形式,同时,现行《个人所得税法》第三条第(三)项规定,财产转让所得,适用比例税率,税率为20%。

因此,自2010年1月1日起,对个人转让限售股取得的所得,应当按照"财产转让所得"项目,适用20%的比例税率,依法征收个人所得税。

(四) 计税依据

个人转让限售股,以每次限售股转让收入,减除股票原值和合理税费后的余额,为应纳税所得额,即:

应纳税所得额 = 限售股转让收入 - (限售股原值 + 合理税费)

应纳税额 = 应纳税所得额 × 20%

1. 限售股转让收入

限售股转让收入,是指个人转让限售股或发生具有转让限售股实质的其他交易,取得的现金、实物、有价证券和其他形式的经济利益。

其中,个人发生财税〔2010〕70号文件第二条第(一)项、第(二)项、第(三)项、第(四)项情形、由证券机构扣缴税款的,扣缴税款的计算按照财税〔2009〕167号文件规定执行。纳税人申报清算时,实际转让收入按照下列原则计算:①第二条第(一)项的转让收入以转让当日该股份实际转让价格计算,证券公司在扣缴税款时,佣金支出统一按照证券主管部门规定的行业最高佣金费率计算;②第二条第(二)项的转让收入,通过认购ETF份额方式转让限售股的,以股份过户日的前一交易日该股份收盘价计算,通过申购ETF份额方式转让限售股的,以申购日的前一交易日该股份收盘价计算;③第二条第(三)项的转让收入以要约收购的价格计算;④第二条第(四)项的转让收入以实际行权价格计算。

个人发生财税〔2010〕70号文件第二条第(五)项、第(六)项、第(七)项、第(八)项情形,需向主管税务机关申报纳税的,转让收入按照下列原则计算:①第二条第(五)项的转让收入按照实际转让收入计算,转让价格明显偏低且无正当理由的,主管税务机关可以依据协议签订日的前一交易日该股收盘价或其他合理方式核定其转让收入;②第二条第(六)项的转让收入以司法执行日的前一交易日该股收盘价计算;③第二条第(七)项、第(八)项的转让收入以转让方取得该股时支付的成本计算。

2. 限售股原值

限售股原值,是指限售股买入时的买入价及按照规定缴纳的有关费用。

其中,个人转让因协议受让、司法扣划等情形取得未解禁限售股的,成本按照主管税务机关认可的协议受让价格、司法扣划价格核定,无法提供相关资料的,按照财税〔2009〕167号文件第五条第(一)项之规定执行。

个人转让因依法继承或家庭财产依法分割取得的限售股的,按财税〔2009〕167号文件之规定缴纳个人所得税,成本按照该限售股前一持有人取得该股时的实际成本及税费计算。

在证券机构技术和制度准备完成后形成的限售股,自股票上市首日至解禁日期间发生送、转、缩股的,证券登记结算公司应依据送、转、缩股比例对限售股成本原值进行调整;而在其他权益分派的情形下(如现金分红、配股等),不对限售股的成本原值进行调整。

3. 合理税费

合理税费,是指转让限售股过程中发生的印花税、佣金、过户费等与交易相关的税费。

限售股在解禁前被多次转让的,转让方对每一次转让所得均应按规定缴纳个人所得税。

因个人未能提供完整、真实的限售股原值凭证等,造成其持有的限售股中部分限售股成本原值不明确,从而无法准确计算全部限售股成本原值的,证券登记结算公司一律以实际转让收入的15%作为限售股成本原值和合理税费。

|||| 东财资讯 ||||||||||||||||||||||||||||||||||||||||||||||||||||||||||||||||||||||||||||||

陈某高协议转让安德利1 680万股自行申报缴纳限售股个税[1]

2021年9月11日,安徽安德利百货股份有限公司(证券代码:603031,以下简称安德利)发布《关于公司股东签署股份转让协议的提示性公告》(编号:

---

[1] 参考资料来源:东方财富网—数据中心—公告大全—安孚科技—公告正文,《603031:安德利关于公司股东签署股份转让协议的提示性公告》(编号:2021—044)。

2021—044)披露：

一、交易基本情况

安德利于2021年9月10日接到股东陈某高的通知，陈某高与宁波亚丰电器有限公司(以下简称宁波亚丰)签署了《股份转让协议》，拟将其所持安德利16 800 000股股份(对应安德利股份比例15%)以39.05元/股的价格协议转让给宁波亚丰，转让总对价为人民币655 628 040元(大写：人民币陆亿伍仟伍佰陆拾贰万捌仟零肆拾元整)。

二、交易双方介绍

(一)转让方(甲方)

陈某高，男，中国国籍，无境外永久居留权，身份证号：34262219591010××××。住所：安徽省庐江县庐城镇城中中路8号×××室。

(二)受让方(乙方)

公司名称：宁波亚丰电器有限公司

统一社会信用代码：913507007053334386

住所：北仑区梅山大道商务中心十五号办公楼401室

法定代表人：Jiao Shuge

三、《股份转让协议》主要内容

(一)合同主体

转让方(甲方)：陈某高

受让方(乙方)：宁波亚丰电器有限公司

(二)本次转让的标的股份

陈某高同意将其持有的安德利16 800 000股股份(对应安德利股份总数的15%)及标的股份所对应的所有权利和利益(包括与上述股份有关的所有权、利润分配请求权、资产分配权、表决权等根据中国法律法规和安德利公司章程的规定所应享有的一切权利)按本协议的约定一并转让给宁波亚丰，宁波亚丰同意按本协议约定的条款受让该标的股份。

(三)转让价格

本次股份转让价格为39.03元/股,转让价款为人民币655 628 040元(大写:人民币陆亿伍仟伍佰陆拾贰万捌仟零肆拾元整)。

(四)付款安排

双方同意,上述股份转让对价由宁波亚丰以现金方式或债务抵销等符合法律法规要求的其他方式,在股份过户日后12个月内向陈某高完成支付。

(五)股份权利义务的转移及股份过户

本协议生效后,双方应于10日内就目标股份的转让向上海证券交易所提交协议转让申请,并在取得上海证券交易所出具的确认意见后10日内向中国证券登记结算有限公司办理过户登记手续。

陈某高应确保目标股份在提交协议转让申请之日及办理过户登记之日均不存在任何股份质押、司法冻结或其他权利负担。

双方同意,目标股份的权利义务自股份过户日起即发生转移。股份过户日前目标股份的权利、义务、风险及责任由陈某高享有和承担;股份过户日及之后目标股份的权利、义务、风险及责任由宁波亚丰享有和承担。

(六)过渡期间内安排

在过渡期间内,未经宁波亚丰书面同意,陈某高不得作出以下行为:就目标股份的转让与任何第三方进行接触或达成任何协议或意向;在目标股份之上设定任何股份质押或其他权利负担。

(七)双方的声明、保证与承诺

本协议一方向另一方声明、保证与承诺如下:

该方具有签署本协议、享有本协议项下权利并履行本协议项下义务的合法主体资格;该方已取得必要的内部批准、同意或授权以签署本协议及履行本协议项下义务,本协议一经生效,即对该方构成合法、有效、有约束力和可执行的协议;在签署本协议前,该方向另一方提供的资料,在所有重要方面均为真实、准确、完整且没有误导性陈述。

(八)税费

1. 双方应按相关法律法规的规定各自承担任何由于订立和履行本协议及转让目标股份所产生的税费。

2. 陈某高应就安德利股份协议转让的所得自行向主管税务机关进行纳税申报,并在股份过户之前取得主管税务机关出具的完税凭证、《限售股转让所得个人所得税清算申报表》或证券登记机关认可的其他纳税证明文件。

(五)征收管理

限售股转让所得个人所得税,以限售股持有者为纳税义务人,以个人股东开户的证券机构为扣缴义务人。限售股个人所得税由证券机构所在地主管税务机关负责征收管理。

司法裁判

纳税人亟待引入"精准维权"理念[1]

2011年5月至7月,苗某在其开户的安信证券股份有限公司北京复兴门外大街证券营业部(以下简称安信营业部)减持限售股若干。

根据《财政部 国家税务总局 证监会关于个人转让上市公司限售股所得征收个人所得税有关问题的通知》(财税〔2009〕167号)第四条之规定,安信营业部为苗某预扣预缴个人所得税,并向证券机构所在地主管税务机关北京市海淀区地方税务局翠微路税务所(以下简称翠微地税所)缴纳已扣的个人所得税19 606 949.93元。翠微地税所为苗某开具《税收转账专用完税凭证》(NO.0045752、0045793、0045797),作为苗某预缴个人所得税的完税凭证。

因认为北京市海淀区地方税务局(以下简称海淀区地税局)征收其限售股

---

[1] 参考资料来源:威科先行·法律信息库—案例—裁判文书:《苗某与北京市地方税务局无一审行政裁定书》〔(2017)京0102行初247号〕。

个人所得税款时计税依据错误、征收程序违法,2017年1月22日,苗某向北京市地方税务局(以下简称北京市地税局)申请税务行政复议。

经审理,2017年1月25日,北京市地税局依法作出京地税复字〔2017〕5号《不予受理行政复议申请决定书》,并告知苗某应向海淀区地税局申请税务行政复议。

苗某不服,上诉至北京市西城区人民法院(以下简称西城区法院)。

经审理,西城区法院认定:

现行《税收征收管理法》第十四条规定,"本法所称税务机关是指各级税务局、税务分局。税务所和按照国务院规定设立的并向社会公告的税务机构"。翠微地税所是一级执法主体,有权作出具体行政行为。根据财税〔2009〕167号文件第四条之规定,限售股转让所得个人所得税,以限售股持有者为纳税义务人,以个人股东开户的证券机构为扣缴义务人。限售股个人所得税由证券机构所在地主管税务机关负责征收管理。根据《国家税务总局关于做好限售股转让所得个人所得税征收管理工作的通知》(国税发〔2010〕8号)第一条第(一)项第1点之规定,"证券机构应将已扣的个人所得税款,于次月7日内向主管税务机关缴纳,并报送《限售股转让所得扣缴个人所得税报告表》及税务机关要求报送的其他资料"。《国家税务总局关于限售股转让所得个人所得税征缴有关问题的通知》(国税函〔2010〕23号)第一条第(一)项第2点之规定,"主管税务机关应根据《限售股转让所得扣缴个人所得税报告表》分纳税人开具《税收转账专用完税证》"。

本案中,苗某在安信营业部开户,其转让限售股个人所得税的征收机关和完税证开具机关均为翠微地税所,翠微地税所作为安信营业部的主管税务机关,负责对在该证券机构开户的纳税个人的所得税进行征收管理。

《税务行政复议规则》第十九条规定,对下列税务机关的具体行政行为不服的,按照下列规定申请行政复议:……(二)对税务所(分局)、各级税务局的稽查局的具体行政行为不服的,向其所属税务局申请行政复议。……[1]第四十五条规定,行政复议机关收到行政复议申请以后,应当在 5 日内审查,决定是否受理。对不符合本规则规定的行政复议申请,决定不予受理,并书面告知申请人。对不属于本机关受理的行政复议申请,应当告知申请人向有关行政复议机关提出。行政复议机关收到行政复议申请以后未按照前款规定期限审查并作出不予受理决定的,视为受理。

根据上述规定,苗某对翠微地税所的征税行为不服,应当向海淀区地税局申请行政复议。苗某向北京市地税局申请行政复议,北京市地税局经审查认为不属于其法定职责,告知苗某应当依法向海淀区地税局申请行政复议,作出被诉决定书,对苗某的权利义务不产生实际影响。

2017 年 6 月 29 日,西城区法院依法作出(2017)京 0102 行初 247 号行政裁定:驳回苗某的诉讼请求。

限售股转让所得个人所得税,采取证券机构预扣预缴 + 纳税人自行申报清算、证券机构直接扣缴和纳税人自行申报二种方式征收。

(1)个人转让财税〔2009〕167 号文件第二条和财税〔2010〕70 号文件第一条规定的限售股,限售股所对应的公司在证券机构技术和制度准备完成前上市的,证券机构按照股改限售股股改复牌日收盘价,或新股限售股上市首日收盘价计算转让收入,按照计算出的转让收入的 15% 确定限售股原值和合理税费,以转让收入减去原值和合理税费后的余额和 20% 税率,计算预扣预缴个人所得税额。

纳税人按照实际转让收入与实际成本计算出的应纳税额,与证券机构预扣预缴税额有差异的,纳税人应自证券机构代扣并解缴税款的次月 1 日起 3 个月内,持加盖证券机构印章的交易记录和相关完整、真实凭证,向主管税务机关提出清算申报并办理清算事宜。主管税务机关审核确认后,按照重新计算的应纳税额,办理退(补)税手续。纳税人

---

[1] 此为旧版,新版 2018 年版已将此项删除。

在规定期限内未到主管税务机关办理清算事宜的,税务机关不再办理清算事宜,已预扣预缴的税款从纳税保证金账户全额缴入国库。

例如,证券机构技术和制度准备完成前,李某持有某股票的100万股限售股,原始成本为200万元。该股在股权分置改革后于2006年12月复牌上市,当日收盘价为15元。2010年1月4日,李某持有的限售股全部解禁可上市流通。2020年1月25日,李某将已经解禁的限售股全部减持,合计取得转让收入1 000万元,并支付印花税、过户费、佣金等税费2万元。按照财税〔2009〕167号文件之规定,对于李某减持限售股所需缴纳的个人所得税,采取证券机构预扣预缴、纳税人自行申报清算的方式征收。

第一步:证券公司预扣预缴。

应纳税所得额 = 限售股转让收入 − (限售股原值 + 合理税费) = 股改限售股复牌日收盘价 × 减持股数 − 股改限售股复牌日收盘价 × 减持股数 × 15% = 15 × 100 − 15 × 100 × 15% = 1 275(万元),应纳税额 = 应纳税所得额 × 税率 = 1 275 × 20% = 255(万元)。

第二步:申报清算应纳税款。

如果李某能够提供完整、真实的限售股原值凭证,应纳税所得额 = 限售股转让收入 − (限售股原值 + 合理税费) = 限售股实际转让收入 − (限售股实际转让收入 + 合理税费) = 1 000 − (200 + 2) = 798(万元),应纳税额 = 应纳税所得额 × 税率 = 798 × 20% = 159.6(万元),应退还的税款 = 已扣缴税额 − 应纳税额 = 255 − 159.6 = 95.4(万元)。如果李某不能提供完整、真实的限售股原值凭证,主管税务机关按限售股转让收入的15%核定限售股原值及合理税费。应纳税所得额 = 限售股转让收入 − (限售股原值 + 合理税费) = 限售股转让收入 − 限售股转让收入 × 15% = 1 000 − 1 000 × 15% = 850(万元),应纳税额 = 应纳税所得额 × 税率 = 850 × 20% = 170(万元),应退还的税款 = 已扣缴税额 − 应纳税额 = 255 − 170 = 85(万元)。如此就比能够提供完整、真实的限售股原值凭证多缴税10.4万元(95.4 − 85)。

(2)个人转让财税〔2009〕167号文件第二条和财税〔2010〕70号文件第一条规定的限售股,限售股所对应的公司在证券机构技术和制度准备完成后上市的,按照证券机构事先植入结算系统的限售股成本原值和发生的合理税费,以实际转让收入减去原值和合理税费后的余额和20%税率,计算并直接扣缴个人所得税额。

纳税人同时持有限售股及该股流通股的,其股票转让所得,按照限售股优先原则,即转让股票视同为先转让限售股,按规定计算缴纳个人所得税。

例如,证券机构技术和制度准备完成后,张某持有某股票的100万股限售股和30万股流通股,限售股取得原始成本为462万元(结算系统取得成本),流通股取得成本为201万元。2009年12月,张某持有的限售股全部解禁可上市流通。2020年1月11日,张某将所持有的限售股和流通股卖出120万股,合计取得转让收入1 200万元,发生合理税费1.2万元。按照财税〔2009〕167号文件之规定,张某转让股票视同为先转让限售股,证券机构按规定直接计算扣缴其个人所得税(采用办法一和办法二计算方式均适用该原则)。

张某卖出120万股股票,应视同为转让100万股限售股和20万股流通股,限售股转让收入=转让总收入×限售股转让股数÷(限售股+流通股转让股数)=1 200×100÷120=1 000(万元),限售股转让成本应分摊合理税费=1.2×100÷120=1(万元)。应纳税所得额=限售股转让收入-(限售股原值+合理税费)=限售股实际转让收入-(限售股成本原值+转让合理税费)=1 000-(462+1)=537(万元),应纳税额=应纳税所得额×税率=537×20%=107.4(万元)。

(3)个人发生财税〔2010〕70号文件第二条第(一)项、第(二)项、第(三)项、第(四)项情形的,对其应纳个人所得税按照财税〔2009〕167号文件之规定,采取证券机构预扣预缴、纳税人自行申报清算和证券机构直接扣缴相结合的方式征收。

其中,证券登记结算公司以证券账户为单位计算个人应纳税额,证券公司及其分支机构依据证券登记结算公司提供的数据负责对个人应缴纳的个人所得税以证券账户为单位进行预扣预缴。纳税人对证券登记结算公司计算的应纳税额有异议的,可持相关完整、真实凭证,向主管税务机关提出清算申报并办理清算事宜。主管税务机构审核确认后,按照重新计算的应纳税额,办理退(补)税手续。

司法裁判

到底是税收"洼地"还是税收"沼泽"？[1]

为鼓励全国机构和个人投资者到湖北省襄阳市减持上市公司限售股，经当地政府多部门集体研究，2014年6月13日，襄阳市人民政府形成《关于上市公司限售股在我市减持享受优惠政策专题会议纪要》（以下简称第81期会议纪要），明确规定财政奖励标准为个人投资者实际缴纳个人所得税的39.5%。

任某梅了解上述政策后，于2015年2月6日至2月12日分批次将自己持有的2 200余万股皇氏集团（证券代码：002329）股票转入襄阳市樊城区银河证券襄阳营业部，并减持970万股，减持成交金额为人民币255 289 482.80元，预扣预缴个人所得税47 425 240元，实际应缴43 399 212.06元。

2015年8月3日，襄阳市樊城区财政局作出《樊城区财政资金支付拟办意见（建议）单》，向襄阳市金融办提交《关于高某兴等九人（含任某梅）和许某林在我市减持限售股享受优惠政策的请示》，申请奖励9人合计人民币36 655 236.43元和奖励许某林人民币1 061 830.11元。经批准后，襄阳市樊城区财政局于2018年5月23日向任某梅兑付财政奖励金人民币4 932 037.10元。

2014年11月27日，国务院下发《关于清理规范税收等优惠政策的通知》（国发〔2014〕62号），要求严格财政支出管理，未经国务院批准，各地区、各部门不得对企业规定财政优惠政策。对违法违规制定与企业及其投资者（或管理者）缴纳税金或非税收入挂钩的财政支出优惠政策，包括先征后返、列收列支、财政奖励或补贴，以代缴或给予补贴等形式减免土地出让收入等，坚决予以取消。

2015年10月28日，襄阳市人民政府对襄阳市金融办下发《关于停止执行上市公司限售股在我市减持优惠政策的批复》，要求停止执行《关于支持证券公

---

[1] 参考资料来源：威科先行·法律信息库—案例—裁判文书：《任某梅 湖北省襄阳市人民政府再审审查与审判监督行政裁定书》[（2020）最高法行申9021号]。

司襄阳营业部吸引市内外客户在我市转让限售股实施奖励的意见》(襄阳政办函〔2012〕4号)、第81期会议纪要等文件。此后,襄阳市人民政府即停止了限售股减持奖励兑付工作。

任某梅认为,按照第81期会议纪要的奖励政策计算,襄阳市人民政府还剩余12 210 651.66元奖励金至今未向其支付。为此,任某梅上诉至襄阳市中级人民法院(以下简称一审法院),请求确认其与襄阳市人民政府之间的行政允诺关系成立,并判令襄阳市人民政府支付剩余的财政奖励金。

经审理,一审法院依法作出(2018)鄂06行初107号行政判决:驳回任某梅的诉讼请求。

任某梅不服,上诉至湖北省高级人民法院(以下简称二审法院)。

经审理,2019年10月23日,二审法院依法作出(2019)鄂行终240号行政判决:驳回上诉,维持原判。

任某梅不服,申请最高人民法院再审(以下简称最高院)。

经审理,最高院认定:

《财政部 国家税务总局 证监会关于个人转让上市公司限售股所得征收个人所得税有关问题的通知》(财税〔2009〕167号)规定,对个人转让限售股所得适用20%的比例税率征收个人所得税。该通知还明确表明,就转让限售股所得征收个人所得税系出于"进一步完善股权分置改革后的相关制度,发挥税收对高收入者的调节作用,促进资本市场长期稳定健康发展"的需要。本案中,襄阳市人民政府允诺的奖励事实上变相减少了纳税人的应纳税款,减轻了纳税人的纳税义务,违背了上述通知规定的税率及征税目的。

襄阳市人民政府作出的行政允诺违反了《税收征收管理法》第三条第二款关于"任何机关、单位和个人不得违反法律、行政法规的规定,擅自作出税收开征、停征以及减税、免税、退税、补税和其他同税收法律、行政法规相抵触的决定"的规定,超出了自身法定权限范围,二审法院认定该行为不合法,并无不当。任某梅请求襄阳市人民政府依据案涉行政允诺继续履行支付奖励金的义务,二审法院未予支持并无不当。

2020年8月31日,最高院依法作出(2020)最高法行申9021号行政裁定:驳回任某梅的再审申请。

---

(4)个人发生财税〔2010〕70号文件第二条第(五)项、第(六)项、第(七)项、第(八)项情形的,由纳税人自行申报纳税。纳税人转让限售股后,应在次月7日内到主管税务机关填报《限售股转让所得个人所得税清算申报表》,自行申报纳税。主管税务机关审核确认后应开具完税凭证,纳税人应持完税凭证、《限售股转让所得个人所得税清算申报表》复印件到证券登记结算公司办理限售股过户手续。纳税人未提供完税凭证和《限售股转让所得个人所得税清算申报表》复印件的,证券登记结算公司不予办理过户。

纳税人自行申报的,应一次办结相关涉税事宜,不再执行财税〔2009〕167号文件中有关纳税人自行申报清算的规定。对第二条第(六)项情形,如国家有权机关要求强制执行的,证券登记结算公司在履行告知义务后予以协助执行,并报告相关主管税务机关。

案件追踪

国家税务总局南京市税务局第三稽查局
税务处理决定书

宁税稽三处〔2022〕163号

蔡某:(纳税人识别号:210504××××××1327)

我局(所)于2020年7月30日至2021年10月8日对你(单位)2014年1月1日至2017年12月31日个人所得税情况进行了检查,违法事实及处理决定如下:

一、违法事实

你持有北京中科金财科技股份有限公司(简称中科金财,证券代码002657,2012年2月28日在中小板上市)限售股总数15 316 273股,并于2015年3月

2日全部解禁。

你于2016年1月至4月间6次减持限售股，减持总股数为12 500 000股，成交金额625 250 000元，证券公司已预扣预缴个人所得税85 127 500元。你对上述减持限售股未进行个人所得税清算申报。

二、处理决定及依据

根据《中华人民共和国个人所得税法》第一条、第二条第九项、第三条第五项、第六条第五项、第八条，《中华人民共和国个人所得税法实施条例》第一条、第五条、第九条、第三十六条，《财政部 国家税务总局 证监会关于个人转让上市公司限售股所得征收个人所得税有关问题的通知》(财税〔2009〕167号)，《财政部 国家税务总局 证监会关于个人转让上市公司限售股所得征收个人所得税有关问题的补充通知》(财税〔2010〕70号)、《财政部 国家税务总局关于证券机构技术和制度准备完成后个人转让上市公司限售股有关个人所得税问题的通知》(财税〔2011〕108号)的规定，因你无法提供本次减持限售股的实际成本资料，对你上述减持"中科金财"限售股股票12 500 000股的行为，按限售股转让收入的15%核定限售股原值及合理税费，应补征你"财产转让所得"个人所得税21 165 000元。

限你(单位)自收到本决定书之日起15日内到国家税务总局南京市溧水区税务局将上述税款及滞纳金缴纳入库，并按照规定进行相关账务调整。逾期未缴清的，将依照《中华人民共和国税收征收管理法》第四十条规定强制执行。

你(单位)若同我局(所)在纳税上有争议，必须先依照本决定的期限缴纳税款及滞纳金或者提供相应的担保，然后可自上述款项缴清或者提供相应担保被税务机关确认之日起六十日内依法向国家税务总局南京市税务局申请行政复议。

国家税务总局南京市税务局第三稽查局

二〇二二年五月十七日

(六) 法律责任

如前所述，限售股转让所得个人所得税，采取证券机构预扣预缴+纳税人自行申报清算、证券机构直接扣缴和纳税人自行申报三种方式征收。征收方式不同，纳税人和扣缴义务人将来可能承担的法律责任也是不同的。

《国家税务总局关于发布〈个人所得税扣缴申报管理办法（试行）〉的公告》（国家税务总局公告2018年第61号）规定，扣缴义务人每月或者每次预扣、代扣的税款，应当在次月15日内缴入国库，并向税务机关报送《个人所得税扣缴申报表》；扣缴义务人有未按照规定向税务机关报送资料和信息、未按照纳税人提供信息虚报虚扣专项附加扣除、应扣未扣税款、不缴或少缴已扣税款、借用或冒用他人身份等行为的，依照现行《税收征收管理法》等相关法律、行政法规处理。

（1）采取证券机构预扣预缴+纳税人自行申报清算方式征收限售股转让所得个人所得税，证券公司未依法预扣预缴税款的，笔者认为，根据现行《税收征收管理法》第六十九条之规定，应当由税务机关向纳税人追缴税款，对证券公司处应扣未扣、应收未收税款50%以上3倍以下的罚款。

（2）采取证券机构直接扣缴方式征收限售股转让所得个人所得税，证券公司未依法代扣代缴税款的，笔者认为，根据现行《税收征收管理法》第六十九条之规定，应当由税务机关向纳税人追缴税款，对证券公司处应扣未扣、应收未收税款50%以上3倍以下的罚款。

（3）采取纳税人自行申报方式征收限售股转让所得个人所得税，纳税人不进行纳税申报，不缴或者少缴应纳税款的，笔者认为，根据现行《税收征收管理法》第六十四条第二款之规定，应当由税务机关追缴其不缴或者少缴的税款、滞纳金，并处不缴或者少缴的税款50%以上5倍以下的罚款。

三、取得股权分置改革补偿对价

股权分置改革的核心内容之一就是非流通股股东向流通股股东支付股权分置改革

补偿对价。综观整个股权分置改革,补偿对价的支付形式可以分为两类:

第一类是非权证形式的补偿对价,主要包括:非流通股股东直接支付现金给流通股股东;送股给流通股股东(如10送4),使流通股股东的持股比例上升,对非流通股股东则不送股,使其持股比例下降;非流通股股东缩股(如按照1:0.65的比例单向缩股),使非流通股股东持股比例下降,流通股股东持股比例上升;将上市公司资本公积金转增或派发股票股利形成的股份中非流通股股东分得的部分,送给流通股股东,使流通股股东持股比例上升;非流通股股东向上市公司注入优质资产、豁免上市公司债务、替上市公司承担债务,使上市公司价值增加,使流通股股东的权益增加;承诺。

第二类是权证形式的补偿对价,主要包括:非流通股股东向流通股股东发放认购权证和认股权证,在特定时期内行使该权利,使流通股股东获益。

无论是非权证形式的补偿对价还是权证形式的补偿对价,都属于货币性或非货币性经济利益的净流入,均应当纳入企业所得税和个人所得税的征税范畴。

为促进资本市场发展和股市全流通,推动股权分置改革试点的顺利实施,经国务院批准,2005年6月13日,财政部、国家税务总局联合发布《关于股权分置试点改革有关税收政策问题的通知》(财税〔2005〕103号),明确规定股权分置改革中非流通股股东通过对价方式向流通股股东支付的股份、现金等收入,暂免征收流通股股东应缴纳的企业所得税和个人所得税。

|||| 东财资讯 ||||||||||||||||||||||||||||||||||||||||||||||||||||||||||||||||||||||||||

科龙电器流通股股东取得股权
分置改革追送对价免征所得税[1]

2008年4月3日,海信科龙电器股份有限公司(证券代码:000921,以下简称科龙电器)发布《关于股权分置改革追送对价方案实施公告》(编号:2008—

---

[1] 参考资料来源:东方财富网—数据中心—公告大全—海信家电—公告正文:《ST科龙:关于股权分置改革追送对价方案实施公告》(编号:2008—019)。

019)披露:

科龙电器于2007年3月29日实施了股权分置改革方案。控股股东青岛海信空调有限公司(以下简称海信空调)因未按照股权分置改革方案中的承诺,在承诺期限内完成对科龙电器的资产重组,触发了追送股份的条件。

一、控股股东追送股份承诺事项

科龙电器控股股东海信空调承诺:

在科龙电器股权分置改革的对价安排执行完毕后,将对科龙电器进行资产重组,将海信集团旗下"白色家电"业务的相关资产通过认购科龙电器定向发行的股份的方式注入科龙电器,将科龙电器打造成为海信集团旗下的白色家电业务核心企业,并力争成为国内国际同行业最有竞争力的企业之一。

如上述资产重行行为未能按时完成,或在资产重组完成后科龙电器的经营业绩无法达到设定目标,将向在追送股份股权登记日登记在册的科龙电器全体无限售条件的A股流通股股东及持有科龙电器流通A股股份的公司董、监事及高管人员追送股份。

1.追送股份的触发条件:

A:自科龙电器非流通股股东完成对A股流通股股东执行对价安排,科龙电器A股股票在深圳证券交易所复牌之日起12个月内,未能完成将海信集团旗下"白色家电"业务的相关资产(或股权)注入科龙电器的资产重组工作。

B:青岛海信空调有限公司对科龙电器完成上述资产重组后的下一个会计年度(200E年度)科龙电器的每股收益低于0.08元。

科龙电器200E会计年度的净利润以按照届时国内企业会计准则和《企业会计制度》而进行审计的审计结果为准。

C:科龙电器200E会计年度被出具非"标准无保留意见"的《年度审计报告》。

D:科龙电器未按时出具200E年度的年度报告。

如果发生上述A、B、C、D情况之一(以先发生的情况为准),青岛海信空调有限公司将追送股份一次,该次追送股份完成后,此承诺即履行完毕。

2. 追送股份数量：9 725 050 股科龙电器 A 股股份，相当于股权分置改革方案实施前，以科龙电器流通 A 股总数 194 501 000 股为基础，每 10 股追加送股 0.5 股。如果期间科龙电器有送股、转增股本或缩股的情况，送股数量在 9 725 050 股的基础上同比例增减。

3. 追送股份时间：如触发追送股份条件 A 或 D，科龙电器董事会将在触发追送股份条件之日起的 20 个工作日内，执行承诺人的追送股份承诺；如触发追送股份条件 B 或 C，科龙电器董事会将在 200E 年度的年度报告公告后 20 个工作日内，执行承诺人的追送股份承诺。

4. 追送股份对象：触发追送股份条件后，在追送股份股权登记日登记在册的科龙电器全体无限售条件的 A 股流通股股东及持有科龙电器流通 A 股股份的科龙电器董、监事及高管人员。

二、追送对价股份变更登记日

追送对价股份变更登记日为 2008 年 4 月 10 日。

三、获得追送对价股份的范围和对象

截至 2008 年 4 月 10 日下午深圳证券交易所收市后，在中国证券登记结算有限责任公司深圳分公司登记在册公司全体无限售条件的 A 股流通股股东及持有科龙电器流通 A 股股份的科龙电器董、监事及高管人员。

四、送股比例

以股权分置改革方案实施前，科龙电器流通 A 股总数 194 501 000 股为基础，每 10 股追加送股 0.5 股。相当于股权分置改革后，以科龙电器无限售条件 A 股股份及科龙电器董、监事及高管人员持有的有限售条件的 A 股股份总数为基础，每 10 股送股约 0.446429 股，实际送股数量为 9 725 059 股。

五、追送对价股份实施办法

1. 全体无限售条件的 A 股流通股股东及持有科龙电器流通 A 股股份的科龙电器董、监事及高管人员本次获得的追送对价股份不需要纳税。

2. 股东获得追送对价股份到账日期：2008 年 4 月 11 日。

3. 追送对价股份上市交易日：2008 年 4 月 11 日。

4.追送对价股份上市流通首日,科龙电器股票不计算除权参考价、不设涨跌幅限制、不纳入指数计算。

5.本次追送对价股份,由中国证券登记结算有限责任公司深圳分公司根据追送对价股份承诺事项实施股份变更登记,获得追送对价股份的股东持股数按比例自动计入账户。每位获得追送对价股份股东按所获追送对价股份比例计算后不足一股的部分的处理方法,按照《中国证券登记结算有限责任公司深圳分公司上市公司权益分派及配股登记业务运作指引》中的零碎股处理方法处理。

四、通过沪(深)港通减持 H 股

《财政部 国家税务总局 证监会关于沪港股票市场交易互通机制试点有关税收政策的通知》(财税〔2014〕81号)第一条第(一)项规定,对内地个人投资者通过沪港通投资香港联交所上市股票取得的转让差价所得,自2014年11月17日起至2017年11月16日止,暂免征收个人所得税。

《财政部 国家税务总局 证监会关于深港股票市场交易互联互通机制试点有关税收政策的通知》(财税〔2016〕127号)第一条第(一)项规定,对内地个人投资者通过深港通投资香港联交所上市股票取得的转让差价所得,自2016年12月5日起至2019年12月4日止,暂免征收个人所得税。

《财政部 国家税务总局 证监会关于继续执行深港股票市场交易互联互通机制有关个人所得税政策的通知》(财税〔2017〕78号)规定,对内地个人投资者通过沪港通投资香港联交所上市股票取得的转让差价所得,自2017年11月17日起至2019年12月4日止,继续暂免征收个人所得税。

《财政部 国家税务总局 证监会关于继续执行沪港、深港股票市场交易互联互通机制和内地与香港基金互认有关个人所得税政策的公告》(财政部公告2019年第93号)规

定,对内地个人投资者通过沪港通、深港通投资香港联交所上市股票取得的转让差价所得和通过基金互认买卖香港基金份额取得的转让差价所得,自2019年12月5日起至2022年12月31日止,继续暂免征收个人所得税。

第四节 减(撤)资的税务处理

减(撤)资,是指在日常经营过程中,面对资本过剩或过度亏损等情形,公司依法减少注册资本,股东实际收回对外投资的经济行为。减资主要是指股东收回部分对外投资;撤资则主要是指股东收回全部对外投资。

现行《公司法》第一百四十二条规定,公司不得收购本公司股份。但是,有下列情形之一的除外:

(1)减少公司注册资本。

(2)与持有本公司股份的其他公司合并。

(3)将股份奖励给本公司职工。

(4)股东因对股东大会作出的公司合并、分立决议持异议,要求公司收购其股份的。

(5)将股份用于转换上市公司发行的可转换为股票的公司债券。

(6)上市公司为维护公司价值及股东权益所必需。

同时,现行《公司法》第一百七十七条规定,公司需要减少注册资本时,必须编制资产负债表及财产清单。

公司应当自作出减少注册资本决议之日起10日内通知债权人,并于30日内在报纸上公告。债权人自接到通知书之日起30日内,未接到通知书的自公告之日起45日内,有权要求公司清偿债务或者提供相应的担保。

与股权转让一样,减(撤)资也是股东退出并收回投资的重要手段。那么,个人投资者从公司减(撤)资应当如何进行税务处理呢?

根据《国家税务总局关于个人终止投资经营收回款项征收个人所得税问题的公告》

(国家税务总局公告2011年第41号)第一条之规定,个人因各种原因终止投资、联营、经营合作等行为,从被投资企业或合作项目、被投资企业的其他投资者以及合作项目的经营合作人取得股权转让收入、违约金、补偿金、赔偿金及以其他名目收回的款项等,均属于个人所得税应税收入,应按照"财产转让所得"项目计算缴纳个人所得税。

应纳税所得额的计算公式如下:

$$\text{应纳税所得额} = \text{个人取得的股权转让收入、违约金、补偿金、赔偿金及以其他名目收回款项合计数} - \text{原实际出资额(投入额)及相关税费}$$

也就是说,个人投资者从公司减(撤)资,应当视同"股权转让",按照"财产转让所得"项目,适用20%的比例税率,依法计算缴纳个人所得税。

笔者认为,个人投资者从公司减(撤)资,应当结合被投资企业的具体情形,适用不同的税务处理方法。

第一种情形:如果个人投资者从非公众公司减(撤)资,应当视同转让非公众公司股权,适用国家税务总局公告2014年第67号文件的相关规定进行税务处理,相关具体内容详见本章第一节。

第二种情形:如果个人投资者从非上市公众公司减(撤)资,应当视同转让非上市公众公司股票,适用财税〔2018〕137号文件的相关规定进行税务处理,相关具体内容详见本章第二节。

第三种情形:如果个人投资者从上市公司减(撤)资,应当视同减持上市公司股票,适用财税字〔1998〕61号文件、财税〔2009〕167号文件和财税〔2010〕70号文件的相关规定进行税务处理,相关具体内容详见本章第三节。

司法裁判

不公允增减资被税务局认定为股权转让并补税罚款[1]

合肥全新医疗设备有限公司(以下简称全新医疗)成立于2010年1月,注册地址位于合肥市蜀山区振兴路与仰桥交口皖江低碳科技园2幢,主要经营范围为医疗器械的研发、生产和销售,股东为王某山、程某才、张某兰3人,其中,王某山持股90%,程某才、张某兰各持股5%。

2018年年底,国家税务总局合肥市税务局第三稽查局(以下简称合肥市第三稽查局)收到群众实名检举,反映程某才与其妻子张某兰转让全新医疗10%股权给姜某民,隐匿股权转让收入500万元偷逃税款。

根据群众检举的线索和前期调查核实的情况,2019年2月27日,合肥市第三稽查局决定依法对程某才转让全新医疗股权,隐匿收入少交税款的行为进行立案检查。

经查发现,2016年5月20日,程某才、张某兰与姜某民签订《关于姜总入股有关条款的说明》的三方协议,约定以500万元的价格向姜某民转让全新医疗10%股份(程某才、张某兰各转让5%股份),姜某民前期福建市场投入公司100万元划归股权转让款,姜某民再付400万元即可。同时约定,为了节省高额转让税费,三方去工商机关办理股权变更手续签订的《股权转让协议》中的股权转让款为虚假金额。

2016年5月23日,姜某民通过银行转账方式分别支付程某才、张某兰股权转让款200万元,合计金额400万元。

2016年5月30日,通过增资扩股的方式,姜某民取得全新医疗10%股份,程某才、张某兰各减少5%股份,至此,程某才及张某兰向姜某民转让全新医疗10%股权的"协议"履行完毕。

---

[1] 参考资料来源:威科先行·法律信息库—案例—裁判文书:《程某才、国家税务总局合肥市税务局第三稽查局税务行政管理(税务)二审行政判决书》[(2020)皖01行终780号]。

2017年年初,姜某民因病去世。因程某才、张某兰对姜某民前期福建市场投入公司 100 万元划归股权转让款存在异议,且鉴于姜某民已经去世,本着对行政相对人有利的原则,合肥市第三稽查局认定程某才及张某兰转让全新医疗 10% 股份各获得转让款 200 万元。程某才取得上述股权转让款后,没有按照税法规定在次月 15 日前申报缴纳个人所得税,违反法律规定。

经案件审理委员会集体审理,2019 年 7 月 26 日,合肥市第三稽查局向程某才直接送达《税务处理决定书》(合税三稽处〔2019〕74 号)和《税务行政处罚事项告知书》(合税三稽罚告〔2019〕23 号)。

2019 年 7 月 29 日,程某才提出听证申请,并递交《申辩材料》和《听证申请》。根据《税务行政处罚听证程序实施办法》(国税发〔1996〕190 号)之规定,2019 年 8 月 14 日,合肥市第三稽查局合并举行了程某才、张某兰税务行政处罚第一次听证会,会上听取了程某才的陈述申辩。听证会后,合肥市第三稽查局组织检查人员对程某才陈述申辩的情况进行进一步的调查核实,并于 2019 年 9 月 3 日向其下达《税务事项通知书》,告知申请人程某才、张某兰一并提供支持其观点和对其有利的相关证据。

综合听证会后调查核实的情况,2019 年 9 月 18 日,合肥市第三稽查局经过案件审理委员会集体研究,决定对程某才送达的《税务处理决定书》(合税三稽处〔2019〕74 号)和《税务行政处罚事项告知书》(合税三稽罚告〔2019〕23 号)有关内容予以更正,决定撤销上述两份税务文书。

2019 年 9 月 23 日,合肥市第三稽查局出具《撤销具体行政行为决定书》(合税三稽撤〔2019〕1 号)。2019 年 10 月 9 日,上述文书直接送达程某才。

2019 年 10 月 21 日,合肥市第三稽查局向程某才直接送达《税务行政处罚事项告知书》(合税三稽罚告〔2019〕30 号)。

2019 年 10 月 22 日,程某才、张某兰再次递交《听证申请》。

2019 年 11 月 1 日,合肥市第三稽查局合并举行了程某才、张某兰税务行政处罚第二次听证会,对有关证据进行了质证,并听取了程某才、张某兰的陈述申辩。

根据第二次听证会情况,2019年11月5日,合肥市第三稽查局依据《中华人民共和国个人所得税法》第二条第(八)项之规定对程某才依法作出《税务处理决定书》(合税三稽处〔2019〕145号),决定对程某才应缴少缴的个人所得税349 800元进行追缴;同日,合肥市第三稽查局依据《中华人民共和国税收征收管理法》第六十四条第二款之规定依法作出《税务行政处罚决定书》(合税三稽罚〔2019〕30号),决定对程某才处以少缴个人所得税349 800元50%罚款174 900元,并于2019年11月19日向程某才依法送达了《税务处理决定书》(合税三稽处〔2019〕145号)以及《税务行政处罚决定书》(合税三稽罚〔2019〕30号)。

程某才对合税三稽罚〔2019〕30号税务行政处罚决定不服,在依法缴纳税款、滞纳金及罚款后,上诉至合肥高新技术产业开发区人民法院(以下简称一审法院)。

经审理,一审法院依法作出(2020)皖0191行初48号行政判决:驳回程某才的诉讼请求。

程某才不服,上诉至合肥市中级人民法院(以下简称二审法院)。

经审理,二审法院认定:

合肥市第三稽查局依法履行法定职责,根据合肥市第三稽查局提交的程某才、张某兰的收据、《股权回购协议》、《信用卡交易明细》以及刘某、李某艺的自述材料、询问笔录、听证笔录等证据材料,可以形成完整的证据链条,足以认定程某才转让股份以及收到股份转让款后不进行纳税申报的事实。

另外,根据《中华人民共和国税收征收管理法》第八十八条第一款之规定,纳税人、扣缴义务人、纳税担保人同税务机关在纳税上发生争议时,必须先依照税务机关的纳税决定缴纳或者解缴税款及滞纳金或者提供相应的担保,然后可以依法申请行政复议;对行政复议决定不服的,可以依法向人民法院起诉。

案涉《税务处理决定书》(合税三稽处〔2019〕145号)经依法送达,但程某才未依法提起行政复议,该决定书已经依法生效,相关违法事实已经被确认。合肥市第三稽查局在处罚前履行了立案、调查、听证等程序,并向程某才告知了对其所作处罚决定认定的事实理由及依据,履行了告知义务,同时将被诉处罚决定向程某才依法进行送达,所作处罚决定程序合法,事实清楚并无不当。综上,原审判决认定事实清楚,适用法律正确,程序合法。

2020年12与30日,二审法院依法作出(2020)皖01行终780号行政判决:驳回上诉,维持原判。

CHAPTER

第四章

特 殊 事 项

在企业的整个生命周期中,除出资、运营和退出外,往往还伴随代持股、股权激励等特殊经济事项,因此,本章主要讨论特殊股权事项的税务处理问题。

第一节 "明股实地"的税务处理

由于直接转让国有土地使用权涉及增值税、企业所得税和土地增值税等多个核心税种,交易税负相对较重,近年来,一种新型的土地交易模式——"明股实地"应运而生。

明股实地,主要是指通过股权交易的形式,间接实现国有土地控制权的实际变更。由于股权交易通常仅涉及企业所得税或个人所得税(暂不考虑印花税),与直接转让国有土地使用权相比税负差异巨大,因此,"明股实地"已经成为众多行业头部企业进行并购重组、纳税筹划的重要手段。

根据《土地增值税暂行条例》第二条之规定,转让国有土地使用权、地上的建筑物及其附着物,并取得收入的单位和个人,为土地增值税的纳税义务人,应当依照本条例缴纳土地增值税。同时,根据《土地增值税暂行条例实施细则》第二条之规定,《土地增值税暂行条例》第二条所称的转让国有土地使用权、地上的建筑物及其附着物并取得收入,是指以出售或者其他方式有偿转让房地产的行为,不包括以继承、赠与方式无偿转让房地产的行为。

基于税收法定原则,《土地增值税暂行条例》明确规定只有发生房地产有偿转让行为才会产生土地增值税的纳税义务,也就是说,不动产权或国有土地使用权的产权人未发生变更的,就不应当属于土地增值税的征税范围。然而在实务中,税务机关时常会穿透"明股实地"的交易形式,按照"实质课税"的原则,对"明股实地"的交易行为征收土地增值税。

截至目前,对于"明股实地"交易模式的认定,到底是应当恪守税收法定原则,还是应当遵循实质课税原则,各方观点不一。

一、国家税务总局的相关规定

对于"明股实地"的交易模式,自2000年9月起,国家税务总局先后下发四个规范性文件,明确应当对以转让股权的名义转让房地产的行为征收土地增值税。

《国家税务总局关于以转让股权名义转让房地产行为征收土地增值税问题的批复》(国税函〔2000〕687号)规定,鉴于深圳市能源集团有限公司和深圳能源投资股份有限公司一次性共同转让深圳能源(钦州)实业有限公司100%的股权,且这些以股权形式表现的资产主要是土地使用权、地上建筑物及附着物,经研究,对此应按土地增值税的规定征税。

《国家税务总局关于未办理土地使用权证转让土地有关税收问题的批复》(国税函〔2007〕645号)规定,土地使用者转让、抵押或置换土地,无论其是否取得了该土地的使用权属证书,无论其在转让、抵押或置换土地过程中是否与对方当事人办理了土地使用权属证书变更登记手续,只要土地使用者享有占有、使用、收益或处分该土地的权利,且有合同等证据表明其实质转让、抵押或置换了土地并取得了相应的经济利益,土地使用者及其对方当事人应当依照税法规定缴纳营业税、土地增值税等相关税收。

《国家税务总局关于土地增值税相关政策问题的批复》(国税函〔2009〕387号)规定,鉴于广西玉柴营销有限公司在2007年10月30日将房地产作价入股后,于2007年12月6日、18日办理了房地产过户手续,同月25日即将股权进行了转让,且股权转让金额等同于房地产的评估值,因此,我局认为这一行为实质上是房地产交易行为,应按规定征收土地增值税。

《国家税务总局关于天津泰达恒生转让土地使用权土地增值税征缴问题的批复》(国税函〔2011〕415号)规定,经研究,同意关于"北京国泰恒生投资有限公司利用股权转让方式让渡土地使用权,实质是房地产交易行为"的认定,应依照《土地增值税暂行条例》的规定,征收土地增值税。

虽然上述四个规范性文件仅仅是针对广西、四川和天津三地省级税务机关的个案批复,不具有普遍适用性,但是部分省级税务机关仍据此下发文件参照执行,比如河南省地方税务局于2014年10月10日对新乡市地方税务局作出的《关于以股权转让名义转让土地使用权行为征收土地增值税问题的批复》(豫地税函〔2014〕305号)就明确规定:"你局《关于对新乡市隆基新上海置业有限公司征收土地增值税问题的请示》(新地税发〔2014〕150号)收悉。对新乡县人民检察院反渎职侵权局在办案过程中发现的新乡市隆基新上海置业有限公司原股东'新乡隆基房地产开发有限责任公司'和'上海新青浦置业有限公司',在2007年以股权转让形式转让土地使用权的行为是否征收土地增值税的问题。经请示国家税务总局同意,现对该问题明确如下:'新乡隆基房地产开发有限责任公司'和'上海新青浦置业有限公司'一次性共同转让新乡市隆基新上海置业有限公司100%的股权,鉴于这些以股权形式表现的资产主要是土地使用权和地上附着物。经研究,应按土地增值税的规定征税。"

||||| 东财资讯 |||||

恒立实业被税务局认定实施"明股实地"
交易补征土地增值税2 900余万元[1]

2019年9月30日,恒立实业发展集团股份有限公司(证券代码:000622,以下简称恒立实业)发布《关于转让岳阳恒通实业有限责任公司股权转让完结后

---

[1] 参考资料来源:东方财富网—数据中心—公告大全—恒立实业—公告正文;《恒立实业:关于转让岳阳恒通实业有限责任公司股权转让完结后续会计核算的公告》(编号:2019—40)。

续会计核算的公告》(编号:2019—40)披露:

一、相关税费的由来

2016年11月底,恒立实业将岳阳恒通实业有限责任公司(以下简称恒通实业)80%股权作价23 280.80万元转让给长沙丰泽房地产咨询有限公司,相关详细信息请见2016年年底恒立实业进行重大资产出售时刊登于《证券时报》以及巨潮资讯网(www.cninfo.com.cn)的一系列公告。2017年7月底,恒立实业将恒通实业20%股权作价5820.20万元转让给长沙道明房地产有限公司,详情请见2017年7月28日披露于《证券时报》以及巨潮资讯网(www.cninfo.com.cn)的公告(公告编号:2017—41)。

鉴于恒通实业的资产状况,岳阳市主管税务机关将此事项认定为:以股权转让名义的土地使用权转让,需按税法规定缴纳土地增值税。

2016年年底恒立实业根据测算计提了该股权转让预计将发生的搬迁费用约4 600.00万元,根据相关税法及审计意见计提土地增值税6 691.80万元,上述两项费用合计约为11 291.80万元。土地增值税计提具体计算过程如下表所示。

金额单位:万元

1	不动产转让总价	27 813.590
2	土地取得成本	6 500.000
3	预估搬迁费用	4 600.000
4	可抵扣成本合计(2+3)	11 100.000
5	增值额(1-4)	16 713.590
6	增值率(5÷4)	150.57%
7	适用税率	50%
8	速算扣除率	15%
9	应交土地增值税(5×7-4×8)	6 691.795

并且2016年度将恒立实业拆迁范围内即所属恒通实业的土地上建筑物余额全额计提减值损失,账面价值为0,详情见恒立实业于2016年11月30日披露于《证券时报》以及巨潮资讯网(www.cninfo.com.cn)的公告(公告编号:

2016—56)。

二、相关税费的实际清缴情况

2017年恒立实业启动地面建筑物拆迁、人员安置工作,并聘请当地税务师事务所进行税收筹划,将账面价值为0的建筑物过户到恒通实业名下,在整体转让收入不变的前提下,根据税法规定对旧房按评估重置成本6 543.75万元过户,作为转让子公司价款一部分没有影响原股权交易的价格,并且交易除调整税收外,没有商业实质,同时对当期损益也不产生影响。恒立实业于2017年5月将旧房过户后,缴纳相关税费约729.94万元,并对土地增值税进行了预清算,缴纳税款约2 940.70万元。经重新计算后旧房过户和股权转让的税费情况如下表所示。旧房过户及股权转让税费计算见下表。

单位:万元

项目	旧房过户	股权转让	小计
收入总额	6 543.75	21 269.84	27 813.59
简易办法征收增值税	311.61	—	311.61
扣除项目金额合计	—	—	—
其中:取得土地使用权的金额	—	6 500.00	6 500.00
拆迁补偿支出	—	5 860.00	5 860.00
与转让房地产有关的税金	44.40	11.64	56.04
其中:城建税	21.81	—	21.81
教育费附加	15.58	—	15.58
印花税	3.27	11.64	14.91
水利建设基金	3.74	—	—
增值额	—	8 898.20	8 898.20
增值率	—	71.92%	—
适用税率	6%	40%	—
速算扣除系数	—	5%	—
应交土地增值税税额	373.93	2 940.70	3 314.63
税费合计	729.94	2 952.34	3 682.28

由于纳税调整的结果很大程度上取决于税收部门的判断及认定,而企业一般无法直接依照相关税收法律法规计算出需调整的金额,并且恒立实业评估重

置成本6 543.75万元是否能够取得税务部门认可也具有不确定性,同时相关搬迁工作尚未完结,最终应缴土地增值税金额还需要根据实际支出的搬迁费用金额计算确定。因此2017年度,审计机构要求恒立实业取得税务机关结论后再做会计处理。

2019年3月,恒立实业依据协议约定完成了该宗土地的搬迁工作,经税务机关重新计算后向恒立实业送达《税务事项告知书》(岳楼洛税通〔2019〕201号),恒立实业于2019年6月底按告知书要求补缴了土地增值税约253.26万元,搬迁费用于7月底已支付完毕,累计约5 314.00万元。至此股权转让事项中涉及的税费已全部清缴完结,恒立实业原账面计提的搬迁费用和土地增值税结余约2 053.90万元。

三、对恒立实业当期财务状况的影响

恒立实业与审计机构进行了充分沟通,北京永拓会计师事务所(特殊普通合伙)来函认定恒立实业将计提土地增值税及拆迁费余额2 053.90万元作为会计估计后续处理,并计入2019年度损益。

四、会计师事务所意见

北京永拓会计师事务所(特殊普通合伙)出具了京永函字(2019)第710265号会计核算意见,会计师认为:目前恒立实业已经完税,取得税务机关最终结果。虽然恒立实业在2017年度就进行税务筹划及相关操作,但2019年度才取得税务机关最终认可,因此可以认定恒立实业在2019年度获知该信息,并且整个事情的过程可以看出恒立实业不存在前期能够取得的可靠信息的忽略或不当使用的情形。该实际结果与前期所计提预计负债金额存在差异,并不表明前期会计估计是错误的。相反,由于取得了最新的信息,使得原先的会计估计不再符合实际,恒立实业根据纳税结果不得不对原先的会计估计进行修订,我们倾向于此种情形属于会计估计确认。

因此,恒立实业将计提土地增值税及拆迁费余额2 053.90万元作为会计估计后续处理,并计入2019年度损益。我们认为是恰当的。

北京永拓会计师事务所(特殊普通合伙)出具了京永函字(2019)第710265号

会计核算意见全文与此公告同日披露。

五、备查文件

1.《税务事项告知书》(岳楼洛税通〔2019〕201号);

2.土地增值税完税证明;

3.北京永拓会计师事务所(特殊普通合伙)出具的京永函字(2019)第710265号会计核算意见。

国家税务总局的相关规定遵循实质课税原则,直接穿透"明股实地"的交易形式,认定"明股实地"交易模式不具有合理的商业目的,其交易实质主要是规避转让国有土地使用权的纳税义务,应当依法计算缴纳土地增值税。

二、最高人民法院的裁判意见

与国家税务总局的相关规定不同,最高人民法院对"明股实地"交易模式的认定持完全相反的态度。

|||| 司法裁判 ||||

最高人民法院:"明股实地"交易模式未发生
国有土地使用权转让的应税行为[1]

武汉乘风塑胶有限公司(以下简称乘风塑胶)成立于2000年9月28日,股东为马某泉、马某坚2人,其中,马某泉持股比例为98%,马某坚持股比例为2%。

---

[1] 参考资料来源:威科先行·法律信息库—案例—裁判文书:《马某泉、马某坚与湖北瑞尚置业有限公司股权转让纠纷二审民事判决书》[(2014)民二终字第264号]。

为获取乘风塑胶名下国有土地使用权的实际控制权，2012年5月3日，湖北瑞尚置业有限公司（以下简称瑞尚置业）与马某泉、马某坚2人签订《股权转让协议》。协议约定：因乘风塑胶经营的行业一直不景气，且乘风塑胶银行债务压力大，经营长期亏损，目前处于半停产状态，马某泉同意将其所持乘风塑胶78%的股权转让给瑞尚置业，交易对价为3 900万元，马某坚同意将其所持乘风塑胶2%的股权转让给瑞尚置业，交易对价为100万元。

同日，马某泉与瑞尚置业签订《股权转让补充协议一》和《股权转让补充协议二》。其中，《股权转让补充协议一》约定：经双方友好协商，确定在2013年12月31日前，瑞尚置业或其指定的第三人对马某泉所持剩余20%的乘风塑胶股权以协议价格1 000万元进行收购。《股权转让补充协议二》约定：瑞尚置业以6 910万元收购马某泉、马某坚所持乘风塑胶100%的股权，瑞尚置业先以4 118万元收购马某泉78%和马某坚2%的公司股权，马某泉所持剩余20%的股权在瑞尚置业支付余下转让款2 792万元后转让给瑞尚置业或其指定第三人。协议签订生效当日，瑞尚置业应向马某泉支付首笔转让款1 575万元，应向马某坚支付100万元；在2012年7月31日前，瑞尚置业应向马某泉支付第二笔转让款943万元；在2012年10月31日前，瑞尚置业应向马某泉支付第三笔转让款1 500万元；在2013年12月31日前，瑞尚置业应向马某泉支付第四笔转让款2 792万元。瑞尚置业除应支付约定的股权转让款外，同时还需偿还乘风塑胶的相关债务若干。

2012年5月3日，瑞尚置业以银行转账方式向马某泉支付1 575万元，向马某坚支付100万元，向乘风塑胶支付1 325万元。

2012年5月14日，武汉市工商行政管理局依法办理了乘风塑胶的股权变更登记，由马某泉持股98%、马某坚持股2%，变更为马某泉持股20%，瑞尚置业持股80%。

2012年8月8日，瑞尚置业向马某泉支付825万元，向乘风塑胶支付118万元。

2013年1月16日，经马某泉同意，瑞尚置业将其所持乘风塑胶80%的股权在武汉市工商行政管理局办理变更登记,向武汉翔龙建筑幕墙工程有限公司(以下简称翔龙建筑)转让21%的股权,瑞尚置业还持有59%的股权。

由于交易双方就股权转让协议执行事由发生争议,2014年6月12日,马某泉、马某坚上诉至湖北省高级人民法院(以下简称湖北高院),请求判令:瑞尚置业继续履行股权转让相关协议,支付已到期的股权转让款1 500万元,并向马某泉、马某坚支付违约金,按日万分之五标准计算至瑞尚置业付清之日止。

瑞尚置业当即提起反诉,请求湖北高院确认:瑞尚置业与马某泉、马某坚签订的《股权转让协议》《股权转让补充协议一》和《股权转让补充协议二》无效,马某泉、马某坚返还已收取的股权转让款2 618万元,马某泉、马某坚支付瑞尚置业代为偿还的债务72 052 479.04元,并赔偿经济损失4 000万元。

经审理,湖北高院依法作出(2014)鄂民二初字第00002号民事判决:(1)马某泉、马某坚与瑞尚置业于2012年5月3日签订的《股权转让协议》《股权转让补充协议一》和《股权转让补充协议二》应予继续履行;(2)瑞尚置业应在判决生效之日起10日内向马某泉支付股权转让款1 500万元,并从2012年11月1日起以1 500万元为基数按日万分之五向马某泉支付违约金至判决确定的履行期限届满之日止;(3)驳回瑞尚置业的反诉请求。

瑞尚置业不服,上诉至最高人民法院(以下简称最高院)。

经审理,最高院认定:

瑞尚置业与马某泉、马某坚对案件所涉的股权转让协议及两份补充协议的内容均无异议,且对应实际履行的协议内容无争议,故虽然出现备案的合同内容与实际履行的合同内容不一致,不影响案涉股权转让合同效力。由于转让股权和转让国有土地使用权是完全不同的行为,当股权发生转让时,目标公司并未发生国有土地使用权转让的应税行为,目标公司并不需要缴纳营业税和土地增值税。如双方在履行合同中有规避纳税的行为,应向税务部门反映,由相关部门进行查处。

签订股权转让协议时,马某泉、马某坚并未隐瞒目标公司的一期、二期土地为工业用地的事实,瑞尚置业没有证据证明马某泉、马某坚有虚构事实骗取瑞尚置业签订协议的行为,也不能举证证明马某泉、马某坚非法转让、倒卖国有土地使用权的事实。据此,马某泉、马某坚与瑞尚置业签订的《股权转让协议》《股权转让补充协议一》和《股权转让补充协议二》不存在《合同法》[1]第五十二条规定的法定无效情形。瑞尚置业主张确认股权转让协议及补充协议无效,判令马某泉、马某坚返还转让款,支付代乘风塑胶归还的债务及赔偿经济损失的上诉请求,没有事实和法律依据。

2015年7月21日,最高人民法院依法作出(2014)民二终字第264号民事判决:驳回上诉,维持原判。

最高人民法院的裁判意见恪守"税收法定原则",认定股权转让与国有土地使用权转让是完全不同的法律行为。股权是股东享有的,并由公司法或公司章程所确定的多项具体权利的综合体。股权转让后,股东对公司的权利义务全部同时移转于受让人,受让人因此成为公司股东,取得股权。建设土地使用权是权利人依法对国家所有的土地享有占有、使用和收益的权利,以及利用该土地建造建筑物、构筑物及其附属设施的权利。股权与建设用地使用权是完全不同的权利,股权转让与建设用地使用权转让的法律依据不同,两者不可混淆。当公司股权发生转让时,该公司的资产收益、参与重大决策和选择管理者等权利由转让方转移到受让方,而作为公司资产的建设用地使用权仍登记在该公司名下,建设用地使用权的公司法人财产性质未发生改变。

对于最高人民法院的裁判意见,部分省级税务机关也相继发文予以采纳。例如,《重庆市地方税务局贯彻重庆市人民政府办公厅关于落实涉企政策促进经济平稳发展意见的通知》(渝地税发〔2016〕20号)第一条第(六)项规定,企业发生股权变动,未导致房地产权属转移,不征收土地增值税,企业后续转让房地产,按土地的历史成本确认土地增值税扣除项目。

---

[1] 已失效。

东财资讯

刘某、杨某一次性转让天池园林100%股权不应征收土地增值税[1]

2017年6月13日,京汉实业投资股份有限公司(证券代码:000615,以下简称京汉股份)发布《关于签署〈股权转让框架协议〉的公告》(编号:2017—047)披露:

京汉股份全资子公司京汉置业集团有限责任公司(以下简称京汉置业)与重庆市天池园林开发有限公司(以下简称天池园林)、刘某、杨某共同签署《股权转让框架协议》,拟收购刘某、杨某所持天池园林100%股权。

2017年7月13日,京汉股份发布《关于全资子公司收购重庆市天池园林开发有限公司股权的公告》(编号:2017—063)披露:

为进一步拓展公司房地产开发业务,增强可持续发展能力,京汉股份全资子公司京汉置业拟以20 598.72万元收购刘某、杨某所持天池园林100%股权。

根据公告披露,天池园林2007年从原项目业主处购买取得项目开发用地"大圆祥·天池天街"大项目,整个项目按地形、地块规划为三个子项目,分别为"大圆祥·天池天街·融府"工程项目、"大圆祥·天池天街·龙桂坊"工程项目和"大圆祥·天池天街·和苑"工程项目。截至2017年6月30日,该建设项目已完成项目整体规划设计、景观园林设计、土石方工程、周边旅游步道工程、边坡整治工程等。项目位于重庆市璧城镇天池村二、六社,背靠牛心山,环抱水天池,该项目总用地面积为167 334平方米,总建筑面积为178 984.90平方米,计容面积133 645.80平方米,其中,地上计容建筑面积128 424.39平方米,地下建筑面积为50 569.51平方米,总体车库数量1 232个,可售建筑面积为178 279.28平方米。

根据湖北众联资产评估有限公司出具的众联评报字〔2017〕第1153号《评

---

[1] 参考资料来源:东方财富网—数据中心—公告大全—奥园美谷—公告正文;《京汉股份:关于签署〈股权转让框架协议〉的公告》(编号:2017—047)。

估报告》,采用资产基础法,对京汉置业拟收购股权所涉及的天池园林股东全部权益在 2017 年 6 月 30 日这一评估基准日的市场价值进行了评估,得出天池园林股东全部权益在评估基准日(2017 年 6 月 30 日)的评估结论如下:

天池园林股东全部权益(净资产)账面价值为 6 154.39 万元,评估值为 20 799.27 万元,评估增值 14 644.88 万元,增值率 237.96%;总资产账面值为 19 921.35 万元,评估值为 33 200.55 万元,评估增值 13 279.20 万元,增值率 66.66%;总负债账面价值为 13 766.96 万元,评估值为 12 401.28 万元,评估减值 1 365.68 万元,减值率 9.392%。

在上述经济事项中,笔者认为,根据《重庆市地方税务局贯彻重庆市人民政府办公厅关于落实涉企政策促进经济平稳发展意见的通知》(渝地税发〔2016〕20 号)第一条第(六)项之规定,刘某、杨某以 20 598.72 万元一次性转让其所持天池园林 100% 股权,并未导致天池园林所持房地产发生权属转移,不应征收土地增值税。

综上所述,笔者认为,"明股实地"交易模式仅仅只是股东的变换,国有土地使用权权属没有变化,股权无论经过多少次转让,土地无论如何增值,公司初始受让土地支付对价的成本不变。但是,只要房地产发生了权属流转,公司就需要按最终的实际房地产销售价与最初的房地产成本价之间的增值部分缴纳土地增值税。"明股实地"交易模式仅仅造成土地增值税纳税义务发生时间节点的递延和公司被穿透后实际承担税费股东的变更,并不会造成土地增值税税款的实际流失。因此,当前不应对"明股实地"交易模式征收土地增值税。

第二节 股权交易包税条款的税务处理

当前,包税条款广泛存在于商业民事合同当中。从形式上看,包税条款是合同双方约定对于交易所产生的税负由协议的一方全部承担并缴纳的条款;从实质上看,承担缴纳税款义务的一方通常非税法上的纳税义务人。因此,包税条款一般是处于优势地位或谈判力量较强的交易方要求处于劣势地位或谈判力量较弱的交易相对方承担交易所产生的税负,以促使交易顺利进行。

关于包税条款的民事法律效力,最高人民法院的绝大多数判例均表示予以认可。例如,最高人民法院在(2007)民一终字第62号民事判决书中认定:《补充协议》是对《协议书》约定转让土地使用权的税费承担所作的补充约定,明确了转让土地使用权的税费如何承担及由谁承担的问题。虽然我国税收管理方面的法律法规对各种税收的征收均明确规定了纳税义务人,但是并未禁止纳税义务人与合同相对人约定由合同相对人或第三人缴纳税款。税法对税种、税率、税额的规定是强制性的,而对于实际由谁缴纳税款没有作出强制性或禁止性规定。故《补充协议》关于税费负担的约定并不违反税收管理方面的法律法规的规定,属合法有效协议。

虽然包税条款的基本属性是民事法律约定,但是包税条款约定的内容涉及纳税义务,导致"包税条款"具有私与公性质混合的特点,因此,包税条款也一直是实践中各方关注的焦点。

一、包税条款的税收法律效力

根据现行《税收征收管理法》第四条之规定,法律、行政法规规定负有纳税义务的单位和个人为纳税人。法律、行政法规规定负有代扣代缴、代收代缴税款义务的单位和个人为扣缴义务人。纳税人、扣缴义务人必须依照法律、行政法规的规定缴纳税款、代扣代缴、代收代缴税款。

根据现行《税收征收管理法实施细则》第三条之规定,任何部门、单位和个人作出的与税收法律、行政法规相抵触的决定一律无效,税务机关不得执行,并应当向上级税务机关报告。纳税人应当依照税收法律、行政法规的规定履行纳税义务;其签订的合同、协议等与税收法律、行政法规相抵触的,一律无效。

遵循税收法定原则,没有相应法律作为征税依据,国家则不能征税,公民也没有相应的纳税义务。在股权交易过程中,交易各方可以约定应缴纳税款由非纳税义务主体方承担。税款承担主体可以通过包税条款进行民事约定,但纳税义务主体具有法定性,不因包税条款的民事约定而变更。

|||| 司法裁判 ||||||||||||||||||||||||||||||||||||||||||||||||||||||||||||||||||||||||

包税条款不能成为税务机关追缴税款的执法依据[1]

2011年2月28日,福建省高级人民法院(以下简称福建高院)在审理苏某滨与杨某良、苏某兴、龙岩市新罗区水鸭科煤炭有限公司(以下简称水鸭科煤炭)承包合同纠纷一案过程中经主持调解,苏某兴同意将其所持水鸭科煤炭全部股权(占水鸭科煤炭股权的11%,实际股权21.5%)以3 000万元的价格转让给苏某滨。双方约定,相关股权转让价款于水鸭科煤炭营业执照恢复之日支付1 000万元,余款于股权转让协议生效后分两期支付:第一期1 000万元于协议生效之日起1年内支付,第二期1 000万元于协议生效之日起2年内付清。同时,上述余款的支付按月息1.5%按月支付(利息按该月未支付的转让款余额计算)。

在达成上述调解协议后,苏某兴与苏某滨又签订《补充协议》一份,约定苏某兴向苏某滨转让水鸭科煤炭股权应缴纳的所有税收,双方各自承担50%。

---

[1] 参考资料来源:威科先行·法律信息库—案例—裁判文书:《苏某滨与龙岩市新罗区地方税务局白沙分局税务行政决定二审行政判决书》[(2015)岩行终字第74号]。

福建高院以(2011)闽民初字第3号民事调解书对上述调解事项予以确认。

民事调解书生效后,自2013年6月14日至6月20日,苏某滨通过银行向苏某兴支付股权转让价款2 709.25万元,并声明代扣代缴个人所得税290.75万元。苏某滨对苏某兴的个人所得税的实际代扣代缴情况:2013年6月6日代扣代缴个人所得税495 665.37元;2013年10月9日代扣代缴个人所得税2 396 834.63元。

2014年5月30日,龙岩市新罗区地方税务局白沙分局(以下简称白沙地税分局)对苏某滨作出龙新地税通催〔2014〕2号《税务事项通知书》,以苏某滨在《补充协议》中自愿承担苏某兴应纳50%税款为由,认定苏某滨逾期未缴纳苏某兴个人所得税(财产转让所得):(1)纳税义务人苏某兴股权转让行为应纳个人所得税=(股权转让收入-注册资本份额-交易印花税)×20%=(3 000-55-1.5)×20%=588.70(万元)。(2)税款缴纳情况:2013年6月6日入库495 665.37元,2013年10月9日入库2 396 834.63元,共计入库2 892 500元。(3)扣缴义务人苏某滨逾期未缴纳2 994 500元个人所得税。(4)逾期未缴纳2 994 500元个人所得税应自2013年7月16日起至实际入库之日止按日加收万分之五滞纳金。(5)扣缴义务人苏某滨逾期至2013年10月9日缴纳入库个人所得税2 396 834.63元,滞纳86天入库,产生滞纳金103 063.89元。(注:2013年7月16日至2013年10月9日)。根据现行《税收征收管理法》第三十二条、第六十八条等相关规定,限苏某滨于2014年6月13日前缴纳以上欠税及滞纳金。

苏某滨不服,向龙岩市新罗区地方税务局(以下简称新罗区地税局)申请税务行政复议。

2015年1月13日,新罗区地税局依法作出税务行政复议决定:维持龙新地税通催〔2014〕2号《税务事项通知书》。

苏某滨不服,上诉至龙岩市新罗区人民法院(以下简称一审法院)。

经审理,一审法院依法作出(2015)龙新行初字第33号行政判决:驳回苏某滨的诉讼请求。

苏某滨不服,上诉至福建省龙岩市中级人民法院(以下简称二审法院)。

经审理,二审法院认定:

根据《个人所得税法》的相关规定,个人所得税以所得人为纳税人,以支付所得的单位或者个人为扣缴义务人。故苏某兴是本次股权转让个人所得税的纳税义务人,苏某滨是该股权转让个人所得税的扣缴义务人。苏某滨作为扣缴义务人,负有代扣代缴该股权转让个人所得税税款的义务。

根据白沙地税分局提供的证据,龙新地税通催〔2014〕2号《税务事项通知书》要求苏某滨继续纳税的主要认定事实依据是福建高院(2013)闽执复字第33号执行裁定、2011年2月24日苏某兴与苏某滨签订的《补充协议》及2013年6月20日苏某滨转账给苏某兴的《福建省人民币个人统称跨行转账专用凭证》(注明代扣个人所得税及印花税290.75万元)。

现行《税收征收管理法》第三条第一款规定,税收的开征、停征以及减税、免税、退税、补税,依照法律的规定执行。白沙地税分局以苏某滨自愿承担50%税款为由要求苏某滨继续履行,但无法提供该认定所适用的法律依据,法院亦未发现相关法律对此有作出规定,且苏某滨对白沙地税分局的该行为也明确提出了异议,故白沙地税分局以《补充协议》的约定来认定苏某滨应继续履行缴纳纳税义务人剩余未缴个人所得税及相应滞纳金违背前述法律规定的税收法定原则,《补充协议》的约定属另一民事法律关系,不能成为白沙地税分局的执法依据。

因此,白沙地税分局要求苏某滨应继续履行缴纳纳税义务人剩余未缴个人所得税及滞纳金缺乏事实和法律依据,其作出的龙新地税通催〔2014〕2号《税务事项通知书》证据不足,事实不清。

2015年12月29日,二审法院依法作出(2015)岩行终字第74号行政判决:(1)撤销一审法院作出的(2015)龙新行初字第33号行政判决;(2)撤销白沙地税分局于2014年5月30日作出的龙新地税通催〔2014〕2号《税务事项通知书》。

二、包税条款的税收法律责任

税收法律责任,是指税收法律关系的主体因违反税收法律规范所应承担的法律后果。为了保证税法的有效实施,规范和监督税收征纳活动,维护纳税人的合法权益,税收法律责任就成为税法上的一项重要制度和必备要素。如前所述,包税条款的效力不影响税务机关的征税活动,即税务机关不得以此为依据征收税款,法定纳税人亦不可以此为借口逃避纳税义务,否则,法定纳税人应当承担相应的税收行政法律责任和税收刑事法律责任。

||||| 司法裁判 |||||||||||||||||||||||||||||||||||||||||||||||||||||||||||||||||||||||||

包税条款不能免除纳税人的税收法律责任[1]

神木县威海煤业有限责任公司(以下简称威海煤业)成立于2009年7月22日,注册资本1 000万元,股东为温某堂、王某斌和王某榆3人。其中,温某堂持股48.88%,王某斌持股45.12%,王某榆持股6%。

2011年12月8日,经协商,温某堂、王某斌和王某榆3人将其所持威海煤业100%股权以4 500万元的价格转让给何某、杨某2人,并于12月12日在神木县公证处办理了公证(公证书以总价1 000万元转让)。其中,王某榆与温某堂、王某斌书面约定其股权转让所涉及的税费由温某堂、王某斌二人承担。

根据税法的相关规定,温某堂应缴纳个人所得税2 729 039.80元,印花税10 998元,合计2 740 037.80元;王某斌应缴纳个人所得税2 519 113.66元,印花税10 152元,合计2 529 265.66元;王某榆应缴纳个人所得税334 988.52元,印花税1 350元,合计336 338.52元。

---

[1] 参考资料来源:威科先行·法律信息库—案例—裁判文书:《温某堂、王某斌、王某榆犯逃税罪二审刑事判决书》[(2018)陕08刑终2号]。

神木县地方税务局(以下简称神木县地税局)分别于2015年9月14日、2016年1月5日两次向温某堂、王某斌和王某榆3人下达《税务事项通知书》,限3人在收到通知后15日内到神木县地税局缴纳相关税款。

温某堂收到《税务事项通知书》后于2015年9月29日缴纳印花税10 998元、滞纳金7 610.62元、个人所得税130 000元,于2016年1月12日缴纳个人所得税20 000元,于2016年5月13日将剩余个人所得税2 579 039.80元全部缴清。

王某斌、王某榆自收到《税务事项通知书》后一直未缴应缴税款。

神木县人民检察院以神检诉刑诉[2016]667号起诉书向神木县人民法院(以下简称一审法院)提起公诉,指控温某堂、王某斌、王某榆犯逃税罪。

经审理,2017年10月19日,一审法院依法作出(2017)陕0821刑初523号刑事判决:(1)温某堂犯逃税罪,判处有期徒刑3年,宣告缓刑5年,并处罚金人民币20万元;(2)王某斌犯逃税罪,判处有期徒刑3年,宣告缓刑4年,并处罚金人民币20万元;(3)王某榆犯逃税罪,判处有期徒刑3年,宣告缓刑3年,并处罚金人民币3万元。

温某堂、王某斌和王某榆不服,上诉至榆林市人民法院(以下简称:二审法院)。

经审理,二审法院认定:

依照《个人所得税法》《个人所得税法实施条例》《股权转让所得个人所得税管理办法(试行)》《税收征收管理法》的相关规定,个人转让股权应当缴纳个人所得税,在股权转让协议已签订生效后应当依法向主管税务机关申报纳税;扣缴义务人应扣未扣、应收而不收税款的,由税务机关向纳税人追缴税款。

经查,依法缴纳个人所得税是法律规定的义务,王某榆与温某堂、王某斌约定股权转让所有税费由温某堂、王某斌二人承担不能免除王某榆的法定义务。

2018年8月28日,二审法院依法作出(2018)陕08刑终2号刑事判决:(1)温某堂犯逃税罪,判处有期徒刑3年,宣告缓刑5年,并处罚金人民币20万元;(2)王某斌犯逃税罪,判处有期徒刑3年,并处罚金人民币20万元;(3)王某榆犯逃税罪,判处有期徒刑1年6个月,并处罚金人民币3万元。

三、包税条款的法律救济途径

如前所述,股权交易各方当事人之间对包税条款的约定,只要不违反税收法律、行政法规对税种、税率等要素的强制性规范,不损害国家税收利益,且不违反我国《民法典》的相关规定,则该约定属于私法范畴,在股权交易各方当事人之间有效,形成合法有效的债权债务关系。因此,法定纳税人依法缴纳税款后,可依据包税条款的约定,按照《民法典》的相关规定主张约定的债权。

司法裁判

纳税人缴纳税款后可依据包税条款向负税人进行追偿[1]

重庆今申房地产开发有限公司(以下简称今申房地产)成立于2006年7月20日,注册资本800万元,股东为唐某、刘某2人。其中,唐某持股87.5%,刘某持股12.5%。

2013年6月18日,唐某与文某、文某清,刘某与文某清分别签订《股权转让协议(一)、(二)、(三)》(以下简称《股权转让协议一》《股权转让协议二》《股权转让协议三》),交易各方约定:对唐某、刘某投入今申房地产的注册资本金按每1%的股权折合30万元计算,将唐某所持50%的股权以1 500万元转让给文某,将唐某所持37.5%的股权以1 125万元转让给文某清,将刘某所持12.5%的股权以375万元转让给文某清。其中,协议第四条约定:"协议股权转让中所需支付的应由交易各方按国家有关规定分别承担的税费,均由文某、文某清承担。"

后经交易各方友好协商,股权转让交易价格由3 000万元调减为2 600万元。

---

[1] 参考资料来源:威科先行·法律信息库—案例—裁判文书:《文某清、文某与唐某、刘某股权转让合同纠纷上诉案》[(2015)渝高法民终字第00368号]。

2013年8月20日，唐某出具《收条》，载明："今收到文某交来今申房地产股权转让款250万元，根据合同支付时间还欠250万元人民币。"

2014年7月11日，刘某出具《收条》，载明："今收到文某清、文某股权（今申房地产）转让价款550万元，文某清、文某股权转让价款全部付清。"

2014年11月6日，唐某、刘某填报了《个人所得税纳税申报表》。次日，《税收完税证明》载明唐某、刘某分别缴纳了股权转让所得个人所得税315万元和45万元。

因交易各方对税款承担事项发生争议，唐某、刘某上诉至重庆市渝中区人民法院(以下简称一审法院)，请求判令：由文某清、文某支付因股权转让而缴纳的个人所得税360万元。

经审理，一审法院认定：

唐某、刘某与文某清、文某于2013年6月18日签订的《股权转让协议一》《股权转让协议二》《股权转让协议三》以及于2014年5月22日签订的《协议》，均系各方的真实意思表示，不违反相关法律法规的强制性规定，应为合法有效。根据《股权转让协议一》《股权转让协议二》《股权转让协议三》及《协议》之约定，可以确认各方股权转让实际价款为2 600万元。

根据税法的相关规定，股权交易各方在签订股权转让协议并完成股权转让交易以后至企业变更股权登记之前，负有纳税义务或代扣代缴义务的转让方或受让方，应到主管税务机关办理纳税(扣缴)申报。唐某、刘某基于实际转让价款2 600万元，向重庆市渝中区地方税务局分别缴纳了315万元和45万元的股权转让个人所得税，符合法律规定。根据《股权转让协议一》《股权转让协议二》《股权转让协议三》及《协议》之约定，唐某、刘某应缴纳的个人所得税以及其他所有税费由文某清、文某缴纳，唐某、刘某已经缴纳的，可以向文某清、文某追索。因此，唐某、刘某基于本案股权转让所获得的价款依法缴纳的个人所得税应当由文某清、文某承担。

唐某、刘某向文某清、文某转让今申房地产的股权，各方应当全面履行股权转让协议之约定。唐某、刘某按照税务机关的相关规定缴纳了个人所得税，文某清、文某应当按照股权转让协议的约定支付该部分税款。根据各方约定,对唐某、刘某所负之合同义务,文某清、文某均互相承担无限连带担保责任。因此,文某清、文某应共同承担唐某、刘某已缴纳的个人所得税。

依照《合同法》第七条、第八条[1],《公司法》第七十二条,《个人所得税法》第一条、第二条第(九)项和《民事诉讼法》第六十四条之规定,一审法院依法判决:(1)由文某清、文某在判决生效后10日内支付唐某已缴纳的个人所得税315万元;(2)由文某清、文某在判决生效后10日内支付刘某已缴纳的个人所得税45万元。

文某清、文某不服,上诉至重庆市高级人民法院(以下简称二审法院)。

经审理,二审法院依法作出(2015)渝高法民终字第00368号民事判决:驳回上诉,维持原判。

第三节 股票非交易过户的税务处理

股票非交易过户,主要是指不通过场内或场外交易的形式,而使股票的所有权在出让人和受让人之间进行过户的行为。

为适应法律法规和业务发展变化,进一步简化证券非交易过户业务办理要求,2020年4月30日,中国证券登记结算有限责任公司(以下简称中国结算)发布《证券非交易过户业务实施细则(适用于继承、捐赠等情形)》(修订版),明确规定股票非交易过户的主要适用范围和业务办理流程。

根据《证券非交易过户业务实施细则(适用于继承、捐赠等情形)》(修订版)第三条之规定,股票非交易过户具体包括以下情形。

(1)继承所涉股票过户。

---

[1] 现已失效。

> **东财资讯**

王某标完成众源新材股票非交易过户 10 605 364 股[1]

2021年6月18日,安徽众源新材料股份有限公司(证券代码:603527,以下简称众源新材)发布《关于股份继承非交易过户完成的公告》(编号:2021—021)披露:

众源新材近日收到发起人股东王某标家属的通知,因王某标逝世,王某标生前持有的 10 605 364 股众源新材股份(占众源新材总股本的 4.35%)过户至其继承人王某雷名下,现已办理完过户手续并收到中国证券登记结算有限责任公司的《过户登记确认书》。本次非交易过户前后股东持股情况见下表。

股东姓名	股份性质	本次变动前持有股份		本次变动后持有股份	
		持股数量(股)	占总股本比例	持股数量(股)	占总股本比例
王某标	无限售条件股份	10 605 364	4.35%	0	0
王某雷	无限售条件股份	0	0	10 605 364	4.35%

王某标不属于众源新材控股股东,本次证券非交易过户事宜不会导致众源新材控制权发生变更,亦不会影响众源新材的治理结构和持续经营。王某标于众源新材首次公开发行股票并上市前作出的承诺,将由王某雷继续履行。

(2)捐赠所涉股票过户。

捐赠所涉股票过户是指向基金会捐赠所涉股票过户,且基金会是在民政部门登记并

---

[1] 参考资料来源:东方财富网—数据中心—公告大全—众源新材—公告正文:《603527:众源新材关于股份继承非交易过户完成的公告》(编号:2021—021)。

被认定为慈善组织的基金会(不含境外基金会代表机构)。

东财资讯

鲍某梁完成通策医疗股票非交易过户961.92万股[1]

2020年9月19日,通策医疗股份有限公司(证券代码:600763,以下简称通策医疗)发布《关于股东鲍某梁先生股份捐赠的完成公告》(编号:临2020—029)披露:

通策医疗收到股东鲍某梁通知,鲍某梁与存济教育基金会已于2020年9月18日通过非交易过户方式在中国证券登记结算有限公司上海分公司完成了961.92万股股票过户登记手续,并出具了《证券过户登记确认书》。本次证券过户登记完成后鲍某梁不再为持有通策医疗5%以上股份的股东。捐赠完成后,若有相关权益变动事项,通策医疗仍将严格按照《上海证券交易所上市公司股东及董事、监事、高级管理人员减持股份实施细则》相关规定履行信息披露及其他相关义务。捐赠过户前后股东持股情况见下表。

股东名称	捐赠过户前		捐赠过户后	
	股数(万股)	占总股本比例	股数(万股)	占总股本比例
鲍某梁	2 416.4	7.54%	1 454.48	4.54%
浙江存济医疗教育基金会	0	0	961.92	3.00%

上述权益变动情况不会导致通策医疗控股股东、实际控制人的变化。

---

[1] 参考资料来源:东方财富网—数据中心—公告大全—通策医疗—公告正文:《关于股东鲍某梁先生股份捐赠的完成公告》(编号:临2020—029)。

(3)依法进行的财产分割所涉股票过户。

依法进行的财产分割所涉股票过户,暂仅指离婚情形。

|||| 东财资讯 ||||||||||||||||||||||||||||||||||||||||||||||||||||||||

吴某毅完成亿联网络股票非交易过户3 500万股[1]

2021年6月7日,厦门亿联网络技术股份有限公司(证券代码:300628,以下简称亿联网络)发布《关于股东权益变动进展暨股份完成过户登记的公告》(编号:2021—041)披露:

亿联网络实际控制人之一、持股5%以上股东、副董事长吴某毅依据与胡某丹签署的《离婚协议》,将其持有亿联网络35 000 000的股份分割给胡某丹所有,并在离婚后过户到胡某丹名下。

2021年6月7日,亿联网络收到中国证券登记结算有限责任公司深圳分公司出具的《证券过户登记确认书》,确认上述股份分割的非交易过户登记手续已于2021年6月4日办理完毕。本次非交易过户登记完成后,亿联网络实际控制人未发生变化。本次权益变动前后相关股东持股变化情况如下表所示。

---

[1] 参考资料来源:东方财富网—数据中心—公告大全—亿联网络—公告正文:《亿联网络:关于股东权益变动进展暨股份完成过户登记的公告》(编号:2021—041)。

股东名称	股份性质	本次权益变动前持有股份			本次权益变动后持有股份		
		股数（股）	占总股本比例	股东排名	股数（股）	占总股本比例	股东排名
吴某毅	限售股份	141 750 000	15.70%	1	141 750 000	15.70%	1
	无限售股份	47 250 000	5.23%		12 250 000	1.35%	
	小计	189 000 000	20.93%		154 000 000	17.05%	
陈某松、卢某富、周某伟、厦门亿网联信息技术服务有限公司	限售股份	243 000 000	26.91%	1	243 000 000	26.91%	1
	无限售股份	139 832 898	15.48%		139 832 898	15.48%	
	小计	382 832 898	42.39%		382 832 898	42.39%	
合计		571 832 898	63.32%	—	536 832 898	59.44%	—
胡某丹	无限售股份	0	0	—	35 000 000	3.88%	8

本次权益变动股份过户登记完成后,胡某丹就其本次取得的亿联网络股份作出相关承诺:自完成股份过户登记手续后的 3 年内,不转让其本次通过非交易过户取得的股份,且将继续履行吴某毅作出的股份锁定、减持等承诺。

本次权益变动不会导致亿联网络实际控制人发生变化,也不会对亿联网络的经营活动产生影响。

(4)法人资格丧失所涉股票过户。

东财资讯

上海莅玥完成广信股份股票非交易过户 3 200 万股[1]

2021 年 8 月 11 日,安徽广信农化股份有限公司(证券代码:603599,以下简称广信股份)发布《关于公司股东完成证券非交易过户的公告》(编号:2021—046)披露:

广信股份股东上海莅玥企业管理有限公司(以下简称上海莅玥)已完成清算注销,上海莅玥的全体股东将按照各自在上海莅玥的实缴出资比例分配上海莅玥所持有的广信股份股份,不触及对广信股份的要约收购。

2021 年 8 月 10 日,广信股份收到上海莅玥提供的中国证券登记结算有限责任公司上海分公司出具的《中国证券登记结算有限责任公司过户登记确认书》,具体情况如下表所示。

序号	过出方	过入方	过户数量(股)	占公司股本比例	股份性质
1	上海莅玥企业管理有限公司	黄某祥	25 090 016	5.40%	无限售流通股
2		赵某华	3 889 984	0.84%	
3		龚某霞	1 220 000	0.26%	
4		柏某梅	1 200 000	0.26%	
5		吴某平	600 000	0.13%	—
合计			32 000 000	6.89%	

黄某祥、赵某荣夫妇系广信股份实际控制人,通过安徽广信集团有限公司间接控制广信股份股份 195 460 000 股;占广信股份总股本的 42.06%。黄某祥直接持有广信股份股份 25 090 016 股,占广信股份总股本的 5.40%。本次黄某祥因上海莅玥注销并将按照各股东出资比例进行分配减少了 6 909 984 股,占广信股份总股本的 1.49%。上海莅玥因注销清算将不持有广信股份股份。黄

---

[1] 参考资料来源:东方财富网—数据中心—公告大全—广信股份—公告正文;《603599:关于公司股东完成证券非交易过户的公告》(编号:2021—046)。

某祥直接持有广信股份股份 25 090 016 股,占广信股份总股本的 5.40%。

黄某祥、赵某荣夫妇和安徽广信集团有限公司属于一致行动人,合计持有股份占广信股份总股本的 47.46%。

(5)私募资产管理所涉股票过户。

东财资讯

孙某法完成民和股份股票非交易过户 1 200 万股[1]

2020 年 9 月 16 日,山东民和牧业股份有限公司(证券代码:002234,以下简称民和股份)发布《关于持股 5% 以上股东所持部分股份非交易过户的提示性公告》(编号:2020—042)披露:

民和股份持股 5% 以上股东孙某法,持有民和股份 33 512 348 股,占民和股份总股本的比例为 11.10%,孙某法为民和股份控股股东孙某民先生的一致行动人,二人合计持有民和股份 127 822 348 股,占民和股份总股本的 42.32%。

为开展股票、基金等金融产品投资,孙某法委托中泰证券(上海)资产管理有限公司设立了"中泰资管 9775 号单一资产管理计划",拟向中国登记结算有限责任公司深圳分公司申请办理证券非交易过户业务,将其所持 1 200 万股民和股份过户至"中泰资管 9775 号单一资产管理计划",作为委托资产由管理人中泰证券(上海)资产管理有限公司在有关法律法规和合同规定的权限内进行管理。

本次非交易过户事项及中泰证券(上海)资产管理有限公司的运作不会导致孙

---

[1] 参考资料来源:东方财富网—数据中心—公告大全—民和股份—公告正文:《民和股份:关于持股 5% 以上股东所持部分股份非交易过户的提示性公告》(编号:2020—042)。

某法所持有的民和股份数量发生变化,孙某法先生仍持有民和股份 33 512 348 股,占民和股份总股本的比例为 11.10%。

(6) 证监会认定的其他股票过户的情形。

东财资讯

泰有投资完成周大生股票非交易过户 10 203 238 股[1]

2021 年 6 月 9 日,周大生珠宝股份有限公司(证券代码:002867,以下简称周大生)发布《关于公司股东完成非交易过户的公告》(编号:2021—027)披露:

周大生收到平潭综合实验区泰有股权投资合伙企业(有限合伙)(以下简称泰有投资)《关于泰有投资完成证券非交易过户的告知函》,因泰有投资解散清算,其持有的周大生首次公开发行前股份 10 203 238 股(占周大生总股本的 1.3960%)已通过证券非交易过户的方式分别登记至泰有投资合伙人个人名下,相关手续已办理完毕,泰有投资已于 2021 年 6 月 8 日取得中国证券登记结算有限责任公司深圳分公司出具的《证券过户登记确认书》,具体情况见下表。

---

[1] 参考资料来源:东方财富网—数据中心—公告大全—周大生—公告正文.《周大生:关于公司股东完成非交易过户的公告》(编号:2021—027)。

序号	过出方	过入方	过户数量(股)	占周大生总股本比例	股份性质
1	平潭综合实验区泰有股权投资合伙企业(有限合伙)	周某珍	3 250 948.00	0.4448%	无限售流通股
2		向某	3 250 948.00	0.4448%	
3		卞某	3 250 948.00	0.4448%	
4		何某林	450 394.00	0.0616%	
	合计		10 203 238.00	1.3960%	—

本次证券非交易过户完成后,周大生实际控制人之一周某珍直接持有周大生股份数为3 250 948股,周大生控股股东及其一致行动人持有周大生股份由468 771 166股变为461 818 876股。证券过入方中,周某珍、某钢、卞某、何某林将严格遵守《深圳证券交易所上市公司规范运作指引》等法律法规、部门规章及规范性文件中关于上市公司董事、监事、高级管理人员股份买卖相关规定,也将继续遵守公司《首次公开发行股票招股说明书》中所作的相关承诺。

本次泰有投资完成证券非交易过户的事宜不会导致周大生控制权发生变更,亦不会影响周大生的治理结构和持续经营。

据不完全统计,自股票非交易过户新规发布以来,已有包括西藏易明西雅医药科技股份有限公司在内的数十家上市公司发布关于股票非交易过户的相关公告,其中,股票非交易过户的委托人既包括个人,也包括公司和合伙企业等。

在实务中,对于股票非交易过户是否属于应税行为,存在不同认识。

部分观点认为,股票非交易过户并非通过交易的形式让渡股票的所有权,且出让人与受让人之间没有任何经济利益的流动,因此不属于股票买卖行为,不能直接套用股票买卖的相关税收政策规定,所以,遵循税收法定的基本原则,股票非交易过户既不属于增值税的征税范围,也不属于企业所得税和个人所得税的征税范围。

东财资讯

顺维管理、君惠管理完成坤恒顺维股票非交易过户获税务局不征税认可[1]

2018年6月28日,成都坤恒顺维科技股份有限公司(证券代码:838580,以下简称坤恒顺维)发布《关于股东完成非交易过户的提示性公告》(编号:2018—023)披露:

坤恒顺维于2016年8月8日在全国中小企业股份转让系统挂牌并公开转让。截至2018年6月24日,成都顺维企业管理合伙企业(有限合伙)(以下简称顺维管理)持有坤恒顺维242 495股限售流通股,占坤恒顺维总股本的7.4141%。截至2018年6月25日,成都君惠企业管理合伙企业(有限合伙)(以下简称君惠管理)持有坤恒顺维382 047股限售流通股,占坤恒顺维总股本的11.6808%。

坤恒顺维收到股东顺维管理通知,因顺维管理组织资格丧失,其持有的坤恒顺维242 495股限售流通股通过非交易过户的方式由原合伙人按出资比例依法承继。

坤恒顺维收到股东君惠管理通知,因君惠管理组织资格丧失,其持有的坤恒顺维382 047股限售流通股通过非交易过户的方式由原合伙人按出资比例依法承继。

过户后,顺维管理持股数由242 495股减少到0股,持股比例由7.4141%减少到0;君惠管理持股数由382 047股减少到0股,持股比例由11.6808%减少到0。

上述各方已在中国证券登记结算有限责任公司(以下简称中国结算)办理了股份过户手续。

---

[1] 参考资料来源:东方财富网—新三板—资讯—公告—公告正文:《坤恒顺维:关于股东完成非交易过户的提示性公告》(编号:2018—023)。

根据 2018 年 6 月 26 日中国结算出具的《证券过户登记确认书》，坤恒顺维原股东顺维管理持有的坤恒顺维 242 495 股股份已于 2018 年 6 月 25 日通过非交易过户的方式过户给各合伙人。

根据 2018 年 6 月 27 日中国结算出具的《证券过户登记确认书》，坤恒顺维原股东君惠管理持有的坤恒顺维 382 047 股股份已于 2018 年 6 月 26 日通过非交易过户的方式过户给各合伙人。

2021 年 9 月 15 日，坤恒顺维发布《首次公开发行股票并在科创板上市申请文件审核问询函的回复》披露：

一、坤恒顺维股权结构、董监高等基本情况问题

问题 1. 关于股本和股东变化

1.1　关于君惠管理、顺维管理

(2) 2018 年 4 月，顺维管理、君惠管理经全体合伙人一致同意解散合伙企业，并通过非交易过户方式由各合伙人按照出资比例承继有限合伙持有的坤恒顺维股份，合伙企业在前述股权转让过程中未缴纳相关税收。

请坤恒顺维说明：

(3) 顺维管理、君惠管理在相关股权转让过程中未缴纳税金，是否符合税收管理相关规定。

【坤恒顺维说明】

三、顺维管理、君惠管理在相关股权转让过程中未缴纳税金，是否符合税收管理相关规定。

2018 年 12 月，顺维管理、君惠管理完成注销程序，其各自持有的发行人股份通过非交易过户的方式由其各自的原合伙人按出资比例依法承继，非交易过户不属于股权转让，无需缴纳个人所得税。2018 年 12 月 18 日和 2019 年 3 月 14 日，国家税务总局成都高新技术产业开发税务局出具《清税证明》，证明顺维管理、君惠管理的所有税务事项均已结清。

顺维管理、君惠管理注销时的全体合伙人出具《承诺函》，确认在顺维管理、君惠管理注销及承继发行人股份过程中，相关合伙人未获取现金收益，因此在

顺维管理、君惠管理解散注销时未就该事宜缴纳个人所得税。若税务机关认定顺维管理、君惠管理该次解散注销及相关合伙人承继发行人股份事宜应当补缴个人所得税税款的，相关合伙人承诺将按照税务机关的要求及时履行纳税义务。

综上，顺维管理、君惠管理在相关股权转让过程中未缴纳税款，符合税收管理相关规定。

另一种观点则认为，股票非交易过户与股票交易过户的本质相同，都是股票所有权属的转移和变更，股票非交易过户在税收领域应当视同股票转让业务，依法征收增值税、企业所得税和个人所得税。例如，《中国证券登记结算有限责任公司深圳分公司证券非交易过户业务指南》（中国结算深业字〔2021〕14号）[1]第二十七条第（三）项规定，根据《关于个人转让上市公司限售股所得征收个人所得税有关问题的通知》（财税〔2009〕167号）及《关于个人转让上市公司限售股所得征收个人所得税有关问题的补充通知》（财税〔2010〕70号）等相关文件的规定，个人办理协议转让限售股（含行政划拨）、向基金会捐赠限售股、个人持有的限售股被司法强制扣划等业务时应缴纳个人所得税。申请人办理过户申请需提供主管税务机关出具的完税证明原件及复印件和《限售股转让所得个人所得税清算申报表》复印件。对于主管税务机关认为无需缴纳个人所得税的过户情形（如继承、离婚财产分割），则仅需提供经主管税务机关确认的《限售股转让所得个人所得税清算申报表》原件。

综上所述，笔者认为，股票非交易过户中的"非交易"仅仅是证券市场的"非交易"，不是税收领域的"非交易"，因此，只要股票的所有权属发生改变，即应当按照"金融商品转让"项目，依法计算缴纳增值税、企业所得税和个人所得税。

第一种情形：个人所持股票的非交易过户。

(1)根据《财政部 国家税务总局关于全面推开营业税改征增值税试点的通知》（财

---

[1] 现已失效。

税〔2016〕36号)附件3第一条第(二十二)项第5点之规定,对个人股票非交易过户行为,应视同个人从事金融商品转让业务,依法免征增值税。

(2)根据《财政部 国家税务总局 证监会关于个人转让上市公司限售股所得征收个人所得税有关问题的通知》(财税〔2009〕167号)之规定,对个人非限售股非交易过户行为,应视同个人在上海证券交易所、深圳证券交易所转让从上市公司公开发行和转让市场取得的上市公司股票所得,依法免征个人所得税。

(3)根据《财政部 国家税务总局 证监会关于个人转让上市公司限售股所得征收个人所得税有关问题的通知》(财税〔2009〕167号)和《财政部、国家税务总局、证监会关于个人转让上市公司限售股所得征收个人所得税有关问题的补充通知》(财税〔2010〕70号)之规定,对个人限售股非交易过户行为,应视同个人减持上市公司限售股(不包括股改复牌后和新股上市后限售股的配股、新股发行时的配售股、上市公司为引入战略投资者而定向增发形成的限售股以及上市公司实施股权激励给予员工的股权激励限售股)取得的所得,依法征收个人所得税。

第二种情形:公司所持股票的非交易过户。

(1)根据《财政部 国家税务总局关于全面推开营业税改征增值税试点的通知》(财税〔2016〕36号)附件2第一条第(三)项之规定,对公司股票非交易过户行为,应视同单位从事金融商品转让业务,按照卖出价扣除买入价后的余额为销售额,依法征收增值税。

(2)根据《财政部 国家税务总局关于企业清算业务企业所得税处理若干问题的通知》(财税〔2009〕60号)第三条之规定,对公司股票非交易过户行为,应视同公司清算业务,其中,个人股东分得的剩余资产的金额,其中相当于公司累计未分配利润和累计盈余公积中按该股东所占股份比例计算的部分,应确认为股息所得,按照"利息、股息、红利所得"项目,依法征收个人所得税;剩余资产减除股息所得后的余额,超过或低于个人股东投资成本的部分,应确认为个人股东的投资转让所得或损失,按照"财产转让所得"项目,依法征收个人所得税。

第三种情形:合伙企业所持股票的非交易过户。

(1)根据《财政部 国家税务总局关于全面推开营业税改征增值税试点的通知》(财税〔2016〕36号)附件2第一条第(三)项之规定,对合伙企业股票非交易过户行为,应视同单位从事金融商品转让业务,按照卖出价扣除买入价后的余额为销售额,依法征收增值税。

(2)根据《财政部 国家税务总局关于印发〈关于个人独资企业和合伙企业投资者征收个人所得税的规定〉的通知》(财税〔2000〕91号)附件1第十六条之规定,对合伙企业股票非交易过户行为,应视同合伙企业清算业务,其中,个人合伙人按照"先分后税"的原则分得的剩余资产的金额,其中相当于合伙企业全部资产或者财产的公允价值扣除各项清算费用、损失、负债、以前年度留存的利润后,超过实缴资本的部分,应确认为生产经营所得,按照"经营所得"项目,依法征收个人所得税。

第四节 天使投资个人的税务处理

创业投资是促进"大众创业、万众创新"的重要资本力量,是促进科技创新成果转化的助推器,是落实新发展理念、推进供给侧结构性改革的新动能。

一、政策出台背景

2016年9月16日,国务院印发《关于促进创业投资持续健康发展的若干意见》(国发〔2016〕53号),强调要进一步完善创业投资税收政策:"按照税收中性、税收公平原则和税制改革方向与要求,统筹研究鼓励创业投资企业和天使投资人投资种子期、初创期等科技型企业的税收支持政策,进一步完善创业投资企业投资抵扣税收优惠政策,研究开展天使投资人个人所得税试点工作。"

为进一步落实创新驱动发展战略,促进创业投资持续健康发展,2017年4月19日,国务院常务会议作出决定,在京津冀、上海、广东、安徽、四川、武汉、西安、沈阳8个全面创新改革试验地区和苏州工业园区开展创业投资企业和天使投资个人税收政策试点。为贯彻落实国务院常务会议精神,财政部、国家税务总局先后下发《关于创业投资企业和天使投资个人有关税收试点政策的通知》(财税〔2017〕38 号)[1]和《关于创业投资企业和天使投资个人税收试点政策有关问题的公告》(国家税务总局公告 2017 年第 20 号)[2],保证税收优惠政策精准落地。

为更好地鼓励和扶持种子期、初创期科技型企业发展,推动大众创业、万众创新战略实施,2018 年 4 月 25 日,国务院常务会议决定将创业投资企业和天使投资个人税收试点政策推广到全国实施。根据国务院常务会议精神,财政部、国家税务总局联合下发《关于创业投资企业和天使投资个人有关税收政策的通知》(财税〔2018〕55 号),就在全国范围内实施创业投资企业和天使投资个人税收政策进行明确。随后,国家税务总局发布《关于创业投资企业和天使投资个人税收政策有关问题的公告》(国家税务总局公告 2018 年第 43 号),就政策执行口径、办理程序和资料及其他管理要求进行明确。

|||| 媒体视点 ||||||||||||||||||||||||||||||||||||||||||||||||||||||||||||||||||

天使投资个税优惠首例备案落地上海[3]

上海圣剑网络科技股份有限公司(以下简称圣剑网络)负责人近日与 4 名自然人股东一同来到上海市嘉定区税务机关,办理了天使投资个人投资额抵扣个人所得的备案手续,成为全国首例备案手续。备案完成后,股东卢某祥难掩心中喜悦:"有了这个优惠政策,未来转让公司股权时,就可以少缴几十万元个人所得税!"

作为今年国务院 6 项减税政策之一,天使投资个人采取股权投资方式直接投资于初创科技型企业满 2 年的,在转让股权时,可按一定比例抵扣个人所得税应纳税所得额。

该政策试点实施后,上海市税务机关开展了深层次培训、多维度宣传和精

---

[1] 现已失效。
[2] 现已失效。
[3] 参考资料来源:顾玉蕊、胡爱钰:《天使投资个税优惠首例备案落地上海》,载《中国税务报》2017 年 11 月 1 日。

准性辅导。先后在张江高新技术产业开发区和杨浦长阳创谷等创投企业聚集地,组织了多轮宣传活动;依托金税三期系统,对全市可能符合条件的企业开展筛选,与市证监局协同合作,摸清企业情况,开展定向辅导。

上海市国税局、地税局所得税处副处长邹凌表示,下一步,全市税务系统将继续加大宣传辅导力度,帮助企业应享尽享,确保改革效应最大化、最优化。

二、政策主要内容

根据财税〔2018〕55号文件第一条第(三)项之规定,天使投资个人采取股权投资方式直接投资于初创科技型企业满2年的,可以按照投资额的70%抵扣转让该初创科技型企业股权取得的应纳税所得额;当期不足抵扣的,可以在以后取得转让该初创科技型企业股权的应纳税所得额时结转抵扣。

天使投资个人投资多个初创科技型企业的,对其中办理注销清算的初创科技型企业,天使投资个人对其投资额的70%尚未抵扣完的,可自注销清算之日起36个月内抵扣天使投资个人转让其他初创科技型企业股权取得的应纳税所得额。

初创科技型企业接受天使投资个人投资满2年,在上海证券交易所、深圳证券交易所上市的,天使投资个人转让该企业股票时,按照现行限售股有关规定执行,其尚未抵扣的投资额,在税款清算时一并计算抵扣。

例如,王某是天使投资个人,2016年9月投资300万元入股甲公司(初创科技型企业),持有甲公司10%的股权。截至2018年9月,该投资符合投资抵扣税收优惠条件。

2018年10月,王某转让甲公司3%的股权,取得股权转让收入150万元;2018年12月,甲公司注销清算;2020年8月,王某转让乙公司(初创科技型企业)10%的股权,取得股权转让所得50万元;2022年2月,王某再次转让乙公司10%的股权,取得股权转让所得100万元。

2018年10月,王某转让甲公司3%的股权,取得的股权转让所得 = 150 − 300 ÷

10%×3%=60(万元);截至2018年9月,王某投资入股甲公司可以抵扣的应纳税所得额=300×70%=210(万元);王某取得的股权转让所得60万元小于可抵扣的应纳税所得额210万元,因此,王某转让甲公司3%的股权可以抵扣的应纳税所得额为60万元,剩余150万元(210-60)可以结转抵扣。

假定暂不考虑乙公司投资抵扣事项,2020年8月,王某转让乙公司10%的股权,取得的股权转让所得为50万元,小于150万元,因此,王某转让乙公司10%的股权可以抵扣的应纳税所得额为50万元,剩余100万元(150-50)可以结转抵扣。

2022年2月,王某再次转让乙公司10%的股权,距离甲公司2018年12月注销清算已经超过36个月,因此,王某对于甲公司的投资额不能再用于抵扣其转让乙公司股权的应纳税所得额。

三、政策适用条件

(一)投资对象

初创科技型企业除要求是在中国境内(不含港、澳、台地区)注册成立,实行查账征收的居民企业外,还应该符合"初创"的三个条件和"科技型"的一个条件,具体如下:

(1)接受投资时设立时间不超过5年(60个月)。

(2)接受投资时,从业人数不超过300人,其中具有大学本科以上学历的从业人数不低于30%;资产总额和年销售收入均不超过5 000万元。其中,从业人数及资产总额按照初创科技型企业接受投资前连续12个月的平均数计算,不足12个月的,按实际月数平均计算。具体计算公式如下:

月平均数=(月初数+月末数)÷2

接受投资前连续12个月平均数=接受投资前连续12个月平均数之和÷12

年销售收入包括主营业务收入与其他业务收入,按照初创科技型企业接受投资前连续12个月的累计数计算,不足12个月的,按实际月数累计计算。

(3)接受投资时以及接受投资后2年内未在境内外证券交易所上市。

(4)接受投资当年及下一纳税年度的研发费用总额合计占同期成本费用总额合计的

比例不低于20%。其中,成本费用包括主营业务成本、其他业务成本、销售费用、管理费用、财务费用。

(二) 投资主体

对天使投资个人,采取反向列举的方式,明确天使投资个人不属于被投资初创科技型企业的发起人、雇员或其亲属(包括配偶、父母、子女、祖父母、外祖父母、孙子女、外孙子女、兄弟姐妹),且与被投资初创科技型企业不存在劳务派遣等关系。

(三) 投资方式

享受税收优惠的投资,仅限于采用向初创科技型企业直接支付现金的方式取得的股权投资,不包括采用受让其他股东存量股权的方式取得的投资。

(四) 投资比例

天使投资个人投资后2年内,本人及其亲属持有初创科技型企业股权比例合计应低于50%,其中,投资额按照天使投资个人对初创科技型企业的实缴投资额确定。

(五) 投资时间

享受税收优惠的投资,天使投资个人投资于初创科技型企业的实缴投资应当满2年,投资时间从初创科技型企业接受投资并完成工商变更登记的日期算起。

四、投资抵扣备案

天使投资个人应在投资初创科技型企业满24个月的次月15日内,与初创科技型企业共同向初创科技型企业主管税务机关办理备案手续。

备案时应报送《天使投资个人所得税投资抵扣备案表》。被投资企业符合初创科技型企业条件的有关资料留存企业备查,备查资料包括初创科技型企业接受现金投资时的投资合同(协议)、章程、实际出资的相关证明材料,以及被投资企业符合初创科技型企业条件的有关资料。多次投资同一初创科技型企业的,应分次备案。

五、投资抵扣申报

(1)天使投资个人转让未上市的初创科技型企业股权,按照《通知》规定享受投资抵扣税收优惠时,应于股权转让次月15日内,向主管税务机关报送《天使投资个人所得税投资抵扣情况表》。同时,天使投资个人还应一并提供投资初创科技型企业后税务机关受理的《天使投资个人所得税投资抵扣备案表》。

其中,天使投资个人转让初创科技型企业股权需同时抵扣前36个月内投资其他注销清算初创科技型企业尚未抵扣完毕的投资额的,申报时应一并提供注销清算企业主管税务机关受理并注明注销清算等情况的《天使投资个人所得税投资抵扣备案表》,以及前期享受投资抵扣政策后税务机关受理的《天使投资个人所得税投资抵扣情况表》。

接受投资的初创科技型企业,应在天使投资个人转让股权纳税申报时,向扣缴义务人提供相关信息。

(2)天使投资个人投资初创科技型企业满足投资抵扣税收优惠条件后,初创科技型企业在上海证券交易所、深圳证券交易所上市的,天使投资个人在转让初创科技型企业股票时,有尚未抵扣完毕的投资额的,应向证券机构所在地主管税务机关办理限售股转让税款清算,抵扣尚未抵扣完毕的投资额。清算时,应提供投资初创科技型企业后税务机关受理的《天使投资个人所得税投资抵扣备案表》和《天使投资个人所得税投资抵扣情况表》。

(3)被投资企业发生个人股东变动或者个人股东所持股权变动的,应在次月15日内向主管税务机关报送含有股东变动信息的《个人所得税基础信息表(A表)》。对天使投资个人,应在备注栏标明"天使投资个人"字样。

(4)天使投资个人转让股权时,扣缴义务人、天使投资个人应将当年允许抵扣的投资额填至《扣缴个人所得税报告表》或《个人所得税自行纳税申报表(A表)》"税前扣除项目"的"其他"栏,并同时标明"投资抵扣"字样。

(5)天使投资个人投资的初创科技型企业注销清算的,应及时持《天使投资个人所得税投资抵扣备案表》到主管税务机关办理情况登记。

第五节　承债式股权交易的税务处理

近年来,随着资本市场的高速发展以及交易双方各自需求的多样化,新的股权交易形式层出不穷,承债式股权交易就是其中一种。

一、承债式股权交易的法律效力

1989年,原国家体改委、原国家计委、财政部、国家国有资产管理局联合发布的《关于企业兼并的暂行办法》首次提到承债式股权交易的相似概念——承担债务式,并指出"承担债务式,即在资产与债务等价的情况下,兼并方以承担被兼并方债务为条件接收其资产"。

2016年跨国并购数量、规模达到巅峰,并购的方式愈加多样,承债式股权交易首次较大规模出现在资本市场。2018年的债务违约浪潮,国企找准时机,到A股市场买壳,承债式股权交易第二次集中出现,规模更大。

承债式股权交易也数次出现在最高人民法院作出的裁判文书中,从最终的判决结果来看,最高人民法院对承债式股权交易的民事法律效力均表示予以认可。例如,最高人民法院在(2014)民四终字第11号民事判决中认定,君悦公司已通过指定的受让人汪某强取得了置乐集团的股权,并实际控制置乐公司,其负有支付相应股权转让对价的义务。君悦公司取得置乐集团60%股权的对价人民币1.32亿元,系承债式受让,具体包括向海工支付补偿金以及解决置乐公司的债务和费用等,而不是向置乐集团或徐某华、吴某芳支付股权转让款人民币1.32亿元。根据案件查明事实,君悦公司已向海工支付了补偿金并解决了置乐公司的债务和费用,故其已履行了支付股权转让对价的义务。徐某华、吴某芳不再具有置乐集团股东的身份,亦不存在其因置乐公司债务以及置乐集团未足额出资而被追索的风险。徐某华、吴某芳请求君悦公司支付股权转让款人民币1.32亿元的上诉理由,没有合同依据,应当予以驳回。

二、承债式股权交易的主要类型

按照债务承担主体的不同,承债式股权交易可以分为承债式股权转让和承债式股权收购两种类型。

(一)承债式股权转让

承债式股权转让,主要是指原股东通过签订《承债式股权转让合同》,以转让目标公司全部资产方式将目标公司股权转让给新股东,协议约定时间以前的债权债务由原股东负责,协议约定时间以后的债权债务由新股东负责的交易行为。

站在税收处理的视角,笔者认为,原股东承担目标公司债务的行为,实际上相当于原股东对目标公司的增资行为,此时,原股东应当按照承担债务的具体金额,增加其对目标公司股权投资的计税基础。

(二)承债式股权收购

承债式股权收购,主要是指目标公司新股东以承接或者代为偿付目标公司债务为代价,通过较低价格(或零对价)换取原股东所持目标公司股权,以取得一定程度上的控制权,实现特定经济目标的交易行为。

按照偿付债务的具体形式不同,承债式股权收购可以分为即时支付型、递延承担型。即时支付型,是指新股东实际清偿目标公司的债务作为其购买股权对价的部分或全部,即在股权转让完成前,新股东已经对目标公司的债权人进行了清偿。递延承担型,是指新股东承担目标公司的债务作为其购买股权的对价,待将来达到一定条件时,新股东才对目标公司的债权人实际进行清偿。

东财资讯

上峰水泥1元对价承债式收购黄某平等所持盘石水泥100%股权[1]

2018年3月23日,甘肃上峰水泥股份有限公司(证券代码:000672,以下简称上峰水泥)发布《关于子公司收购九江市盘石水泥有限公司100%股权的公告》(编号:2018—014)披露:

上峰水泥全资子公司怀宁上峰水泥有限公司(以下简称怀宁上峰)拟以1元价格收购黄某平、葛某源、何某和毛某所持江西九江市盘石水泥有限公司(以下简称盘石水泥)100%股权并承担其7070万元负债。

为了反映盘石水泥实际资产状况,上峰水泥聘请具有证券期货从业资质的浙江坤元资产评估有限公司对盘石水泥采用资产基础法进行了整体资产评估,并出具了(坤元评报〔2018〕105号)专项评估报告,评估结论如下:

在评估基准日2017年12月31日的资产账面价值为71 646 954.26元,评估价值为87 104 233.36元,评估增值15 457 279.10元,增值率为21.57%;负债账面价值为87 098 007.55元,评估价值为87 098 007.55元;股东全部权益账面价值为-15 451 053.29元,评估价值为6 225.81元,评估增值15 457 279.10元,增值率为100.04%。

本次盘石水泥的股权收购方式为承债式收购,盘石水泥100%股权转让完成后的资产应包括2017年12月31日盘石水泥资产负债表对应的所有资产。

经双方协商一致,黄某平、葛某源、何某和毛某向怀宁上峰转让其持有盘石水泥100%股权的转让价款为1元。双方共同确认,本次股权收购完成后,盘石水泥应负担的全部负债金额不超过7 070万元,如有超出,超出部分由黄某平、葛某源、何某和毛某给予全额补偿,怀宁上峰及盘石水泥有权从应归还的转让方及其关联方借款和利息(如有)中予以抵扣。

---

[1] 参考资料来源:东方财富网—数据中心—公告大全—上峰水泥—公告正文:《上峰水泥:关于子公司收购九江市盘石水泥有限公司100%股权的公告》(编号:2018—014)。

本次股权转让工商变更登记手续完成、且怀宁上峰取得盘石水泥实际控制权后,怀宁上峰将根据盘石水泥的生产运营以及债务偿还的需要,根据具体情况以及本协议约定的条款、条件,逐步向盘石水泥提供借款,以偿还盘石水泥的到期债务以及应付款项。其中:

黄某平、葛某源、何某和毛某及其关联方的借款:自管理权交割日后的1个月届满之日起15个工作日内,分别偿还豁免后借款总额的30%;自管理权交割日后的12个月届满之日起15个工作日内,分别偿还豁免后借款总额的30%;自管理权交割日后的24个月届满之日起15个工作日内,分别偿还豁免后借款总额的40%。

外部债权人的借款:自管理权交割日后15个工作日内偿还债务总额的50%,剩余债务根据债务协商情况及实际债权人需求情况在管理权交割日3个月届满之日起15个工作日内付清。

三、承债式股权交易的计税依据

根据现行个人所得税法及相关政策的规定,个人股权转让所得为股权转让收入减除股权转让成本及相关的合理税费后的金额。

个人股权转让所得的形式,包括现金、实物、有价证券和其他形式的所得。所得为实物的,应当按照取得的凭证上所注明的价格计算应纳税所得额,无凭证的实物或者凭证上所注明的价格明显偏低的,参照市场价格核定应纳税所得额;所得为有价证券的,根据票面价格和市场价格核定应纳税所得额;所得为其他形式的经济利益的,参照市场价格核定应纳税所得额。

(一)承债式股权转让

对于承债式股权转让,根据《国家税务总局关于股权转让收入征收个人所得税问题的批复》(国税函〔2007〕244号)之规定,原股东取得的股权转让所得,应当按照"财产转让所得"项目,适用20%的比例税率,依法计算征收个人所得税。

具体计算方式如下:

计算方式一:对于原股东取得转让收入后,根据持股比例先清收债权、归还债务后,再对每个股东进行分配的,应纳税所得额=(原股东股权转让总收入－原股东承担的债务总额+原股东所收回的债权总额－注册资本额－股权转让过程中的有关税费)×原股东持股比例。

计算方式二:对于原股东取得转让收入后,根据持股比例对股权转让收入、债权债务进行分配的,应纳税所得额=原股东分配取得股权转让收入+原股东清收公司债权收入－原股东承担公司债务支出－原股东向公司投资成本。

其中,原股东承担的债务不包括应付未付股东的利润。

(二)承债式股权收购

对于承债式股权收购,笔者认为,新股东承担目标公司债务的行为,实际上相当于新股东对目标公司的借款或增资行为,新股东应当按照承担债务的具体金额,增加其对目标公司债权投资或股权投资的计税基础。

此时,原股东应当按照实际取得的股权转让所得,适用"财产转让所得"项目和20%的比例税率,依法计算征收个人所得税。

第六节 不按持股比例分配利润的税务处理

通常情况下,公司应当根据自身的实际经营情况,按照股东的持股比例进行利润分配。然而,在实务中,部分公司出于一些"特殊目的"考虑,有时不是按股东持股比例,而是按公司章程或股东会决议约定的比例进行利润分配。

根据现行《公司法》第三十四条之规定,有限责任公司股东按照实缴的出资比例分取红利;公司新增资本时,股东有权优先按照实缴的出资比例认缴出资。但是,全体股东约定不按照出资比例分取红利或者不按照出资比例优先认缴出资的除外。

也就是说,在民商法领域,公司在"特定条件"下不按股东持股比例进行利润分配合法有效。

|||| **东财资讯** ||||||||||||||||||||||||||||||||||||||||||||||||||||||||||||||||||||||||||||

风光股份向风光实业定向分红 2.24 亿元获税务局免税认可[1]

2021 年 12 月 14 日,营口风光新材料股份有限公司(证券代码:301100,以下简称风光股份)发布《首次公开发行股票并在创业板上市招股说明书》披露:

第五节　风光股份基本情况

二、风光股份设立和报告期内的股本和股东变化情况

(六)2016 年实际控制人向风光股份实缴出资过程中存在的不规范事项及可能对风光股份造成的影响

3.风光股份向风光实业定向分红

2016 年 11 月 25 日,营口风光化工有限公司(以下简称风光有限)召开股东会审议通过,以现金形式向股东进行利润分配,分红金额为 22 400 万元,全体股东一致同意本次分红不按出资比例分配,向营口市风光实业发展有限公司(以下简称风光实业)分红 22 400 万元,王某、韩某兰不参与本次分红。

上述定向分红完成后,风光股份实际控制人从风光实业拆借部分分红款用于归还实缴出资时从风光股份处拆借的资金。

风光股份在进行上述定向分红之前,与主管税务机关进行过事前沟通,取得其确认定向分红不违反税务相关法律法规。

风光股份上述定向分红不存在违法违规的情形,理由如下:

2016 年 11 月 22 日,风光有限股东会通过股东会决议,同意由风光实业向

---

[1] 参考资料来源:东方财富网—数据中心—公告大全—风光股份—公告正文:《风光股份:首次公开发行股票并在创业板上市招股说明书》。

公司增资,风光实业于当日与风光有限签署了《增资协议》,并于11月25日完成工商变更登记。风光实业据此已成为风光有限的股东。

根据《公司法》第四条的规定,"公司股东依法享有资产收益、参与重大决策和选择管理者等权利"。

当时有效的《公司章程》第二十四条规定,公司利润分配按照《公司法》及有关法律、法规、国务院财政主管部门的规定执行。《公司法》第三十四条规定:"股东按照实缴的出资比例分取红利;公司新增资本时,股东有权优先按照实缴的出资比例认缴出资。但是,全体股东约定不按照出资比例分取红利或者不按照出资比例优先认缴出资的除外。"

根据上述规定,经工商登记的股东在特别约定的情形下无论是否实缴出资均具有享有资产收益的权利。

根据2016年11月25日风光股份通过的股东会决议,当时风光有限的全体股东一致同意不按照出资比例分取红利,并定向分配给风光实业,该股东会决议属于全体股东就分红事项达成的合意及约定,不存在实质性违反当时有效的《公司法》规定的情形。

对此,营口市老边区市场监督管理局已经出具确认函,确认在风光新材2016年定向分红过程中,虽然当时暂未完成实缴注册资本,但风光实业增资后及时签署了增资协议并进行了工商变更登记,定向分红前风光实业已经是风光新材合法股东,享有收益权,且风光新材的全体股东以股东会决议方式一致同意定向分红事项,相关法律法规未对此予以禁止,该分红事项不存在违反《公司法》等法律、法规、规章和规范性文件的情形。

国家税务总局营口市老边区税务局系于2020年7月15日出具专项说明:"2016年11月25日,营口市风光化工有限公司作出股东会决议,全体股东一致同意仅向法人股东营口风光实业发展有限公司进行定向分红,自然人股东不参与此次分红。此次定向分红营口市风光化工有限公司已与我局(当时为营口市老边区地方税务局)进行沟通,我局(当时为营口市老边区地方税务局)已知悉且认为不违反法律法规的规定,营口市风光化工有限公司、营口风光实业发展有限公司及当时的自然人股东均不需缴纳税款,亦无需对其作出纳税调整并补征税款、滞纳金或罚款。"

国家税务总局营口市老边区税务局的上级主管部门国家税务总局营口市税务局于2021年1月13日出具了《关于营口风光新材料股份有限公司2016年定向分红所涉税款事项的回复意见》,同意国家税务总局营口市老边区税务局对风光股份2016年定向分红所涉税款事项的处理意见,同意在风光股份2016年定向分红事项中,不涉及纳税调整、补征税款、滞纳金或罚款等行政处罚。

综上,风光股份2016年向风光实业定向分红不存在违反相关法律、法规的情形,不会因此受到有权主管部门的处罚。

不按股东出资比例进行利润分配始见于2006年5月29日深圳发展银行股份有限公司发布的《股权分置改革说明书》。

|||| 东财资讯 ||||

深发展A股权分置改革实施有条件定向现金分红[1]

2006年5月29日,深圳发展银行股份有限公司(证券代码:000001,以下简称深发展A)发布《股权分置改革说明书》披露:

四、股权分置改革方案

(三)保荐机构对本次改革对价安排的分析

1.深发展实施有条件定向分红的可行性

本次股权分置改革方案是在达到事先约定的触发条件时,由深发展A向特

---

[1] 参考资料来源:东方财富网—数据中心—公告大全—平安银行—公告正文:《S深发展A:股权分置改革说明书(全文修订稿)》。

别定向分红股权登记日登记在册的全体无限售条件流通股股东提供一定金额的现金补偿。

2. 本方案的价值衡量

当股价下跌,并达到触发条件时,在特别定向分红股权登记日登记在册的全体无限售条件流通股股东获得了公司定向派发的现金分红,即每持有10股流通股所获现金不超过0.48元人民币(含税)。

上述安排相当于公司非流通股股东向流通股股东支付现金对价,流通股股东每持有10股流通股获得非流通股股东支付的最高不超过0.13元的现金(含税),非流通股股东以此换取其所持非流通股的上市流通权。

全体流通股股东所获得的最高现金总额为67 649 374.32元;其中,因定向分红换算来自非流通股股东的支付的现金为18 321 705.55元。

当股价上涨,并达到触发条件时,在特别定向分红股权登记日登记在册的全体无限售条件流通股股东获得了公司定向派发的最高现金分红,即每持有10股流通股所获现金为0.48元人民币(含税)。

上述安排相当于公司非流通股股东向流通股股东支付现金对价,流通股股东每持有10股流通股相当于获得非流通股股东支付的最高不超过0.13元的现金(含税),非流通股股东以此换取其所持非流通股的上市流通权。

全体流通股股东所获得的最高现金总额为67 649 374.32元;其中,因定向分红换算来自非流通股股东的支付的现金为18 321 705.55元。

保荐机构综合考虑各项因素后认为,深发展A本次股权分置改革方案综合考虑了公司及其各类股东的历史及现实情况,非流通股股东作出了相应的对价安排,方案的实施将有助于公司提升公司价值,对公司长远发展具有积极意义。

与民商法领域不同,在行政法层面,截至目前尚未出台关于如何认定公司不按股东出资比例进行利润分配的税收法律、行政法规及规范性文件,因此,在实务中,是否应当

对公司不按股东出资比例进行利润分配的涉税事项进行特别纳税调整存在较大争议。

司法裁判

最高人民法院:定向分红的民事约定不构成税收规避[1]

2010年9月29日,宋某兴与刘某群、刘某未、肖某英(以下简称刘某群等3人)及武汉大西洋连铸设备工程有限责任公司(以下简称大西洋连铸)签订《备忘录》,约定:鉴于宋某兴同意向刘某群等3人转让,刘某群等3人同意受让宋某兴所持有的大西洋连铸18%的股权,宋某兴拟不再担任大西洋连铸高级管理人员职务,并与大西洋连铸解除聘用关系。具体交易方案如下:

第一步:大西洋连铸以向宋某兴定向分红的方式对标的股权中除实收资本价值以外的所有者权益进行除权,即大西洋连铸将标的股权项下除实收资本价值以外的所有者权益以特别分红的方式向宋某兴进行定向分配,执行定向分红后至日后大西洋连铸全体股东对标的股权的价值重新作出调整、确认前,标的股权项下的所有者权益及价值,仅限于其所对应的实收资本部分价值。第二步:宋某兴将已经作除权处理的标的股权全部转让给刘某群等3人,并与刘某群等3人分别签订股权转让合同,刘某群等3人各自的受让比例按其各自现行对大西洋连铸的持股比例确定。第三步:宋某兴与大西洋连铸就宋某兴离职后所应承担的保密、竞业限制等义务,以及大西洋连铸为此应向宋某兴支付的经济补偿、奖励等事项订立书面协议。第四步:三方协同将标的股权按照前述受让比例,分别转移登记至刘某群等3人各自的名下。第五步:股权转移登记完成后3个工作日内,大西洋连铸向宋某兴交付分红资金。

其中,《备忘录》关于定向分红事项作出具体安排:作为合并持有大西洋连铸100%股权的股东,交易双方一致同意,自本备忘录签订之日起3个工作日

---

[1] 参考资料来源:威科先行·法律信息库—案例—裁判文书:《刘某群、刘某未返还原物纠纷再审审查与审判监督民事裁定书》[(2017)最高法民申2872号]。

内,交易双方应协同就向宋某兴分红事项,依照法律和大西洋连铸章程的规定作出股东会决定。根据大西洋连铸2009年度财务报表记载,并考虑2010年9月28日前已经执行的三次股东分红及各方达成的一致意见,向宋某兴定向分红的金额为人民币63 627 300.00元。大西洋连铸股东会就前述定向分红事项作出的股东会决定付诸执行后,标的股权的价值仅限于其所对应的实收资本金数额(540万元),除非大西洋连铸股东会另行作出决定,除前述实收资本及与之相适应的表决权外,标的股权及持有该股权的股东对大西洋连铸不再享有任何其他经济权益。

经交易双方一致确认,依法应由宋某兴缴纳的,与备忘录所述定向分红收入有关的个人所得税(适用股息、红利所得税率),由交易双方按照各50%的比例分担。根据《备忘录》约定,上述定向分红应当缴纳的个人所得税税款金额为12 725 460元,宋某兴应该承担的个人所得税税款金额为6 362 730元。

大西洋连铸在代扣代缴该笔定向分红收入个人所得税后,于2010年10月14日向宋某兴账户汇入50 901 840元,故实际扣除宋某兴的税款为12 725 460元,相当于大西洋连铸将依约定由刘某群等3人共同承担的税款一并从宋某兴处予以全部扣除。

经过交易双方多次协商未果,宋某兴上诉至武汉市中级人民法院(以下简称一审法院),请求判令:(1)刘某群等3人共同返还宋某兴人民币6 362 730.00元;(2)以本金6 362 730.00元为计算标准,自2010年10月15日起,每逾期一日,按照每日万分之三标准向宋某兴支付违约金至支付完毕止(截至2014年2月28日宋某兴起诉之日该项违约金为人民币235万元人民币)。

经审理,2016年4月18日,一审法院依法作出(2014)鄂武汉中民商初字第00236号民事判决:刘某群等3人于判决生效之日起10日内共同返还宋某兴6 362 730元,并支付占用资金利息,自2010年10月15日起,按照每日万分之三的利率标准计算,支付至前述款项付清之日止。

刘某群等3人不服,上诉至湖北省高级人民法院(以下简称二审法院)。

经审理,二审法院依法作出(2016)鄂民终1088号民事判决:驳回上诉,维持原判。

刘某群等3人不服，申请最高人民法院再审。

经审理，最高人民法院认定：

1. 原判决认定事实有证据证明

（1）涉案《备忘录》系当事人真实意思表示，形式要件完备，不违反法律、行政法规的禁止性规定，合法有效，刘某群等3人认为《备忘录》不是正式合同、不具备可执行性的主张缺乏依据。刘某群等3人认为《股东会决定》效力高于《备忘录》亦缺乏依据，《备忘录》第八条约定"三方一致确认，依法应由宋某兴缴纳的、与本备忘录第三条所述定向分红收入有关的个人所得税（适用股息、红利所得税率），由宋某兴与刘某群等3人按照各50%的比例分担"。虽然《股东会决定》载明"公司及各股东按国家法律、法规规定纳税"，但该条款并未明确各股东应纳税的税种、税率、税赋负担方式等具体细节，该条款是告诫各股东应依法纳税的提示性条款。前述《备忘录》则明确约定了应纳税的税种、税率、税赋负担方式，因此《备忘录》的约定更具有可操作性，刘某群等3人认为《股东会决定》效力高于《备忘录》，应依《股东会决定》执行缺乏依据，原判决认定刘某群等3人应向宋某兴返还应分担的税款有证据《备忘录》证明。

（2）刘某群等3人应依《备忘录》约定返还应分担的税款未返还，刘某群等3人实际占有资金必然会导致宋某兴利息损失，因此原判决认定刘某群等3人支付资金占用利息不属于缺乏证据证明。

2. 原判决适用法律正确

（1）刘某群等3人与宋某兴之间是基于合同产生的纠纷，原判决将案由定为返还财产纠纷不是占用财产，且该案由并未影响本案实体处理结果，不属于适用法律确有错误。

（2）个人所得税虽然是所得人必须缴纳的税种，并不意味着当事人在民事合同中不能对相关税赋的实际承担问题作出约定。本案中，宋某兴是纳税义务人，大西洋连铸作为扣缴义务人已代扣宋某兴应缴纳的税款，宋某兴并没有逃避纳税义务。刘某群等3人与宋某兴就税赋的实际承担问题作出的民事约定没有造成国家税款的流失,因此,刘某群等3人认为该民事约定构成税收规避的理由不成立。

(3)关于《备忘录》是否违反了《公司法》及《税法》相关规定,是否以合法形式掩盖非法目的,是否系无效文件。①《公司法》第四条规定,"公司股东依法享有资产收益、参与重大决策和选择管理者等权利"。第三十四条规定,"股东按照实缴的出资比例分取红利;公司新增资本时,股东有权优先按照实缴的出资比例认缴出资。但是,全体股东约定不按照出资比例分取红利或者不按照出资比例优先认缴出资的除外"。根据《公司法》第三十七条的规定,股东会的职权包括审议批准公司的利润分配方案和弥补亏损方案,对股东会职权内事项股东以书面形式一致表示同意的,可以不召开股东会会议,直接作出决定,并由全体股东在决定文件上签名、盖章。大西洋连铸全体股东作出的《股东会决定》一致同意分配公司净利润人民币6 362.73万元,宋某兴获得利润6 362.73万元,其他股东刘某群等3人获得利润为0,符合前述公司法规定,刘某群等3人认为《备忘录》违反了公司法规定的理由不成立。②刘某群等3人认为《备忘录》违反税收相关规定。若违反税法相关规定,亦属于应受到行政处罚的行为,并不当然导致合同无效。刘某群等3人关于《备忘录》违反了公司法及税法相关规定,以合法形式掩盖非法目的,系无效文件的理由不成立,原判决认定《备忘录》合法有效不属于适用法律确有错误。

2017年9月28日,最高人民法院依法作出(2017)最高法民申2872号民事裁定:驳回刘某群等3人的再审申请。

综上所述,笔者认为,公司在拟定分红比例与出资比例不一致的利润分配方案时,应当充分考虑其利润分配方案是否具有合理的商业目的,且不以减少、免除或者推迟缴纳税款为主要目的,如果能够证明利润分配方案同时遵循真实性、合法性、合理性和关联性原则,税务机关应当予以认可,否则,可能面临税务机关的反避税调查及特别纳税调整。

第七节 对赌协议的税务处理

随着我国经济的高速发展,投融资活动的金融服务需求日益增长,资本市场交易模式也持续创新,在此大背景下,"对赌协议"应运而生。

为进一步做好公司纠纷案件审理工作,保护交易安全和投资安全,激发经济活力,2019年11月8日,最高人民法院印发《全国法院民商事审判工作会议纪要》(以下简称《九民会议纪要》),就对赌协议的定义、法律效力、争议的处理规则等作出了基本规定。

一、对赌协议的基本内涵

《九民会议纪要》认为,实践中俗称的"对赌协议",又称估值调整协议,是指投资方与融资方在达成股权性融资协议时,为解决交易双方对目标公司未来发展的不确定性、信息不对称以及代理成本而设计的包含了股权回购、金钱补偿等对未来目标公司的估值进行调整的协议。

对赌协议是股权投融资活动中常用的一种价值调整工具与或然性安排,其实质是一种附带生效条件的特殊期权形式。简单地讲,对赌协议是投资方与融资方在达成交易时,双方对于目标公司未来不确定事项达成的一种约定。如果目标达成,投资方将继续持有股份,融资方分得高额回报;如果目标没有实现,则融资方需回购投资方股权或对投资方给予补偿。目标公司未来的不确定事项既可能是经营业绩,也可能是上市时间。如投资方与融资方可以在对赌协议中约定,融资方应当在若干年内完成IPO,若未完成,投资方有权要求融资方以合法途径回购股份并支付一定固定收益。

对赌协议能够有效保证股权交易价格的公平合理,不仅可以切实保护投资方的利益,也对融资方或其控股股东有一定激励作用。

二、对赌协议的法律效力

股权投融资业务的需求不同,对赌协议的类型也多样,不同类型的对赌协议有不同的法律特点,从订立"对赌协议"的主体来看,有投资方与目标公司的股东或者实际控制人"对赌"、投资方与目标公司"对赌"、投资方与目标公司的股东以及目标公司"对赌"等形式。

《九民会议纪要》认为,人民法院在审理"对赌协议"纠纷案件时,不仅应当适用《合同法》[1]的相关规定,还应当适用《公司法》的相关规定;既要坚持鼓励投资方对实体企业特别是科技创新企业投资原则,从而在一定程度上缓解企业融资难问题,又要贯彻资本维持原则和保护债权人合法权益原则,依法平衡投资方、公司债权人、公司之间的利益。

(一)投资方与目标公司的股东或者实际控制人"对赌"

对于投资方与目标公司的股东或者实际控制人订立的"对赌协议",如无其他无效事由,人民法院应当认定有效并支持实际履行。也就是说,对于股东之间的对赌,人民法院一般都应当尊重当事人的意志自由以及当事人之间的合意。在不违反法律禁止性规定的前提下,认定合同有效并支持实际履行。

|||| 司法裁判 ||||||||||||||||||||||||||||||||||||||||||||||||||||||||||

最高人民法院:"对赌"失败!
小马奔腾实控人遗孀赔款 2 亿元[2]

北京小马奔腾文化传媒股份有限公司(以下简称小马奔腾)成立于 2007 年

---

[1] 现已失效。
[2] 参考资料来源:威科先行·法律信息库—案例—裁判文书:《金某、建银文化产业股权投资基金(天津)有限公司合同纠纷其他民事民事裁定书》[(2020)最高法民申 2195 号]。

8月,法定代表人李某,注册地址位于北京市朝阳区北宸东路8号,主要经营范围为电影、电视剧的制作及发行。

2011年3月,小马奔腾进行上市之前最后一轮融资,融资规模高达7.5亿元。其中,小马奔腾与建银文化产业股权投资基金(天津)有限公司(以下简称建银文化)签订《关于北京新雷明顿广告有限公司的增资及转股协议》,建银文化对小马奔腾注资4.5亿元,成为小马奔腾的第二大股东,持有小马奔腾15%的股权。双方在《投资补充协议》中约定"若小马奔腾未能在2013年12月31日之前完成合格上市,则投资方建银文化有权在之后的任何时间,在符合当时法律法规要求的情况下,要求小马奔腾、实际控制人李某中的任何一方一次性收购建银文化所持小马奔腾的股权"。

法定代表人李某因病突然离世,直接导致小马奔腾未能在2013年12月31日之前如期上市,建银文化要求退出小马奔腾,经多次协商,双方就赔款和利息数额未能达成一致意见,2016年12月,建银文化上诉至北京市第一中级人民法院(以下简称一审法院),请求判令:小马奔腾赔付建银文化6.35亿元,其中李某遗孀金某承担2亿元。

经审理,2017年10月,一审法院依法作出(2016)京01民初481号民事判决:2亿元为李某与金某的夫妻共同债务,金某需在2亿元范围内承担连带清偿责任。

金某不服,上诉至北京市高级人民法院(以下简称二审法院)。

经审理,二审法院认定:

金某对于对赌协议约定的股权回购义务是明知的,其参与了小马奔腾的共同经营。李某离世后,金某的一系列行为证实李某、金某夫妻共同经营小马奔腾,案涉债务属于二人经营所负共同债务。

2019年10月,二审法院依法作出(2018)京民终18号民事判决:驳回上诉,维持原判。

金某不服,申请最高人民法院再审。

经审理,2021年7月,最高人民法院依法作出(2020)最高法民申2195号民事裁定:驳回上诉,维持原判。

(二)投资方与目标公司"对赌"

对于投资方与目标公司订立的"对赌协议"是否有效以及能否实际履行,人民法院应当把握以下处理规则:

一是对于投资方与目标公司订立的"对赌协议",在不存在法定无效事由的情况下,目标公司仅以存在股权回购或者金钱补偿约定为由,主张"对赌协议"无效的,人民法院不予支持,但投资方主张实际履行的,人民法院应当审查是否符合公司法关于"股东不得抽逃出资"及股份回购的强制性规定,判决是否支持其诉讼请求。

二是投资方请求目标公司回购股权的,人民法院应当依据现行《公司法》第三十五条关于"股东不得抽逃出资"或者第一百四十二条关于股份回购的强制性规定进行审查。经审查,目标公司未完成减资程序的,人民法院应当驳回其诉讼请求。

三是投资方请求目标公司承担金钱补偿义务的,人民法院应当依据现行《公司法》第三十五条关于"股东不得抽逃出资"和第一百六十六条关于利润分配的强制性规定进行审查。经审查,目标公司没有利润或者虽有利润但不足以补偿投资方的,人民法院应当驳回或者部分支持其诉讼请求。今后目标公司有利润时,投资方还可以依据该事实另行提起诉讼。

司法裁判

最高人民法院:投资方强某延与目标公司瀚霖生物"对赌"合法有效[1]

山东瀚霖生物技术有限公司(以下简称瀚霖生物)成立于 2008 年 4 月

---

[1] 参考资料来源:威科先行·法律信息库—案例—裁判文书:《强某延、曹某波股权转让纠纷再审民事判决书》[(2016)最高法民再 128 号]。

14日,注册地址位于山东省莱阳市(开发区)峨嵋路1号,法定代表人曹某波。

2011年4月25日,瀚霖生物作为甲方,强某延等作为乙方,曹某波作为丙方,三方就强某延等向瀚霖生物增资扩股及其他事宜共同签订了《增资协议书》及《补充协议书》。

《增资协议书》主要约定:强某延向瀚霖生物增资3 000万元,其中400万元作为瀚霖生物的新增注册资本,其余2 600万元作为瀚霖生物的资本公积金,强某延持有瀚霖生物0.86%的股权。《补充协议书》第二条第一款约定,曹某波承诺争取瀚霖生物于2013年6月30日前获准首次公开发行股票并在国内主板或创业板证券交易所上市(以下简称"合格IPO");第二款约定,如果瀚霖生物未能在2013年6月30日前完成合格IPO,强某延有权要求曹某波以现金方式回购强某延所持的瀚霖生物股权,回购价格为强某延实际投资额再加上每年8%的内部收益率溢价;第六款约定,瀚霖生物为曹某波的回购提供连带责任担保。上述协议签订后,强某延于2011年4月29日将3 000万元转入瀚霖生物账上,瀚霖生物将强某延登记在其股东名单中。

2012年5月31日,强某延与曹某波签订了《股权转让协议》,约定:强某延将持有的瀚霖生物股权转让给曹某波,按《补充协议书》约定的价格计算方式回购,曹某波应在协议签订后30个工作日内全额付清转让款,逾期未付清应按欠款额每日千分之五支付违约金;逾期超过30日仍未付清,则强某延有权要求曹某波付清转让款和违约金后,退出股权。《股权转让协议》签订后,曹某波未履行支付义务。

2014年4月2日,强某延书面通知曹某波、瀚霖生物支付股权转让款并承担违约责任,但曹某波、瀚霖生物未履行付款义务。强某延遂上诉至成都市中级人民法院(以下简称一审法院),请求判令:曹某波支付强某延股权转让款37 791 360元及逾期付款利息,并要求瀚霖生物对曹某波的付款承担连带清偿责任。

经审理,2015年1月,一审法院依法作出(2014)成民初字第1180号民事判决:(1)曹某波于判决生效之日起10日内向强某延支付股权转让款37 791 360元;

(2)曹某波于判决生效之日起10日内向强某延支付逾期付款的违约金(计算方式:以股权转让款37 791 360元为基数,自2014年5月14日起按中国人民银行同期贷款基准利率计至付完股权转让款之日止);(3)驳回强某延要求瀚霖生物对曹某波的该等付款义务承担连带担保责任的诉讼请求。

强某延不服,上诉至四川省高级人民法院(以下简称二审法院),请求改判:瀚霖生物对曹某波应当承担的37 791 360元及其违约金的债务承担连带责任或发回重审。

经审理,2015年8月,二审法院依法作出(2015)川民终字第445号民事判决:驳回上诉,维持原判。

强某延不服,申请最高人民法院再审。

经审理,最高人民法院认定:

合同无效的判定严格遵循法定主义,二审判决否定担保条款效力的裁判理由不符合《合同法》[1]关于合同无效的各类法定情形,该项认定已违反《合同法》基本规则,构成适用法律错误。案涉《补充协议书》所约定担保条款合法有效,瀚霖生物应当依法承担担保责任。理由如下:

其一,强某延已对瀚霖生物提供担保经过股东会决议尽到审慎注意和形式审查义务,案涉《补充协议书》所约定担保条款对瀚霖生物已发生法律效力。

其二,强某延投资全部用于瀚霖生物经营发展,瀚霖生物全体股东因而受益,担保行为有利于瀚霖生物的自身经营发展需要,并未损害公司及公司中小股东权益,不违反《公司法》第十六条之立法目的,故认定瀚霖生物承担担保责任,符合一般公平原则。

2018年9月,最高人民法院依法作出(2016)最高法民再128号民事判决:(1)撤销(2015)川民终字第445号民事判决;(2)维持(2014)成民初字第1180号民事判决第一项、第二项,即曹某波向强某延支付股权转让款37 791 360元,曹某波向强某延支付逾期付款的违约金(计算方式:以股权转让款37 791 360元为基

---

[1] 现已失效,下同。

数,自2014年5月14日起按中国人民银行同期贷款基准利率计至付完股权转让款之日止);(3)撤销(2014)成民初字第1180号民事判决第三项,改判为瀚霖生物对曹某波所承担股权转让款及逾期付款违约金债务承担连带清偿责任。

由此可见,结合《九民会议纪要》的相关精神,关于对赌协议的法律效力,应当秉承意思自治的原则,只要不违反法律、行政法规的效力性强制性规定,不存在法定无效事由,就不应当否定其效力。

三、对赌协议的分类标准

按照对赌主体、对赌标的等标准,对赌协议可以分为不同类型,其中,根据"或有对价"支付方向的不同,对赌协议可以分为"正向对赌协议"和"反向对赌协议"两类。

(一)正向对赌协议

正向对赌协议,又称正向或有对价协议,主要是指当并购重组的收购方和出售方对目标公司的估值无法达成一致时,双方会在未来事件的基础上采取一个追加支付或者一个或有对价的方式来解决分歧和差异。这样的价款支付或对价通常被称为"或有对价",并且典型地采取目标公司在收购日后满足某些收入或盈利指标的方式进行。例如,在股权并购交易中,目标公司的控股股东转让其持有股权,收购方于交易达成时先予支付一部分价款,之后根据未来事件是否达成再予以追加支付给出让股东一笔金额不确定的价款。这种方式被形象地称为"预付+追加"方式。

(二)反向对赌协议

反向对赌协议,又称反向或有对价协议,主要是指在出售方出售标的资产中,收购方于交易达成时先予支付商定的一个总价款,如果标的资产或目标公司未实现未来事件,则出让方应向收购方返还约定金额的价款。这种方式被形象地称为"先付+后返"方式。在我国的实践中,上市公司购买资产中的"盈利预测补偿协议"或"利润补偿协议"就是典型的"先付+后返"方式。

东财资讯

五年对赌完毕!冯某刚返还华谊兄弟业绩补偿款2.35亿元[1]

2015年11月19日,华谊兄弟传媒股份有限公司(证券代码:300027,以下简称华谊兄弟)发布《关于投资控股浙江东阳美拉传媒有限公司的公告》(编号:2015—125)披露:

华谊兄弟拟以现金对价方式收购冯某刚、陆某强所持浙江东阳美拉传媒有限公司(以下简称东阳美拉)70%股权,交易对价为10.5亿元。

根据天眼查App披露,东阳美拉成立于2015年9月2日,注册资本500万元,注册地址为浙江省金华市东阳市浙江横店影视产业实验区,主营业务为影视剧项目的投资、制作,影视剧本创作、策划、交易等。

截至公告日,东阳美拉未经审计的财务数据:资产总额为人民币1.36万元,负债总额为人民币1.91万元,所有者权益为人民币-0.55万元。

其中,冯某刚、陆某强作出的业绩承诺期限为5年,自目标的股权转让完成之日起至2020年12月31日止,其中,2016年度是指标的股权转让完成之日起至2016年12月31日止。

2016年度承诺的业绩目标为东阳美拉当年经审计的税后净利润不低于人民币1亿元,自2017年度起,每个年度的业绩目标为在上一个年度承诺的净利润目标基础上增长15%。若冯某刚、陆某强未能完成某个年度的"业绩目标",则冯某刚、陆某强同意于该年度的审计报告出具之日起30个工作日内,以现金

---

[1] 参考资料来源:东方财富网—数据中心—公告大全—华谊兄弟—公告正文:《关于投资控股浙江东阳美拉传媒有限公司的公告》(编号:2015—125)。

的方式(或东阳美拉认可的其他方式)补足东阳美拉未完成的该年度业绩目标之差额部分。

根据业绩承诺,2016年至2020年,东阳美拉需要分别实现净利润1亿元、1.15亿元、1.32亿元、1.52亿元和1.749亿元。若无法完成业绩,冯某刚、陆某强将以现金补足差额。

根据公开资料披露,东阳美拉2016—2020年度的净利润分别为1.01亿元(包括2015年的0.46亿元和2016年的0.55亿元,两年净利合并为一年算)、1.17亿元、0.65亿元、1.64亿元和0.056亿元,共计4.53亿元。其中,2018年和2020年两个年度未完成对赌业绩。

2019年4月27日,华谊兄弟发布《2018年年度报告》披露,东阳美拉已收到冯某刚业绩补偿款68211539.21元。

2021年5月24日,华谊兄弟发布《关于浙江东阳美拉传媒有限公司2020年度业绩承诺补偿完成的公告》(编号:2021—058)披露:

根据《股权转让协议》约定,2020年度承诺的业绩目标为经审计的税后净利润不低于人民币17 490.06万元。2020年,受到新冠疫情的影响,东阳美拉的项目进度在一定程度上受到延迟,未能完成业绩目标,按照业绩目标与实现的业绩差额,应补偿金额为16 804.29万元。截至公告日,冯某刚、陆某强已根据协议约定,以现金的方式按期支付完成业绩补偿。

四、对赌协议的税务处理

对赌协议在我国的实践中主要有三类应用场景:第一类是风险投资、私募股权投资过程中的对赌;第二类是上市公司重大资产重组交易中的业绩对赌;第三类是中国企业并购海外标的时盈利支付机制的安排。

作为期权的一种特殊形式,对赌协议是资本市场上投融资双方对于未来不确定情况进行的一种专项约定,因此,对赌协议的涉税问题也越来越受到财税理论界和实务界的高度关注。从税收角度来看,对赌协议可能会涉及现金支付型业绩补偿或股份支付型业绩补偿,然而,对于支付或收到对赌业绩补偿应当如何进行税务处理,目前暂无统一政策口径。

|||| 政策链接 ||||||||||||||||||||||||||||||||||||||||||||||||||

国家税务总局四川省税务局关于答复政协四川省第十二届委员会第三次会议第0427号提案的函[1]

您提出的《关于股权转让中对赌协议税收确认问题的建议》收悉,现答复如下:

近年来,我国资本市场重组频繁,助推了对赌协议的广泛应用,而对赌协议的广泛应用又推动了资本市场的繁荣发展。对赌协议的所得税处理,一直是税法领域的理论与实践难题,即便在欧美等所得税制体系较为完善的国家,因其交易的复杂性,对价方式的多样性,也一直处于不断发展中。目前,我国企业所得税关于对赌协议的税务处理,并无直接明确的文件规范;个人所得税现行政策依据为《股权转让所得个人所得税管理办法(试行)》(国家税务总局公告2014年第67号),该办法从原则上明确了基本政策,具体操作仍需要进一步细化。

2019年,我局已就相关问题进行了调研、探讨,形成了处理该问题的观点和建议,并向国家税务总局所得税司作了专题报告。接到您的提案建议后,因省税务局没有政策解释权,我局专题研究了该问题,再次以书面形式向国家税务总局报告,提请国家税务总局商财政部研究出台政策文件。下一步,我局将坚

---

[1] 参考资料来源:国家税务总局四川省税务局官网首页—信息公开—政府信息公开—法定主动公开内容—公众参与—政协提案复文公开:《国家税务总局四川省税务局关于答复政协四川省第十二届委员会第三次会议第0427号提案的函》。

持税不重征也不漏征、税会处理一致的处理原则,继续跟进落实提案相关工作要求,推动早日解决对赌协议涉及的税收难题。

衷心感谢您对税收工作提出的宝贵意见,请您一如既往关心和支持税收工作。

国家税务总局四川省税务局
2020 年 7 月 27 日

对赌协议涉及的利益主体比较多,法律关系相对复杂,由于篇幅有限,本节仅就上市公司重大资产重组交易中业绩对赌的个人所得税问题进行探讨。

(一)现金支付型业绩补偿

根据《股权转让所得个人所得税管理办法(试行)》(国家税务总局公告 2014 年第 67 号)的相关规定,股权转让收入是指转让方因股权转让而获得的现金、实物、有价证券和其他形式的经济利益。转让方取得与股权转让相关的各种款项,包括违约金、补偿金以及其他名目的款项、资产、权益等,均应当并入股权转让收入。纳税人按照合同约定,在满足约定条件后取得的后续收入,应当作为股权转让收入。

因此,在正向对赌交易中,个人完成对赌承诺业绩后取得上市公司追加支付的超额业绩奖励,应当并入股权转让收入,按照"财产转让所得"项目,依法计算缴纳个人所得税,各方观点基本一致。

然而,在反向对赌交易中,个人因未能完成对赌承诺业绩向上市公司返还的对赌业绩补偿应当如何进行税务处理,由于缺乏明确的税法执行口径,各方意见分歧较大。

关于反向对赌协议,目前主要存在衍生金融工具观和交易对价修正观两类主流观点。

截至目前,对于取得现金支付型业绩补偿,应当计入营业外收入,依法计算缴纳企业所得税,已经成为绝大多数上市公司的共识。

东财资讯

农发种业收到对赌业绩补偿5 439.73万元调增营业外收入并补提所得税费用[1]

2017年4月27日,中农发种业集团股份有限公司(证券代码:600313,以下简称农发种业)发布《关于公司前期会计差错更正的公告》(编号:临2017—012)披露:

一、会计差错更正概述

(一)业务背景

2015年3月29日,农发种业第五届董事会第二十次会议审议通过《关于公司发行股份购买资产并募集配套资金暨关联交易的议案》,拟发行股份收购中农发河南农化有限公司(以下简称河南农化,原名称为河南颖泰农化股份有限公司)67%的股份。2015年9月17日,经中国证券监督管理委员会以《关于核准中农发种业集团股份有限公司向郭文江等发行股份购买资产并募集配套资金的批复》(证监许可〔2015〕2126号)予以核准。根据农发种业与郭文江等交易对方签署的《发行股份购买资产协议》及其补充协议约定,农发种业以379 286 996.73元的价格购买河南农化67%的股权。同时农发种业与郭某江签署《盈利预测补偿协议》及补充协议,约定河南农化在2015—2017年各年度实现的扣除非经常性损益后归属于母公司所有者的净利润分别不低于6 333.68万元、7 366.37万元和7 472.78万元,不足部分按协议约定的计算规则由郭某江向农发种业进行现金补偿。

农发种业于2015年10月完成对河南农化的非同一控制下企业合并,并确认长期股权投资成本为379 286 996.73元,在合并财务报表中确认合并商誉金额为146 908 912.33元。2015年年末,河南农化扣除非经常性损益后归属于母

---

[1] 参考资料来源:东方财富网—数据中心—公告大全—农发种业—公告正文:《600313:农发种业关于公司前期会计差错更正的公告》(编号:临2017—012)。

公司所有者的净利润为 3 263.63 万元,未达到盈利预测数,农发种业将应收郭某江的业绩补偿款 5 439.73 万元按权益交易确认为资本公积。

(二)差错更正原因

根据《企业会计准则第 20 号——企业合并》第十一条第(四)项之规定,"在合并合同或协议中对可能影响合并成本的未来事项作出约定的,购买日如果估计未来事项很可能发生并且对合并成本的影响金额能够可靠计量的,购买方应当将其计入合并成本",即:对于非同一控制下企业合并形成的长期股权投资的或有对价,按照其在购买日的公允价值计入企业合并成本。并应按照《企业会计准则第 22 号——金融工具确认和计量》的相关规定对或有对价进行确认和后续计量,除满足金融工具列报准则界定的权益工具之外,或有对价在后续会计期间均应以公允价值重新计量且其变动计入损益或其他综合收益。与此同时,对于被收购方未能完成盈利预测业绩情况的,应按照《企业会计准则第 8 号——资产减值》的规定,对各年末商誉进行减值测试,并根据测试结果计提减值准备。

根据上述规定,农发种业与郭某江签署的《盈利预测补偿协议》及补充协议中约定,河南农化盈利预测未完成部分补偿的方式为现金补偿,因此业绩承诺补偿涉及的或有对价后续计量的公允价值变动与权益交易无关,应计入当期损益。同时,根据《企业会计准则第 8 号——资产减值》的规定,农发种业应在 2015 年年末对商誉进行减值测试并对发生的减值计提商誉减值准备。

综上,前述事项构成前期差错更正事项,经农发种业第六届董事会第三次会议审议通过,农发种业在编制 2016 年度财务报告时对上述前期差错进行追溯更正。本次会计差错更正须提交农发种业股东大会审议。

二、具体情况及对农发种业的影响

(一)前期差错更正的会计处理

农发种业母公司财务报表层面和合并财务报表层面 2015 年度应进行调整的具体会计分录如下:

1. 农发种业母公司财务报表层面的调整分录

借:资本公积　　　　　　　　　　　　　　54 397 256.58

　　贷:营业外收入　　　　　　　　　　　　54 397 256.58

同时,补提相关的企业所得税费用

借:所得税费用　　　　　　　　　　　　　13 599 314.15

　　贷:应交税费——企业所得税　　　　　　13 599 314.15

2. 农发种业母公司财务报表层面补记长期股权投资减值准备

借:资产减值损失　　　　　　　　　　　　40 689 612.49

　　贷:长期股权投资减值准备　　　　　　　40 689 612.49

3. 农发种业母公司财务报表层面补提法定盈余公积

借:提取法定盈余公积　　　　　　　　　　10 833.00

　　贷:盈余公积　　　　　　　　　　　　　10 833.00

4. 农发种业合并财务报表层面补提商誉减值准备

借:资产减值损失　　　　　　　　　　　　13 707 644.09

　　　长期股权投资减值准备　　　　　　　40 689 612.49

　　贷:商誉减值准备　　　　　　　　　　　54 397 256.58

同时,确认递延所得税资产

借:递延所得税资产　　　　　　　　　　　13 599 314.15

　　贷:所得税费用　　　　　　　　　　　　13 599 314.15

(二)前期差错更正对财务报表的影响

根据企业会计准则规定,前述前期差错采用追溯重述法,影响的农发种业2015年度合并及母公司财务报表项目及金额如下表所示。

单位:元

受影响的报表项目	2015年12月31日(2015年度)		
	合并财务报表		
	重述前	重述额	重述后
资产项目	3 766 242 642.38	-40 797 942.43	3 725 444 699.95
其中:商誉	368 254 761.72	-54 397 256.58	313 857 505.14
递延所得税资产	1 844 077.38	13 599 314.15	15 443 391.53
负债项目	1 232 362 953.08	13 599 314.15	1 245 962 267.23
其中:应交税费	27 083 292.09	13 599 314.15	40 682 606.24
所有者权益项目	2 533 879 689.30	-54 397 256.58	2 479 482 432.72
其中:资本公积	1 122 512 209.27	-54 397 256.58	1 068 114 952.69
盈余公积	13 014 008.69	10 833.00	13 024 841.69
未分配利润	174 492 401.44	-10 833.00	174 481 568.44
归属于母公司股东权益	1 743 812 854.33	-54 397 256.58	1 689 415 597.75
利润表项目	136 921 058.27	—	136 921 058.27
其中:资产减值损失	13 715 423.50	54 397 256.58	68 112 680.08
营业外收入	78 216 294.93	54 397 256.58	132 613 551.51
归属于母公司所有者的净利润	84 516 259.73	—	84 516 259.73
资产总计	1 656 929 983.84	-40 689 612.49	1 616 240 371.35
其中:长期股权投资	1 096 822 312.20	-40 689 612.49	1 056 132 699.71
负债合计	57 305 200.63	13 599 314.15	70 904 514.78
其中:应交税费	14 990 783.43	13 599 314.15	28 590 097.58
股东权益合计	1 599 624 783.21	-54 288 926.64	1 545 335 856.57
其中:资本公积	1 097 767 514.04	-54 397 256.58	1 043 370 257.46
盈余公积	12 872 262.52	10 833.00	12 883 095.52
未分配利润	56 105 541.65	97 496.94	56 203 038.59
归属于母公司股东权益合计	1 599 624 783.21	-54 288 926.64	1 545 335 856.57
净利润	44 329 675.54	108 329.94	44 438 005.48
其中:资产减值损失	2 409 384.29	40 689 612.49	43 098 996.78
营业外收入	20 291 027.61	54 397 256.58	74 688 284.19
所得税费用	7 913 216.36	13 599 314.15	21 512 530.51
归属于母公司所有者的净利润	44 329 675.54	108 329.94	44 438 005.48

三、董事会审核及独立董事、监事会和会计师事务所的结论性意见

(一)董事会意见

董事会认为:农发种业本次会计差错更正是必要的、合理的,是对会计核算工作的改进与提高,能够更加准确地反映农发种业实际财务状况,有利于提高农发种业会计信息质量,会计处理符合《企业会计准则 28 号——会计政策、会计估计变更和差错更正》及《公开发行证券的公司信息披露编报规则第 19 号——财务信息的更正及相关披露》等有关规定,同意农发种业本次对会计差错进行更正,并将议案提交农发种业股东大会审议。

(二)独立董事意见

独立董事认为:农发种业本次会计差错更正,客观公允地反映了农发种业实际情况,会计处理符合《会计准则》及相关规定;董事会关于该差错更正事项的审议和表决程序符合法律、法规等相关制度的要求;同意农发种业本次会计差错的更正处理,同时要求农发种业加强核算工作,提高农发种业会计信息质量,切实维护农发种业广大投资者的利益。

(三)监事会意见

监事会认为:农发种业本次会计差错更正,依据充分,符合法律、法规、财务会计制度的有关规定,有利于提高农发种业会计信息质量和更加客观、公允地反映农发种业的财务状况,同意农发种业本次对会计差错进行更正。

(四)会计师事务所结论性意见

信永中和会计师事务所(特殊普通合伙)对本次会计差错更正出具了《关于中农发种业集团股份有限公司 2016 年度财务报表前期差错更正的专项说明》,认为农发种业的上述前期差错更正事项在所有重大方面符合《企业会计准则第 28 号——会计政策、会计估计变更和差错更正》的规定。

四、上网公告附件

(一)独立董事意见

(二)信永中和会计师事务所出具的专项说明

但是,对于个人支付现金业绩补偿后,能否申请税务机关退还已经申报缴纳的"财产转让所得"项目个人所得税,实务中各地税务机关的相关执行口径分歧较大。

衍生金融工具观认为,《股权转让所得个人所得税管理办法(试行)》(国家税务总局公告 2014 年第 67 号)仅规定"纳税人按照合同约定,在满足约定条件后取得的后续收入,应当作为股权转让收入",但是国家税务总局公告 2014 年第 67 号文件并未明确"纳税人按照合同约定,在满足约定条件后支付的后续支出,可以抵减股权转让收入",个人取得股权转让收入与后续支付业绩补偿是两个相互独立的经济行为,个人因实际业绩未能达到对赌协议设定的业绩标准,按照业绩差额向上市公司支付现金补价,其实质是个人给上市公司签发了一份看跌期权,后期行权时,个人应当确认投资损失,税务机关不应退还之前申报缴纳的相关"财产转让所得"项目个人所得税。

||||政策链接||||

国家税务总局 12366 纳税服务平台网上留言[1]
对赌协议的个人所得税问题

留言时间:2019 年 06 月 25 日

纳税人属地:福建

问题内容:企业股权转让签订对赌协议,协议要求 3 年净利润不低于 3 亿元,达不到要求按规定进行现金补偿,个人所得税已缴纳。现 3 年已过,因净利润达不到要求,要现金补偿,那么之前缴纳个人所得税部分能否申请退还?

附件:无

答复机构:福建省税务局

答复时间:2019 年 06 月 26 日

---

[1] 资料来源:国家税务总局 12366 纳税服务平台首页—网上留言:《对赌协议的个人所得税问题》。

答复内容：您好，根据您提供的信息，您所述的情形没有退还个人所得税的相关政策。上述回复仅供参考，具体以国家相关政策规定为准！感谢您的咨询，顺祝生活愉快！

交易对价修正观则认为，个人因实际业绩未能达到对赌协议设定的业绩标准，按照业绩差额向上市公司支付现金补价，其实质是对当初交易标的市场估值的后续调整，相当于对原先交易对价的持续修正，基于税收中性原则，个人应当冲抵原先确认的股权转让收入，同时，税务机关也应退还之前多申报缴纳的相关"财产转让所得"项目个人所得税。

东财资讯

对赌失败！税务局退还股权交易个税上亿元[1]

2019年9月26日，广东银禧科技股份有限公司（证券代码：300221，以下简称银禧科技）发布《关于收到兴科电子科技原股东部分业绩补偿款的公告》（编号：2019—76）披露：

银禧科技于近日收到许某明、高某义现金补偿款合计6 235 120.79元（如无特别说明，均为人民币元，以下同），其中，许黎明支付的现金补偿款金额为3 461 491.94元，高某义支付的现金补偿款金额为2 773 628.85元。

一、业绩补偿概况

2016年6月，银禧科技与兴科电子科技有限公司（以下简称兴科电子科技）原股东许某明、高某义签订了《广东银禧科技股份有限公司与认购方之业绩承

---

[1] 参考资料来源：东方财富网—数据中心—公告大全—银禧科技—公告正文：《银禧科技：关于收到兴科电子科技原股东部分业绩补偿款的公告》（编号：2019—76）。

诺补偿协议》(以下简称《业绩承诺补偿协议》)。由于兴科电子科技2016年度至2018年度累计实现扣除非经常性损益后的净利润为-5 609.00万元,而2016年度至2018年度兴科电子科技累计承诺业绩为73 000.00万元,兴科电子科技业绩承诺完成率为0。根据《业绩承诺补偿协议》,许某明、高某义需对银禧科技进行业绩补偿(对银禧科技进行股份及现金补偿并退还已从银禧科技取得的分红款)。其中,许某明应补偿金额(股份补偿及现金补偿)共计189 462 235.65元,应退回分红款共计2 349 365.62元;高某义应补偿金额(股份补偿及现金补偿)共计151 812 688.82元,应退回分红款共计1 882 378.24元。

二、许某明、高某义业绩补偿履行情况

(一)股份补偿履行情况

银禧科技于2019年6月14日完成回购注销许某明、高某义的股份共计20 740 872股(折合人民币223 379 191.44元),许某明、高某义其股份补偿义务已完成。

(二)现金补偿履行情况

截至2019年9月26日,许某明、高某义已向银禧科技支付现金补偿款合计6 235 120.79元,其中,许某明支付的现金补偿款金额为3 461 491.94元,高某义支付的现金补偿款金额为2 773 628.85元。

许某明、高某义剩余尚需补偿的现金金额及应退回现金分红情况如下表所示。

单位:元

姓名	剩余现金补偿款金额	应退回现金分红款金额	剩余现金补偿款金额与应退回现金分红款合计
许某明	61 989 546.40	2 349 365.62	64 338 912.02
高某义	49 671 065.84	1 882 378.24	51 553 444.08
合计	111 660 612.24	4 231 743.86	115 892 356.10

备注:银禧科技于2019年7月向东莞市税务局提交了个人所得税退税申请,根据兴科电子科技原股东胡某赐、许某明、高某义补偿的股票申请退税112 550 463.36元(其中许某明和高某义二人合计申请退税金额为44 675 838.29元),

若上述个人所得税得以退回,兴科电子科技原股东胡某赐、许某明、高某义的该部分退税可冲抵其业绩补偿款现金补偿部分金额。

许某明尚需对银禧科技进行的现金补偿以及退还的分红款合计64 338 912.02元,高某义尚需对银禧科技进行的现金补偿以及退还的分红款合计51 553 444.08元。

2019年12月4日,银禧科技发布《关于收到兴科电子科技原股东部分业绩补偿款的公告》(编号:2019—94)披露:

银禧科技于近日收到胡某赐、许某明、高某义现金补偿款合计112 550 462.76元,其中,胡某赐的现金补偿款为67 874 624.87元,许某明的现金补偿款金额为24 802 239.26元,高某义的现金补偿款金额为19 873 598.63元。关于胡某赐、许某明、高某义业绩补偿的相关情况如下:

一、业绩补偿概况

胡某赐、许某明、高某义应支付的业绩补偿以及应退回分红款情况具体如下表所示。

姓名	业绩补偿——股份补偿		业绩补偿——现金补偿金额(元)	合计业绩补偿金额(元)	应退回分红款金额(元)
	应补偿股份数(股)	股份补偿金额(元)			
胡某赐	31 510 968	339 373 125.36	189 083 318.63	528 456 443.99	6 900 599.49
许某明	11 514 503	124 011 197.31	65 451 038.34	189 462 235.65	2 349 365.62
高某义	9 226 369	99 367 994.13	52 444 694.69	151 812 688.82	1 882 378.24
合计	52 251 840	562 752 316.80	306 979 051.66	869 731 368.46	11 132 343.35

二、胡某赐、许某明、高某义业绩补偿履行情况

(一)股份补偿履行情况

银禧科技于2019年6月14日完成回购注销胡某赐、许某明、高某义的股份共计52 251 840股(562 752 316.80元),胡某赐、许某明、高某义其股份补偿义务已完成。

(二)现金补偿履行情况

1. 2019年9月26日,许某明、高某义已向银禧科技支付现金补偿款合计

6 235 120.79 元,其中,许某明支付的现金补偿款金额为 3 461 491.94 元,高某义支付的现金补偿款金额为 2 773 628.85 元。

2.2019 年 12 月 4 日,银禧科技收到胡某赐、许某明、高某义现金补偿款合计 112 550 462.76 元,其中,胡某赐的现金补偿款金额为 67 874 624.87 元,许某明的现金补偿款金额为 24 802 239.26 元,高某义的现金补偿款金额为 19 873 598.63 元。

截至公告出具日,胡某赐、许某明、高某义剩余尚需补偿的现金金额及应退回现金分红情况如下表所示。

单位:元

姓名	剩余现金补偿款金额	应退回现金分红款金额	剩余现金偿款金额与应退回现金分红款合计
许某明	37 187 307.14	2 349 365.62	39 536 672.76
高某义	29 797 467.21	1 882 378.24	31 679 845.45
胡某赐	121 208 693.76	6 900 599.49	128 109 293.25
合计	188 193 468.11	11 132 343.35	199 325 811.46

胡某赐、许某明、高某义的业绩承诺补偿义务尚未履行完毕,银禧科技将持续督促胡某赐、许某明、高某义切实履行业绩补偿义务,并根据相关事项进展情况及时履行信息披露义务。

(二)股份支付型业绩补偿

对于上市公司重大资产重组交易,股份支付型业绩补偿通常仅存在于反向对赌交易当中。

股份支付型业绩补偿主要包括额外股份支付和股份回购两种类型。关于股份支付型业绩补偿,目前也存在衍生金融工具观和交易对价修正观两类主流观点。

对于额外股份支付型对赌交易,各方争议的焦点主要在于个人因实际业绩未能达到对赌协议设定的业绩标准,按照业绩差额向上市公司以0元或1元对价转让标的公司剩余股权,是否应当视为价格明显偏低且无正当理由,核定征收"财产转让所得"项目个人所得税。

衍生金融工具观认为,个人取得股权转让收入与后续额外股份支付是两个相互独立的经济行为,根据国家税务总局公告2014年第67号文件第十三条、第十四条之规定,个人后续通过额外股份支付方式向上市公司以0元或1元对价转让标的公司剩余股权,应当视为股权转让收入明显偏低且无正当理由,税务机关可以依次按照净资产核定法、类比法等合理方法核定股权转让收入,依法征收"财产转让所得"项目个人所得税。

政策链接

对赌失败0元转让股权是否交个税

咨询内容:我在引入新来的投资人时有对赌条款,现对赌失败,应补偿给投资人1个点的股权,请问此股权转让给对方的时候是0元作价,需要我交个税吗?

回复单位:国家税务总局东莞市税务局

回复时间:2019年11月12日16时41分

东莞市12366纳税服务中心答复:

尊敬的纳税人(扣缴义务人、缴费人)您好!您所提交的网上留言已收悉,现答复如下:

1.您在对赌失败时补偿给对方的股权应作为股权转让处理,按照《国家税务总局关于发布〈股权转让所得个人所得税管理办法(试行)〉的公告》(国家税务总局公告2014年第67号)的规定,以股权转让收入减除股权原值和合理费用后的余额为应纳税所得额,按"财产转让所得"缴纳个人所得税。

2.股权转让收入应当按照公平交易原则确定。股权转让收入明显偏低且无正当理由的,主管税务机关可以核定股权转让收入。因此,您补偿给对方的股权,应按公平交易原则确定股权转让收入并申报个人所得税。

交易对价修正观则认为，个人因实际业绩未能达到对赌协议设定的业绩标准，后续通过额外股份支付方式向上市公司以0元或1元对价转让标的公司剩余股权，其实质是对当初交易标的市场估值的后续调整，相当于对原先交易对价的持续修正，基于税收中性原则，对于个人通过额外股份支付方式向上市公司以0元或1元对价转让标的公司剩余股权，应当视为股权转让收入明显偏低且有正当理由，税务机关不应核定征收"财产转让所得"项目个人所得税。

东财资讯

对赌失败！实控人0元转让股权获税务局免征个税认可[1]

2021年5月17日，苏州国芯科技股份有限公司（证券代码：688262，以下简称国芯科技）发布《北京市炜衡律师事务所关于苏州国芯科技股份有限公司首次公开发行股票并在科创板上市的补充法律意见书（二）》披露：

一、关于国芯科技股权结构、董监高等基本情况

问题1：关于历史沿革

根据申请材料……（2）2014年1月，由于苏州国芯科技有限公司（以下简称"国芯有限"）未实现承诺业绩，郑某、肖某楠、匡某和按照《苏州国芯科技有限公司管理层股东协议》（以下简称《管理层股东协议》）的约定，向滨海天使、天保成长、泰达投资无偿转让相应的股权；（3）2014年12月，麒越投资、麒越基金、富海投资将部分股权以1元的价格转让给联创投资，2016年7月，麒越基金将所持国芯有限3.62%出资额无偿转让给矽晟投资，麒越基金将所持国芯有限1.94%出资额无偿转让给矽丰投资，富海投资将所持国芯有限2.23%出资额无偿转让给旭盛科创，富海投资将所持国芯有限0.01%出资额无偿转让给矽丰投资，麒越投资将所持国芯有限0.90%出资额无偿转让给矽丰投资。上述股权转

---

[1] 参考资料来源：东方财富网—数据中心—公告大全—国芯科技—公告正文：《8-3补充法律意见书（二）（苏州国芯科技股份有限公司）》。

让系依据国芯有限、郑某、肖某楠、匡某和、联创投资与麒越投资、麒越基金、富海投资于2014年9月29日签署的《关于苏州国芯科技有限公司之赠股协议》(以下简称《赠股协议》)中的相关约定执行。

请国芯科技说明：……(3)按照《管理层股东协议》和《赠股协议》的约定，以1元的价格或者无偿转让股权时的税务合规性。

回复：

(三)按照《管理层股东协议》和《赠股协议》的约定，以1元的价格或者无偿转让股权时的税务合规性

1.《管理层股东协议》约定的无偿转让股权的税务合规性

根据《管理层股东协议》的约定，2014年1月，郑某将其持有的国芯有限266.00万元和33.22万元注册资本对应的股权无偿转让给天保成长和泰达投资；肖某楠将其持有的国芯有限183.35万元和26.10万元注册资本对应的股权无偿转让给滨海天使和泰达投资；匡某和将其持有的国芯有限86.03万元注册资本对应的股权无偿转让给泰达投资。

本次股权转让系估值调整导致的无偿转让，根据当时有效的《个人所得税法》(2011年修正)第六条的规定，财产转让所得，以转让财产的收入额减除财产原值和合理费用后的余额，为应纳税所得额。本次股权转让为无偿转让，作价低于郑某、肖某楠、匡某和取得对应股权的初始成本，郑某、肖某楠、匡某和因此未取得转让收益。

本次股权转让事项，根据国家税务总局苏州国家高新技术产业开发区税务局的核定，应纳税额为0。截至补充法律意见书出具日，郑某、肖某楠、匡某和已根据个人所得税股权转让的相关规定履行纳税申报义务并取得了自然人股东股权转让个人所得税纳税情况证明。

本次股权转让相关当事人存在未及时进行申报纳税的情形。根据《国家税务总局关于未申报税款追缴期限问题的批复》(国税函[2009]326号)的规定，《税收征收管理法》第六十四条第二款规定的纳税人不进行纳税申报造成不缴或少缴应纳税款的情形不属于偷税、抗税、骗税，其追征期按照《税收征收管理

法》第五十二条规定的精神,一般为3年,特殊情况可以延长至5年。同时,根据《税收征收管理法》(2013年修订)第八十六条的规定,违反税收法律、行政法规应当给予行政处罚的行为,在5年内未被发现的,不再给予行政处罚。因此,郑某、肖某楠、匡某和未就本次股权转让事项及时进行纳税申报,但上述情形至今已超过5年,根据相关法规不存在因为上述情形而被处以行政处罚的风险。

2.《赠股协议》约定1元的价格或者无偿转让股权的税务合规性

根据《赠股协议》的约定,2014年12月,麒越基金将其持有的国芯有限910.82万元出资对应的股权以1元的价格转让给联创投资;富海投资将其持有的国芯有限367.27万元出资对应的股权以1元的价格转让给联创投资;麒越投资将其持有的国芯有限146.91万元出资对应的股权以1元的价格转让给联创投资。

2016年7月,麒越基金将其持有的国芯有限432.00万元出资对应的股权无偿转让给矽晟投资;麒越基金将其持有的国芯有限231.44万元出资对应的股权无偿转让给矽丰投资;富海投资将所持有的国芯有限265.95万元出资对应的股权无偿转让给旭盛科创;富海投资将所持有的国芯有限1.56万元出资对应的股权无偿转让给矽丰投资;麒越投资将其持有的国芯有限107.00万元出资对应的股权无偿转让给矽丰投资。

根据《财政部 国家税务总局关于合伙企业合伙人所得税问题的通知》(财税〔2008〕159号)的规定,合伙企业以每一个合伙人为纳税义务人。合伙企业合伙人是自然人的,缴纳个人所得税;合伙人是法人和其他组织的,缴纳企业所得税。

根据《关于个人独资企业和合伙企业投资者征收个人所得税的规定》(财税〔2000〕91号)的规定,投资者从合伙企业取得的生产经营所得,由合伙企业向企业实际经营管理所在地主管税务机关申报缴纳投资者应纳的个人所得税。

综上,《赠股协议》约定的转让方麒越基金、富海投资、麒越投资作为合伙企业并非所得税的纳税主体,合伙企业自身仅为其合伙人个人所得税的扣缴义务人而非纳税义务人,国芯科技无需为其合伙企业股东履行企业所得税代扣代缴义务,国芯科技不涉及纳税申报事宜,相关所得税由麒越基金、富海投资、麒越投资自行申报。截至补充法律意见书出具日,上述合伙企业已申报缴纳上述股权转让相应的个人所得税,符合税收相关法律法规的规定。

与额外股份支付型对赌交易不同,股份回购型对赌交易的争议焦点与现金支付型对赌交易类似,对于上市公司以 0 元或 1 元对价回购并注销个人所持本公司定向增发的股票后,个人能否申请税务机关退还已经申报缴纳的"财产转让所得"项目个人所得税,实务中各地税务机关的相关执行口径分歧较大。

衍生金融工具观认为,个人以标的公司股权参与上市公司定向增发股票与后续上市公司以 0 元或 1 元对价回购并注销个人所持本公司定向增发的股票是两个相互独立的经济行为,个人因实际业绩未能达到对赌协议设定的业绩标准,上市公司按照业绩差额以 0 元或 1 元对价回购个人所持本公司定向增发的股票,其实质是个人给上市公司签发了一份看跌期权,后期行权时,个人应当确认投资损失,税务机关不应退还之前申报缴纳的相关"财产转让所得"项目个人所得税。

交易对价修正观则认为,个人因实际业绩未能达到对赌协议设定的业绩标准,上市公司按照业绩差额以 0 元或 1 元对价回购个人所持本公司定向增发的股票,其实质是对当初交易标的市场估值的后续调整,相当于对原先交易对价的持续修正,基于税收中性原则,个人应当冲抵原先确认的股权转让收入,同时,税务机关也应当退还之前多申报缴纳的相关"财产转让所得"项目个人所得税。

▎东财资讯 ▎

回购注销业绩补偿股份 原股东获退还亿元个税[1]

2020 年 7 月 15 日,深圳市奋达科技股份有限公司(证券代码:002681,以下

---

[1] 参考资料来源:东方财富网—数据中心—公告大全—奋达科技—公告正文:《*ST 奋达:关于业绩补偿股份回购注销实施完成的公告》(编号:2020—063)。

简称*ST奋达)发布《关于业绩补偿股份回购注销实施完成的公告》(编号：2020—063)披露：

一、前次重大资产重组情况概述

*ST奋达于2017年7月31日收到中国证券监督管理委员会《关于核准深圳市奋达科技股份有限公司向文某泽等发行股份购买资产并募集配套资金的批复》(证监许可[2017]1372号)，核准*ST奋达向文某泽、张某明、董某林、富众达以发行股份及支付现金方式购买深圳市富诚达科技有限公司(以下简称富诚达)100%股权并募集配套资金事项。2017年8月7日，富诚达已就本次交易资产过户事宜办理完成了工商变更登记手续，并取得了深圳市市场监督管理局新核发的工商营业执照。2017年9月7日，本次非公开发行新股166 652 960股在深圳证券交易所(以下简称深交所)上市，重大资产重组已实施完毕。

*ST奋达于2017年3月28日与交易对方签署的《奋达科技与富诚达全体股东之发行股份及支付现金购买资产的利润补偿协议》，以及2017年4月20日与交易对方签署的《奋达科技与富诚达全体股东之发行股份及支付现金购买资产的利润补偿协议之补充协议》(以下合称《利润补偿协议》)，就该次重大资产重组交易相关的业绩补偿事项作出了具体约定，具体内容参见*ST奋达于2017年8月1日在巨潮资讯网(www.cninfo.com.cn)披露的《发行股份及支付现金购买资产并募集配套资金暨关联交易报告书(草案)(修订稿)》。

二、关于本次业绩补偿股份回购注销事项的说明

2020年1月16日，*ST奋达披露《关于仲裁事项的公告》就与文某泽、张某明、董某林及富众达之间关于业绩承诺和利润补偿事项，向深圳国际仲裁院提起仲裁申请，并获得深圳国际仲裁院受理立案。同日，*ST奋达披露《关于公司申请财产保全暨持股5%以上股东及一致行动人股份被司法冻结的公告》，为保证将来仲裁裁决和业绩补偿的有效执行，切实维护*ST奋达及全体股东的利益，根据相关法律规定，*ST奋达向深圳市宝安区人民法院提起申请，对业绩补偿义务人所持有的*ST奋达股份及其他财产采取财产保全措施，并收到深圳市宝安区人民法院出具的《财产保全受理案件通知书》[(2020)粤0306

财保20号]。自2020年1月16日起,补偿义务人持有的*ST奋达股份全部被司法冻结。

2020年4月30日,*ST奋达披露《2019年年度报告》及立信会计师事务所(特殊普通合伙)出具的《深圳市奋达科技股份有限公司关于深圳市富诚达科技有限公司2019年业绩承诺实现情况的专项审计报告》(信会师报字〔2020〕第ZI10335号)(以下简称《专项审计报告》)等相关公告。根据《专项审计报告》,富诚达2017年至2019年的累计实现扣非后净利润未达到业绩承诺要求,富诚达原股东须根据《利润补偿协议》的有关约定,向*ST奋达履行业绩补偿义务。

2020年5月6日,*ST奋达披露《关于对业绩补偿纠纷达成和解并签署〈协议书〉的公告》,经*ST奋达第四届董事会第八次会议审议通过,*ST奋达与富诚达原股东签署了《协议书》,对解决2019年度业绩补偿争议纠纷达成和解,主要内容如下:

1. 关于业绩赔偿方案:

(1)*ST奋达和富诚达原股东同意按2017~2019年度累计实现的扣非后净利润3.12亿元为基础进行补偿,补偿金额1 779 888 888.89元。富诚达原股东以注销股票和返还现金红利作为对价来支付上述补偿金额,其中,*ST奋达以人民币1元回购注销其持有的*ST奋达股票203 096 652股,富诚达原股东返还现金红利8 668 413.86元。

富诚达原股东各自应补偿金额、对应注销股份数量、返还现金红利金额如下表所示。

补偿义务人	补偿金额(元)	对应注销股份数量(股)	对应返还现金红利(元)
文某泽	748 122 897.78	85 365 584	3 643 507.69
董某林	481 548 938.89	54 947 800	2 345 239.40
张某明	490 145 802.22	55 928 756	2 387 107.81
富某达	60 071 250.00	6 854 512	292 558.96
合计	1 779 888 888.89	203 096 652	8 668 413.86

(2)鉴于*ST奋达已就富诚达原股东转让富诚达的全部股权,按289 500万元的股权转让价款为富诚达原股东代扣代缴了个人所得税;而根据《利润补偿协

议》及本协议的约定,富诚达原股东实际收到的股权转让价款低于289 500万元,股份注销完成后10个工作日内,*ST奋达应配合向税务部门提出退税申请,包括签署必要的补充协议以及作出价格说明,获得的退税款项后,其中5%部分归*ST奋达所有,如款项退至*ST奋达账户,则*ST奋达在10个工作日内将剩余95%部分及时退还给富诚达原股东。

2. *ST奋达和富诚达原股东解除相关资产的查封冻结和诉讼状态的相关约定：

（1）*ST奋达同意,在2019年度审计报告出具后10个工作日内,向宝安法院和/或深圳国际仲裁院提出书面申请,申请解除基于现有仲裁提出的对富诚达原股东的财产保全措施(冻结*ST奋达股票除外)。在富诚达原股东补偿股票注销且返还现金红利后5个工作日内,*ST奋达应申请撤回现有仲裁,并书面申请宝安法院和/或深圳国际仲裁院解除对富诚达原股东的全部财产保全措施。

（2）富诚达原股东同意,于*ST奋达递交现有仲裁撤回申请同日,富诚达原股东向宝安法院申请撤回现有诉讼。

2020年5月21日,*ST奋达召开2019年年度股东大会,审议通过了《关于公司2019年度报告及其摘要的议案》《关于公司就业绩补偿纠纷与业绩补偿义务人达成和解并签署〈协议书〉的议案》《关于回购注销业绩补偿义务人应补偿股份的议案》《关于提请股东大会授权董事会全权办理业绩承诺补偿股份回购注销相关事宜的议案》等相关事项,广东宝城律师事务所就本次股东大会的召集召开程序、表决结果出具了法律意见书。

2020年7月3日,*ST奋达披露《关于持股5%以上股东及一致行动人部分股份解除冻结的公告》,富诚达原股东所持有的应被回购注销的*ST奋达股份合计203 096 652股已解除司法冻结。

三、关于本次业绩补偿股份回购注销实施情况的说明

根据《协议书》约定,*ST奋达向深交所和中国结算深圳分公司提交了办理本次业绩补偿股份回购注销的相关申请材料,并于近日经中国结算深圳分公

司确认及通过"发行人 E 通道"系统查询,获悉本次业绩补偿股份的回购注销相关手续已实施完成。

四、回购注销前后*ST奋达股权结构变动情况表

股份性质	本次变动前		本次变动数量(股)	本次变动后	
	数量(股)	比例		数量(股)	比例
一、限售条件流通股/非流通股	942 172 271	46.47%	-203 096 652	739 075 619	40.50%
高管锁定股	709 240 446	34.98%	0	709 240 446	38.86%
首发后限售股	232 931 825	11.49%	-203 096 652	29 835 173	1.64%
二、无限售条件流通股	1 085 592 001	53.53%	0	1 085 592 001	59.50%
三、总股本	2 027 764 272	100.00%	-203 096 652	1 824 667 620	100.00%

本次回购注销后,*ST奋达的股权分布仍具备上市条件。

五、回购注销后对*ST奋达的影响

1. 对*ST奋达基本每股收益的影响

项目	股本总额(股)	2019年度基本每股收益(元/股)
按本次回购注销完成前*ST奋达股本总额计算的基本每股收益	2 027 764 272	-1.51
按本次回购注销完成后*ST奋达股本总额计算的基本每股收益	1 824 667 620	-1.67

2. 对控股股东和持股5%以上股东持股比例的影响

本次回购注销后,*ST奋达控股股东的持股比例提升至39.74%,控股股东及其一致行动人的持股比例提升至50.75%,具体内容参见同日在巨潮资讯网(www.cninfo.com.cn)披露的《控股股东及其一致行动人关于持有深圳市奋达科技股份有限公司股份变动比例超过1%的公告》;持股5%以上股东文某泽及其一致行动人富众达的持股比例降至0.74%,具体内容参见同日在巨潮资讯网(www.cninfo.com.cn)披露的《简式权益变动报告书》。

综上所述,笔者认为,在国家税务总局尚未正式发文明确对赌协议的税务处理口径之前,无论是选择适用衍生金融工具观还是选择适用交易对价修正观,都是当前解决对赌交易涉税问题的有效途径。但是需要注意的是,对赌交易的当事各方在进行税务处理时,应当保持税务处理的一致性原则,即不能一方选择适用衍生金融工具观的税务处理方法,另一方却选择适用交易对价修正观的税务处理口径,这样的"混合错配"在对赌交易涉税处理当中是绝对不允许出现的。

第八节 代持股的税务处理

代持股在我国是一种比较普遍的现象,特别是近年来,随着资本市场发展和上市公司股权分置改革,代持非上市公司股权和代持上市公司股票的现象日益增多。

代持股,又称股权代持,主要是指实际出资人(又称隐名股东)与名义出资人(又称显名股东)约定,由名义出资人作为公司工商登记的股东代持股权,实际出资人履行出资义务并享有投资收益的一种股权处置方式。

在实务中,股权代持既可能发生在自然人与自然人之间,也可能发生在自然人与法人之间,或者法人与法人之间。

一、代持股协议的法律效力

根据发生的主体范围不同,代持股可以分为有限责任公司的代持股和股份有限公司的代持股。由于不同公司形态的股权代持行为所适用的法律依据有所不同,相关《代持股协议》的法律效力也存在一定差异。

(一)有限责任公司

有限责任公司的代持股关系是最基本的股权代持形态。

根据《最高人民法院关于适用〈中华人民共和国公司法〉若干问题的规定(三)》(法释〔2020〕18号修正,以下简称《公司法解释(三)》)第二十四条第一款之规定,有限责任公司的实际出资人与名义出资人订立合同,约定由实际出资人出资并享有投资权益,以名义出资人为名义股东,实际出资人与名义股东对该合同效力发生争议的,如无法律规定的无效情形,人民法院应当认定该合同有效。

同时,根据《公司法解释(三)》第二十五条之规定,名义股东将登记于其名下的股权转让、质押或者以其他方式处分,实际出资人以其对于股权享有实际权利为由,请求认定处分股权行为无效的,人民法院可以参照《民法典》第三百一十一条的规定处理。名义股东处分股权造成实际出资人损失,实际出资人请求名义股东承担赔偿责任的,人民法院应予支持。

由此可见,在民商法领域,只要有限责任公司的代持股行为没有违反法律的禁止性规定,代持股协议即合法有效。

司法裁判

最高人民法院:非公众公司的股权代持协议有效[1]

2013年10月9日,重庆贤源投资有限公司(以下简称贤源投资)与黄某贲签订《股权代持协议》,载明:(1)贤源投资作为发起人设立重庆两江新区融炬小额贷款有限公司(以下简称融炬小贷),贤源投资出资7 500万元,占融炬小贷注册资本的25%。(2)贤源投资出资的7 500万元中,有2 400万元的出资(占融炬小贷注册资本的8%)系黄某贲实际出资。

同日,贤源投资与黄某贲签订《补充协议》,载明:(1)贤源投资承诺在融炬小贷开业满1年时,通过股权变更方式将黄某贲2 400万元转为融炬小贷正式股份,并持有融炬小贷8%的股权。(2)黄某贲2 400万元转为融炬小贷正式股

---

[1] 参考资料来源:威科先行·法律信息库—案例—裁判文书:《黄某贲、重庆翰廷投资有限公司合同纠纷再审审查与审判监督民事裁定书》[(2017)最高法民申2851号]。

份后,仍按原贤源投资代持黄某贲股权的年限享有融炬小贷经营带来的所有积累。(3)贤源投资股权代理期间,黄某贲派一人参与融炬小贷股东会议。(4)黄某贲于2013年10月12日前,先汇入贤源投资指定账户300万元,余款在1个月支付;如不按时支付余款,其已交300万元作为违约金,贤源投资不退还黄某贲。(5)黄某贲将股本金2 400万元通过贤源投资投入融炬小贷后,如届时不能成为融炬小贷股东或享受股东权利,贤源投资除赔偿黄某贲300万元外,还应自黄某贲第一次付款之日起按投入资金总额的每月5%向黄某贲另行支付相关损失。

2013年10月16日,融炬小贷成立。

2013年11月5日,贤源投资更名为重庆翰廷投资有限公司(以下简称翰廷投资)。

2013年11月15日,重庆龙钰科技开发有限公司(以下简称龙钰科技)分两次向翰廷投资转账共计850万元;2013年11月18日,龙钰科技向翰廷投资转账350万元;2013年11月19日,重庆众太科技有限公司(以下简称众太科技)分两次向翰廷投资转账共计550万元。2014年1月17日,黄某贲向翰廷投资支付63万元。

2015年1月9日,翰廷投资出具5张《收据》,分别载明:2013年10月12日,个人股权转让款300万元。2013年11月14日,重庆教育建设(集团)有限公司代黄某贲转入股权转让款150万元。2013年11月18日,重庆河山时代电子有限公司代黄某贲转入股权转让款200万元。2013年11月19日,众太科技代黄某贲转入股权转让款550万元;龙珏科技代黄某贲转入股权转让款1 200万元。

2015年2月15日,黄某贲向翰廷投资发出《关于解除双方签订的〈股权代持协议〉的通知》(以下简称《解除通知》),载明:"贵司与我于2013年10月9日签订《股权代持协议》及《补充协议》,约定贵司将自己持有的融炬小贷8%的股权(股本金2 400万元)转让给我。贵司应在融炬小贷开业满一年时(即2014年10月15日前),通过股权变更方式将我转为融炬小贷正式股东并持有融炬小贷

8%的股权。现合同约定的股权转让时间已过,而贵司至今无法将股权转让至我名下,同时查明贵司作为融炬小贷发起人,根本不允许将股权转让,更无法办理股权变更登记手续。我已向贵司多次提出解除上述《股权代持协议》及《补充协议》,由贵司退还股权转让款并赔偿相关损失。为此,特在此向贵司发函,通知如下:解除我与贵司于2013年10月9日签订的《股权代持协议》及《补充协议》,贵司应在接到此通知后立即返还我已向贵司支付的股权转让款2 400万元,并按协议约定赔偿我方损失。"

2015年3月8日,翰廷投资向黄某贵发出《回函》,载明:"《解除通知》已于2015年2月27日收悉,现回复如下:一、翰廷投资与黄某贵于2013年10月9日签订的《股权代持协议》及《补充协议》是贵我双方充分协商一致后签订的协议,协议内容是贵我双方的真实意思表示,上述协议合法有效。二、对于我司是融炬小贷发起人的事实,融炬小贷的开业批复有明确记载。贵我双方在签订《股权代持协议》及《补充协议》时,对该事实均是清楚知悉的。三、我司已将办理股权变更登记需要由我司提供的相关资料提交给融炬小贷,导致至今未能办理股权过户登记至您名下的原因是您不予配合,拒绝提交办理股权变更登记应由您提供的资料。四、因此,我司无任何违约行为,不同意解除贵我双方于2013年10月9日签订的《股权代持协议》及《补充协议》。"

因多次协商未果,黄某贵上诉至重庆市第一中级人民法院(以下简称一审法院),请求判令:(1)解除黄某贵与翰廷投资于2013年10月9日签订的《股权代持协议》及《补充协议》;(2)翰廷投资立即返还黄某贵股权转让款2 400万元;(3)翰廷投资返还黄某贵已支付的2013年10月9日至2013年11月的股权转让款2 100万元的利息63万元;(4)翰廷投资支付黄某贵合同约定损失费300万元;(5)翰廷投资向黄某贵支付截至2015年2月25日的资金占用损失1 317万元,2015年2月25日之后的资金占用损失以2 400万元为基数、按月息3%计算至所有款项清偿之日止。

经审理,一审法院依法作出(2015)渝一中法民初字第00557号民事判决:(1)黄某贵与翰廷投资于2013年10月9日签订的《股权代持协议》及《补充协议》系双方真实意思表示，未违反法律、行政法规的强制性规定，合法有效；(2)翰廷投资于判决生效之日起10日内偿还黄某贲2 400万元；(3)翰廷投资于判决生效之日起10日内支付黄某贲资金占用损失(以2 400万元为基数、按中国人民银行公布的金融机构同期贷款基准利率的四倍、从2015年2月27日起计算至付清之日止)。

翰廷投资不服，上诉至重庆市高级人民法院(以下简称二审法院)。

经审理，2016年12月，二审法院依法判决：撤销(2015)渝一中法民初字第00557号民事判决，驳回黄某贲的诉讼请求。

黄某贲不服，申请最高人民法院再审。

经审理，最高人民法院认定：

1. 双方当事人均认可《股权代持协议》及《补充协议》是双方真实意思的表示，亦不违反法律法规的强制性规定，故上述协议合法有效，并对双方均有约束力。

2. 《股权代持协议》围绕翰廷投资代持黄某贲股权，对股权代持从"代持内容"到"委托权限"及"双方的权利与义务"等进行了详细约定，从此协议看，双方之间确认了黄某贲的实际出资和翰廷投资代持黄某贲相应股份的情况，而未对股权转让进行相关约定。而且从《股权代持协议》内容看，翰廷投资代持的黄某贲相应股份均来自黄某贲本人实际出资，并非受让于翰廷投资。因而，双方之间并无任何股权转让的法律关系。

3. 与《股权代持协议》同日签订的《补充协议》约定了根据2013年10月9日双方签订的"股权代持协议"之要求，经双方协商，达成补充协议，该《补充协议》中约定亦有"一、翰廷投资承诺黄某贲在融炬小贷开业满一年时，通过股权变更方式将黄某贲2 400万元转为融炬小贷正式股份，并持有该融炬小贷8%的股权""二、黄某贲2 400万元转为融炬小贷正式股份后，仍按原翰廷投资代持黄某贲股权的年限享有融炬小贷经营带来的所有积蓄"，该约定的基础依然是股份代持，亦无股权转让的任何意思表示。该份《补充协议》虽有约定变更股权的时间和方式，但该变更并非基于转让，而是源于双方解除之前的代持关系,通过公司对外合法公示的方式实现将黄某贲的实际出资人身份转化为公司股东身份。因而,该《补充协议》目的在于翰廷投资将代持的黄某贲股权合法登记至黄某贲名下,即实现股权从名义股东向实际出资人的转化,使黄某贲成为融炬小贷的合法登记股东。从《补充协议》整体内容看,未见任何以转让为基础的股权交易,不存在任何黄某贲所主张股权转让的意思表示。因而,双方《补充协议》亦不存在股权转让的法律关系。

2017年9月,最高人民法院依法作出(2017)最高法民申2851号民事裁定:驳回黄某贲的再审申请。

(二)股份有限公司

虽然法释〔2020〕18号文件第四条规定仅针对有限责任公司的代持股,然而对于非上市股份有限公司的股权代持行为,由于其不存在危害广大股票投资者的危险性,在司法裁判中也通常参照法释〔2011〕3号文件关于有限责任公司的条款适用。例如,山东省高级人民法院在(2015)鲁商终字第61号民事判决中认定:因股份有限公司强调资本的紧密结合,其人合性被弱化,股东持有的股份一般情况下可以自由流通,代为持股的情形较少,所以《最高人民法院关于适用〈中华人民共和国公司法〉若干问题的规定(三)》(法释〔2020〕18号修正)第二十五条只规定了有限责任公司的情形,但股份有限公司中代为持股与有限责任公司中代为持股的法理相同,可以参照适用。

但是对于上市公司,从证监会发布的《上市公司信息披露管理办法》第三条以及《首次公开发行股票并上市管理办法》第十三条中的规定和证监会对于存在股权代持行为的拟上市公司态度中可以看出,法律虽然未明确禁止股份有限公司中的股权代持行为,但其股权代持无论是否违背《合同法》第五十二条[1]都会阻断想要上市的股份有限公司的上市进程。从立法者的角度看,对于有限责任公司而言,公司经营依靠更多的是人合性且股东人数较少,股东之间彼此熟悉、相互信赖;而股份有限公司更多的是强调资合性,

---

[1] 现已失效。

其人合性被弱化,除代持双方外的其他股东并不固定,流动性和变化性较大,一旦上市涉及全国的金融投资者,更容易威胁中小投资者的利益,因而我国的证券管理机构对上市公司股权代持采取了否定的态度。

|||| 司法裁判 ||||||||||||||||||||||||||||||||||||||||||||||||||||||||||||||||||||||||||||||||

最高人民法院:上市公司的股权代持协议无效[1]

2010年5月25日,林某坤与常州市亚玛顿科技有限公司(以下简称亚玛顿科技)签订股权转让协议一份,约定:(1)亚玛顿科技将其所持有的常州亚玛顿光伏玻璃有限公司(以下简称亚玛顿光伏)10%的股权转让给林某坤;(2)因截至2010年4月30日亚玛顿光伏账面净资产为152 184 131.31元,双方一致同意10%的股权转让价格为1 600万元。合同签订后,林某坤向亚玛顿科技支付了1 600万元款项,亚玛顿光伏依法办理了工商变更登记。至此,亚玛顿光伏的股权结构为亚玛顿科技出资1 974万元(占60%),常州高新技术风险投资有限公司(以下简称高新风投)出资987万元(占30%),林某坤出资329万元(占10%)。

亚玛顿光伏2010年4月的账面净资产为152 192 931.86元,2010年5月的账面净资产为173 136 049.88元,2010年6月的账面净资产为194 000 158.5元。

2010年6月29日,常州亚玛顿股份有限公司(以下简称亚玛顿股份)设立,发起人为亚玛顿科技、高新风投及林某坤。经审计,截至2010年5月31日亚玛顿光伏的净资产为177 906 421.07元,其中1.2亿元按照1∶1的比例折合1.2亿股,每股面值1元,其余57 906 421.07元进入资本公积,整体变更设立为股份公司,此时,亚玛顿科技出资7 200万元(占60%),高新风投出资3 600万元(占30%),林某坤出资1 200万元(占10%)。直至招股说明书签署之日,亚

---

[1] 参考资料来源:威科先行·法律信息库—案例—裁判文书:《杨某国与林某坤、常州亚玛顿股份有限公司股权转让纠纷二审民事判决书》[(2016)苏民终1031号]。

玛顿股份的股权结构一直未再发生变化。

亚玛顿股份2010年7月的账面净资产为220 837 325.96元,2010年8月的账面净资产为243 276 475.76元,2010年9月的账面净资产为257 321 312.18元,2010年10月的账面净资产为281 270 303.99元,2010年11月的账面净资产为299 934 315.93元,2010年12月的账面净资产为307 452 967.47元。

2010年10月25日,杨某国与林某坤签订《委托投资协议书》一份,主要内容:(1)林某坤受杨某国委托,将杨某国以现金方式出资的人民币1 200万元,以林某坤名义投资收购亚玛顿股份的股票,以谋求在亚玛顿股份投资所实现的资本增值;(2)林某坤承诺以杨某国的出资额代杨某国投资并持有亚玛顿股份总股本1%(1 200万股)的股票;(3)杨某国应于2010年10月25日前将上述出资额缴入林某坤指定的银行账户;(4)投资到亚玛顿股份所产生的利润和其他收益,均归杨某国所有,鉴于林某坤对亚玛顿股份的管理及服务,杨某国承诺在收到投资本金和收益的同时,将以上收益的20%支付给林某坤,作为林某坤代为投资与持股的管理服务费用;(5)杨某国享受亚玛顿股份一切待遇,3年内未上市,商量赎回,自主权归杨某国。

就亚玛顿股份股票转让事宜,杨某国与林某坤于2010年10月19日又签订了《协议书》一份。该协议"鉴于"部分第三条载明:杨某国以林某坤披露亚玛顿股份正运作上市作为其受让前述股权的根本前提,杨某国透过本协议拟有条件受让林某坤在亚玛顿股份的部分股票,成为附属于林某坤名下的亚玛顿股份隐名股东。"具体约定条款:一、股票受让份额及价格"部分载明:杨某国受让林某坤合法持有的亚玛顿股份总股本1%(1 200万股)的股票,作为对价,杨某国应向林某坤支付受让款人民币1 200万元(大写:壹仟贰佰万元整)。

2010年10月25日,金田公司、金国公司分别汇付林某坤400万元。2010年10月26日,金国公司汇付林某坤400万元。2014年7月10日,金田公司与金国公司分别出具《情况说明》一份,说明2010年10月汇付林某坤的款项系杨某国委托林某坤用于代为投资收购亚玛顿股份1 200万股股票的投资款。

2011年10月，亚玛顿股份正式在A股市场公开发行股票。公司实际控制人林某锡、林某汉、亚玛顿科技、林某坤均承诺，自亚玛顿股份股票上市之日起36个月内，不转让或者委托他人管理其已直接和间接持有的发行人股份。

由于对股票代持的利益归属问题产生争议，杨某国上诉至常州市中级人民法院（以下简称一审法院），请求判令：(1)确认林某坤名下0199005574证券账户内的1 200万股亚玛顿股份股票及相应红利为其所有；(2)林某坤、亚玛顿股份为其办理变更股东、签发出资证明书、记载于股东名册及公司章程、办理公司登记等相关手续；(3)林某坤将2011年至2013年度的股票分红421.2万元返还给杨某国，并赔偿逾期利息（自林某坤应付分红之日起按银行同期贷款利率计算至支付完毕之日止），亚玛顿股份对林某坤应返还的2013年度股票分红43.2万元承担连带给付义务。

经审理，一审法院依法作出（2014）常商初字第183号民事判决：因杨某国与林某坤对案涉《委托投资协议书》标的的约定存在分歧，且无法排除，而合同标的系合同必要内容，故该协议不成立。在合同不成立的情形下，当事人在订立合同过程中有违背诚实信用原则的行为，给对方造成损失的，应当承担损害赔偿责任。而杨某国未变更诉讼请求，其现有诉讼请求的权利基础丧失，不能成立，驳回杨某国的诉讼请求。

杨某国不服，上诉至江苏省高级人民法院（以下简称二审法院）。

经审理，2017年4月24日，二审法院依法作出（2016）苏民终1031号民事判决：(1)杨某国与林某坤之间签订的《委托投资协议书》《协议书》依法成立并有效，撤销（2014）常商初字第183号民事判决；(2)林某坤名下号码为0199005574证券账户内的120万股亚玛顿股份股票及相应分红自2010年10月26日起为杨某国所有；(3)林某坤、亚玛顿股份在判决生效后30日内配合杨某国办理上述120万股股票的变更登记手续；(4)林某坤于判决生效后10日内向杨某国返还2011年至2013年度上述股票的分红33.696万元；(5)驳回杨某国的其他诉讼请求。

杨某国不服,申请最高人民法院再审。

经审理,最高人民法院认定:

杨某国与林某坤签订的《委托投资协议书》及《协议书》,从形式上看为双方之间的股权转让协议,实质构成上市公司股权的隐名代持。公司上市发行人必须股权清晰,且股份不存在重大权属纠纷,并且公司上市需遵守如实披露的义务,披露的信息必须真实、准确、完整。因此,上市公司股权不得隐名代持。如上市公司真实股东都不清晰的话,其他对于上市公司系列信息披露要求、关联交易审查、高管人员任职回避等监管举措必然落空,必然损害到广大非特定投资者的合法权益,从而损害到资本市场基本交易秩序与基本交易安全,损害到金融安全与社会稳定,从而损害到社会公共利益。因此依据《合同法》[1]第五十二条第四项等规定,诉争协议被认定为无效。

2018年3月21日,最高人民法院依法作出(2017)最高法民申2454号民事裁定:中止(2016)苏民终1031号民事判决的执行,指令二审法院再审。

二、代持股行为的纳税义务

关于代持股行为的纳税义务,除《国家税务总局关于企业转让上市公司限售股有关所得税问题的公告》(国家税务总局公告2011年第39号)外,税法对其他各类股权代持情形下显名股东和隐名股东的纳税义务并未进行明确规定。

---

[1] 现已失效。

政策链接

国家税务总局关于企业转让上市公司限售股
有关所得税问题的公告

国家税务总局公告 2011 年第 39 号

根据《中华人民共和国企业所得税法》(以下简称企业所得税法)及其实施条例的有关规定,现就企业转让上市公司限售股(以下简称限售股)有关所得税问题,公告如下:

一、纳税义务人的范围界定问题

根据企业所得税法第一条及其实施条例第三条的规定,转让限售股取得收入的企业(包括事业单位、社会团体、民办非企业单位等),为企业所得税的纳税义务人。

二、企业转让代个人持有的限售股征税问题

因股权分置改革造成原由个人出资而由企业代持有的限售股,企业在转让时按以下规定处理:

(一)企业转让上述限售股取得的收入,应作为企业应税收入计算纳税。

上述限售股转让收入扣除限售股原值和合理税费后的余额为该限售股转让所得。企业未能提供完整、真实的限售股原值凭证,不能准确计算该限售股原值的,主管税务机关一律按该限售股转让收入的15%,核定为该限售股原值和合理税费。

依照本条规定完成纳税义务后的限售股转让收入余额转付给实际所有人时不再纳税。

(二)依法院判决、裁定等原因,通过证券登记结算公司,企业将其代持的个人限售股直接变更到实际所有人名下的,不视同转让限售股。

三、企业在限售股解禁前转让限售股征税问题

企业在限售股解禁前将其持有的限售股转让给其他企业或个人(以下简称

受让方），其企业所得税问题按以下规定处理：

（一）企业应按减持在证券登记结算机构登记的限售股取得的全部收入，计入企业当年度应税收入计算纳税。

（二）企业持有的限售股在解禁前已签订协议转让给受让方，但未变更股权登记、仍由企业持有的，企业实际减持该限售股取得的收入，依照本条第一项规定纳税后，其余额转付给受让方的，受让方不再纳税。

四、本公告自2011年7月1日起执行。本公告生效后尚未处理的纳税事项，按照本公告规定处理；已经处理的纳税事项，不再调整。

特此公告。

国家税务总局
二〇一一年七月七日

由于缺乏明确的税法规定，对于代持股行为取得的应税所得，到底应当对显名股东征税，还是应当对隐名股东征税，实务中分歧较大，截至目前，主要存在两种截然不同的观点。

第一种是形式课税。

形式课税的主要观点认为，税法的规定以形式课税为基础，从维护商事"外观主义"和"公示主义"的原则出发，应当根据股东名册、公司章程以及工商登记等文件是否记载其姓名为依据来判断股东资格，对于代持股行为取得的应税所得，应将名义股东作为纳税人，令其承担纳税义务，这也符合税收法定原则的要求。

| 东财资讯 |

恒烁股份显名股东解除股权代持关系被税务局征收个税[1]

2022年4月1日,恒烁半导体(合肥)股份有限公司(以下简称恒烁股份)发布《首次公开发行股票招股说明书(注册稿)》预披露:

第五节　恒烁股份基本情况

二、恒烁股份设立情况

(一)有限公司设立情况

1. 有限公司设立

2015年1月23日,吕某南、孟某安、董某和栾某刚签署公司章程,同意设立合肥恒烁半导体有限公司(以下简称合肥恒烁)。合肥恒烁注册资本3 000.00万元人民币,其中约定吕某南以现金认缴200.00万元,以非专利技术认缴1012.60万元,孟某安以现金认缴1 000.00万元,董某以现金认缴300.00万元,以非专利技术认缴225.00万元,栾某刚以非专利技术认缴262.40万元。

2015年2月13日,合肥恒烁于合肥市工商行政管理局注册设立,并取得《企业法人营业执照》(注册号:340100001197545)。

合肥恒烁设立时,工商登记的股权结构如下表所示。

序号	股东名称/姓名	出资方式	认缴出资额(万元)	出资比例
1	吕某南	货币	200.00	40.42%
		非专利技术	1 012.60	
2	孟某安	货币	1 000.00	33.33%
3	董某	货币	300.00	17.50%
		非专利技术	225.00	
4	栾某刚	非专利技术	262.40	8.75%
	合计		3 000.00	100.00%

---

[1] 资料来源:东方财富网—数据中心—公告大全—恒烁股份—公告正文:《恒烁半导体(合肥)股份有限公司科创板首次公开发行股票招股说明书(注册稿)》。

合肥恒烁设立时,股东用于出资的无形资产"高速低功耗半导体NOR闪存芯片生产非专利技术"业经江苏金永恒资产评估有限公司评估,并出具苏金永恒评报字〔2015〕第31号《无形资产资产评估报告》确认该项非专利技术于评估基准日2015年10月31日的评估值为1 533.00万元,经股东会同意后,由吕某南、董某、栾某刚以"高速低功耗半导体NOR闪存芯片生产非专利技术"作价1 500.00万元出资。该非专利技术为XIANGDONG LU研究成果,基于吕某南、董某、栾某刚在合肥恒烁筹办、筹资等方面的贡献,经XIANGDONG LU同意,合肥恒烁全体股东共同协商确认,由上述人员共享"高速低功耗半导体NOR闪存芯片生产非专利技术",并以该项非专利技术对合肥恒烁进行出资。

2. 合肥恒烁设立时的代持情况

合肥恒烁设立时,由于XIANGDONG LU的外籍身份,办理境外自然人与境内自然人共同设立公司的登记手续不熟悉,出于公司登记便利性考虑,XIANGDONG LU对合肥恒烁的出资由其胞弟吕某南代为持有,其本人担任公司法定代表人、总经理并实际负责公司运营。2015年2月5日,XIANGDONG LU与吕某南签订《股权代持协议》,约定吕某南对合肥恒烁的出资额826.12万元(占合肥恒烁设立时注册资本的27.5375%)系代XIANGDONG LU持有。

2018年11月28日,XIANGDONG LU与吕某南签订《股权转让协议书》,由XIANGDONG LU受让吕某南代其持有的合肥恒烁826.12万元出资额。本次股权转让为股权代持的还原。

XIANGDONG LU为美籍华人,本次股权转让涉及公司由内资转外资,中水致远资产评估有限公司对合肥恒烁全部权益价值进行了评估,并于2018年9月5日出具《资产评估报告》(中水致远评报字〔2018〕第020237号),确认:截至2018年6月30日,合肥恒烁经评估净资产价值为4 248.64万元。

根据双方签订的《股权转让协议书》,受让方支付了相应的股权转让价款,由于本次股权转让实质为股权代持还原,吕某南就上述转让事项缴纳个人所得税后,将剩余相关款项退还XIANGDONG LU。

2018年12月10日,合肥恒烁召开股东会,审议通过上述股权转让事宜。

2018年12月21日,合肥恒烁办理工商变更登记,完成内资转外资登记备案并领取合肥市工商行政管理局核发的《营业执照》。

本次股权转让后,合肥恒烁股权结构如下表所示。

序号	股东名称/姓名	出资额(万元)	出资比例
1	XIANGDONG LU	826.12	21.45%
2	吕某南	786.48	20.42%
3	董某	725.00	18.82%
4	中安庐阳	423.76	11.00%
5	孟某安	400.00	10.38%
6	市创新投	267.86	6.95%
7	栾某刚	262.40	6.81%
8	省高新投	160.71	4.17%
合计		3 852.33	100.00%

第二种是实质课税。

实质课税的主要观点则认为,税法应探究经济关系的实质,以经济利益的最终归属确定纳税义务的归属,只要投资人对公司履行了真实的出资义务并且其真意在于获得公司的股权及股权收益,那么无论股东名册、工商登记等文件上记载的是否是其姓名,都应根据其出资事实确认其股东资格,对于代持股行为取得的应税所得,应将实际股东作为纳税人,令其承担纳税义务,这也符合税法量能课税原则的要求。

东财资讯

冠石科技显名股东解除股权代持关系不涉及个税[1]

2021年7月28日,南京冠石科技股份有限公司(证券代码:605588,以下简

---

[1] 参考资料来源:东方财富网—数据中心—公告大全—冠石科技—公告正文:《南京冠石科技股份有限公司首次公开发行股票招股说明书》。

称冠石科技)发布《首次公开发行股票并上市招股说明书》披露:

第五节 冠石科技基本情况

三、冠石科技股本的形成及其变化和重大资产重组情况

(一)冠石科技股本的形成及其变化

1.历次股权变动情况

(4)2016年3月,有限公司第二次股权转让,解除股权代持

南京冠石科技有限公司(以下简称冠石有限)于2015年7月起筹划登陆资本市场事宜并聘请了相关中介机构。通过与中介机构的接触,张某巍意识到股权代持事项直接影响公司上市,故决定进行股权代持还原。

2015年11月20日,冠石有限召开股东会,全体股东一致同意原股东费某芬将其持有的冠石有限60万元出资额作价0元转让给股东张某巍,范某岩将其持有的冠石有限40万元出资额作价0元转让给股东张某巍,上述股权转让系解除代持,股权还原,故股权转让定价均为0元。同日,张某巍分别与费某芬、范某岩签署《股权转让协议》。

根据费某芬与张某巍签署的《股权转让协议》,"由于转让方持有的冠石有限60%的股权实为受让方所有,转让方同意将持有的冠石有限60%的股权无偿转让给受让方"。根据范某岩与张某巍签署的《股权转让协议》,"由于转让方持有的冠石有限40%的股权实为受让方所有,转让方同意将持有的冠石有限40%的股权无偿转让给受让方"。

由于张某巍与费某芬、范某岩并非直系亲属,上述解除股权代持相关事项难以在税务上得到认可,因此经相关自然人协商,决定采取司法判决的方式对历史上曾经存在的股权代持关系进行确认。

根据南京市玄武区人民法院于2017年10月19日作出的(2017)苏0102民初6273号《民事判决书》,"本案中,原、被告于2012年5月15日签订的股权代持协议系当事人真实意思表示,内容没有违反法律、行政法规的强制性规定,协议合法有效。""2015年11月20日,原告(受让方)与被告(转让方)签订股权转让协议,约定:鉴于双方于2012年5月15日签订股权代持协议,双方就转让代

持的冠石有限60%股权达成如下协议,转让方同意将持有的冠石有限60%的股权无偿转让给受让方。""被告费某芬辩称:对原告诉称的代持股事实及诉请请求均不持异议,现愿意将利润分配款返还给原告。"

根据南京市玄武区人民法院于2017年10月19日作出的(2017)苏0102民初6272号《民事判决书》,"本案中,原、被告于2012年5月15日签订的股权代持协议系当事人真实意思表示,内容没有违反法律、行政法规的强制性规定,协议合法有效。""2015年11月20日,原告(受让方)与被告(转让方)签订股权转让协议,约定:鉴于双方于2012年5月15日签订股权代持协议,双方就转让代持的冠石有限40%股权达成如下协议,转让方同意将持有的冠石有限40%的股权无偿转让给受让方。""被告范某岩辩称:对原告诉称的代持股事实及诉请请求均不持异议,现愿意将利润分配款返还给原告。"

本次起诉前,费某芬、范某岩已配合张某巍完成股权还原,但张某巍为确定股权关系,避免未来产生纠纷的可能,故以费某芬、范某岩未返还股东利润分配款为由,以诉讼方式确定股权关系。南京市玄武区人民法院作出一审判决后,费某芬、范某岩均未提起上诉。

至此,张某巍与费某芬、范某岩自2012年5月形成的股权代持关系已彻底解除,股权代持形成及解除过程不违反相关法律法规的强制性规定,股权代持各方对该等股权(包括代持期间增资形成的股权)不存在争议、潜在纠纷,代持解除后公司的股权结构真实、清晰、稳定。

在股权代持期间,张某巍始终为冠石有限的执行董事及法定代表人,实际仍履行其作为执行董事的相关职责,参与公司重大事项的内部决策,范某岩为冠石有限的普通员工并担任监事,门某芳为冠石有限的经理,费某芬为冠石有限的普通员工。目前,费某芬、范某岩均为普通员工。

在股权代持期间及该期间前后,费某芬、范某岩与张某巍不存在单笔或累计交易金额在1万元以上的异常资金往来。

2016年3月10日,冠石有限股东会作出分红决议,同意冠石有限2012年至2015年度利润分配方案,其中,费某芬持股60%,利润分配金额为30万元,范某岩持股40%,利润分配金额为20万元。如前所述,张某巍为确定股权关系,避免未来产生纠纷的可能,故以费某芬、范某岩未返还股东利润分配款为由,以诉讼方式确定股权关系。因此,相关分红款当时未直接支付给张建巍,而是支付给费某芬、范某岩,系为以诉讼方式确定股权关系所作的安排,与代持事实并不相悖。

本次股权转让完成后,冠石有限股东股权结构如下表所示。

序号	股东姓名/名称	认缴出资(元)	出资比例	出资方式
1	张某巍	1 000 000.00	100%	货币
合计		1 000 000.00	100.00	—	—

2016年3月16日,冠石有限取得南京市工商行政管理局核发的《企业法人营业执照》。

基于实质课税原则,对于代持股的还原,即名义股东依法解除与实际股东的股权代持关系,也不应视为股权转让征收企业所得税或个人所得税。

综上所述,笔者认为,《公司注册资本登记管理规定》(国家工商行政管理总局令第64号)第八条"股东或者发起人必须以自己的名义出资",明确了行政管理的方式是要求股东以自己的名义出资。而法释〔2011〕3号文件第二十五条的相关规定,仅说明人民法院认可代持合同具有法律效力,规范的是代持当事人内部的民事法律关系,不属于对《公司注册资本登记管理规定》中关于股东出资规定的调整或变化。

现行《税收征收管理法实施细则》第三条第二款规定:"纳税人应当依照税收法律、行政法规的规定履行纳税义务;其签订的合同、协议等与税收法律、行政法规相抵触的,一律无效。"显名股东作为登记在股东名册上的股东,可以依股东名册主张行使股东权利,其取得的应纳税所得额,应依法缴纳企业所得税和个人所得税。

(一)显名股东的纳税义务

1.显名股东为自然人的情形

根据《个人所得税法》第二条、第九条之规定,显名股东取得税后利润分配所得,应由被投资企业按照"利息、股息、红利所得"项目,依法代扣代缴个人所得税;显名股东取得股权转让所得,应由受让方按照"财产转让所得"项目,依法代扣代缴个人所得税。

2.显名股东为企业的情形

根据《企业所得税法》第六条、第二十六条之规定,显名股东取得符合条件的居民企业之间的股息、红利等权益性投资收益,属于法定免税收入,应依法免征企业所得税;显名股东取得股权转让所得,不属于法定的不征税收入和免税收入,应并入收入总额,依法缴纳企业所得税。

(二)隐名股东的纳税义务

1.隐名股东为自然人的情形

根据《个人所得税法》第二条之规定,隐名股东基于股权代持关系,取得显名股东转付的税后利润分配所得、股权转让所得,不属于个人所得税的征税范围,不征个人所得税。

2.隐名股东为企业的情形

根据《企业所得税法》第六条之规定,隐名股东基于股权代持关系,取得显名股东转付的税后利润分配所得、股权转让所得,不属于法定的不征税收入和免税收入的情形,应并入收入总额,依法缴纳企业所得税。

(三)代持股还原的纳税义务

1.显名股东为自然人的情形

根据《个人所得税法》第二条、第十四条之规定,显名股东解除股权代持关系,将标的股权过户给隐名股东,应视同股权转让,按照标的股权的公允价值,核定股权转让收入,依法缴纳个人所得税。

2.显名股东为企业的情形

根据《企业所得税法》第六条、第四十一条之规定,显名股东解除股权代持关系,将标的股权过户给隐名股东,应视同股权转让,按照标的股权的公允价值,核定股权转让收入,依法缴纳企业所得税。

第九节　股权激励的税务处理

我国企业股权激励始于20世纪90年代，直到2005年股权分置改革后才真正启动。2005年《上市公司股权激励管理办法（试行）》[1]和2014年《关于上市公司实施员工持股计划试点指导意见》的出台，推动了股权激励制度的快速发展。2006年披露股权激励方案的上市公司只有44家，2021年已增长到818家。国有非上市科技型企业自2009年起在中关村、东湖、张江、合芜蚌等地区开展股权与分红激励试点。2016年3月1日，国家出台实施了《国有科技型企业股权和分红激励暂行办法》（财资〔2016〕4号）[2]，即在上市公司和民营企业之外，国有科技型企业股权激励也呈迅速扩大趋势。

一、股权激励的主要类型

股权激励，是指通过授予公司股权的形式给予公司经营者一定的经济权利，使他们能够以公司股东的身份参与公司决策、分享利润、承担风险，从而勤勉尽责地为公司的长期发展服务的一种激励模式。随着公司股权的日益分散和管理技术的日益复杂化，世界各国的大公司为了合理激励公司管理人员，创新激励方式，纷纷推行了形式多样的股权激励机制。

目前，我国股权激励方式主要有股票（权）期权、限制性股票、股票增值权、股权奖励、股权出售、员工持股计划等，此外还有技术成果投资入股方式。其中，最常见的股权激励模式主要包括以下四种类型。

---

[1] 现已失效。
[2] 已被修改。

(一)股票(权)期权

股票(权)期权,是指公司按照经股东大会批准的股权激励计划授予其员工在未来某一时间段,以特定价格购买本公司一定数量股票的权利,被授予者在规定的时间可以选择购买也可以放弃购买。该"授予价"与行权日交易价之差为员工的行权收益。股票期权因其激励对象获得的收益完全由市场进行支付,所以是一种"企业请客,市场买单"的看涨期权激励。

股票期权作为股权激励的一种重要模式,产生之初其目的在于避免高税率的税负。1952年,辉瑞公司作为第一家施行股票期权激励的公司,其推行股票期权激励的目的为降低员工收入中的纳税部分。自此之后,股票期权成为股权激励的一种广为推崇的模式。

股票期权主要包括以下时间节点:

授予日:公司将股票期权授予给员工的日期,具体可以分为集中授予日和日常授予日。股票期权计划一般会设置一个集中授予日,集中授予一批后,在期权池内还预留一定比例的期权,以备后期人才引进或职位升迁使用。公司可以统一日常授予的时点,例如,在集中授予日后,每半年进行一次日常授权,直至全部股票期权授予完毕。

等待期:股票期权授予日与获授股票期权首次可行权日之间的间隔。上市公司股票期权的等待期不应少于12个月,非上市公司没有强制性规定。对于公司来说,等待期相当于考核期。员工只有在等待期内满足了某些条件,比如没有违反公司规章制度或达到了一定的业绩,才可以在等待期结束后行权。不能满足条件的,可以延长等待期、降低行权比例或者取消授权。

行权期:可以行使股票期权的期间,等待期结束后就进行行权期。上市公司至少应当设置两个行权期,同时规定激励对象分期行权,每期可行权期的股票期权比例不得超过激励对象获授股票期权总额的50%。每个行权期实现不得少于12个月,后一行权期的起算日不得早于前一行权期的届满日。非上市公司没有强制性规定。

可行权日:由于行权期时间较长,如果员工在行权期内任意行权,会带来极大的管理成本,因此可以在行权期内,具体约定可行权日。首次可行权日还起到确定行权期起点的作用。在可行权日,员工可以行使期权,按照事先约定的价格购买公司股票。

有效期:股权激励计划生效日(可能早于或等于股票授予日)到最后一个行权期的结束日。股票期权各行权期结束后,股权激励计划有效期结束,激励对象未行权的当期股票期权应当终止行权,公司应当及时注销。

限售期和可转让日:限售期和可转让日不是必然存在的,一般情况下,员工行权后取得的公司股票可以自由转让,但是为了防止员工将股票转让后一走了之,公司可以约定限售期,在限售期内,员工不可转让通过行权取得的公司股票。限售期结束后的第一天为可转让日,此后员工转让公司股票不再受到限制。

转让日:员工实际将行权取得的公司股票转让的日期。

(二)限制性股票

限制性股票,是指公司事先授予员工一定数量的股票,当员工的工作年份长度、工作业绩达到事先约定的解禁条件时,才有权利将其出售转让。与股票期权最大的不同在于,限制性股票不存在行权环节,但需要在事前缴纳一定的限制性股票认购款项,若解禁条件未达成,公司将对限制性股票进行回购和注销。员工从授予之日起即拥有股票所有权,利益获取来源于二级市场转让。

限制性股票也是股权激励的重要模式之一,在美国的使用频率仅仅低于股票期权,尤其是近10年来,限制性股票的使用次数呈现上升趋势。就我国实行限制性股票模式的股权激励来说,根据其股票来源的不同,可以分为定向增发的限制性股票、大股东让渡的限制性股票、二级市场回购的限制性股票三类。

限制性股票主要包括以下时间节点:

授予日:公司将限制性股票授予员工的日期。

限售期:限制性股票授予日与首次解除限售日之间的间隔。限售期与股票期权的等待期作用类似,在限售期内,员工不得转让限制性股票。

解除限售期:限制性股票解除限售,可以转让的期间。上市公司至少应当设置两个解除限售期,同时规定分期解除限售,各期解除限售的比例不得超过激励对象获授限制性股票总额的50%。每期时限不得少于12个月。

转让日:员工实际将解除限售的限制性股票转让的日期。

(三)股票增值权

股票增值权,是指公司授予员工在未来一定时期和约定条件下,获得规定数量的股票价格上升所带来收益的权利。员工在约定条件下行权,公司按照行权日与授予日二级市场股票差价乘以授权股票数量所得的金额,发放给员工现金。股票增值权与股票期权较为类似,相当于赋予员工认购权和行权当期即时向公司出售标的股票的权利。

与股票期权、限制性股票不同的是,在实施股票增值权激励计划时,员工最终获得的并非股票,因此,就股票增值权来说,员工既不享有表决权、配股权,也不享有所有权,其拥有的只是一种现金收益。目前,股票增值权的应用也较为广泛。

(四)股权奖励

股权奖励,是指公司直接以股(票)权无偿对员工实施奖励。股权奖励一般不附有任何限制条件,是最为直接的股权激励措施。

二、上市公司股权激励的税务处理

对于上市公司股票期权、限制性股票、股权奖励,在股票期权行权日、限制性股票解禁日、股权奖励获取日,激励对象实际取得了可以转让的股票。由于取得这部分股票的成本通常低于市场价格,差价部分是上市公司对激励对象过去工作成果的奖励,本质上是以股票形式发放的奖金,因此应当按照"工资薪金所得"项目计算缴纳个人所得税。但是,考虑到取得股票的日期,激励对象可能尚未实际将股票转让,缺乏纳税必要资金。尤其是股票期权行权后,可能还有一段限售期,税法对上述三种股权激励给予了延长纳税期限的税收优惠政策。

对于股票增值权,激励对象在行权时取得的是现金,不存在纳税资金不足的问题,故而应当在行权时直接按照"工资薪金所得"项目计算缴纳个人所得税。

(一)政策要点

1. 股票期权

股票期权是上市公司按照规定的程序授予本公司及其控股企业员工的一项权利,该权利允许被授权员工在未来时间内以某一特定价格购买本公司一定数量的股票。

上述"某一特定价格"被称为"授予价"或"施权价",即根据股票期权计划可以购买股票的价格,一般为股票期权授予日的市场价格或该价格的折扣价格,也可以是按照事先设定的计算方法约定的价格;"授予日",也称"授权日",是指公司授予员工上述权利的日期;"行权",也称"执行",是指员工根据股票期权计划选择购买股票的过程;员工行使上述权利的当日为"行权日",也称"购买日"。

1)授予日

(1)授予不可公开交易的股票期权。根据《财政部 国家税务总局关于个人股票期权所得征收个人所得税问题的通知》(财税〔2005〕35号)第二条第(一)项之规定,员工接受实施股票期权计划企业授予的股票期权时,除另有规定外,一般不作为应税所得征税。

(2)授予可公开交易的股票期权。根据《国家税务总局关于个人股票期权所得缴纳个人所得税有关问题的补充通知》(国税函〔2006〕902号)第六条第(一)项之规定,如果股票期权在授权时即约定可以转让,且在境内或境外存在公开市场及挂牌价格,员工取得可公开交易的股票期权,属于员工已实际取得有确定价值的财产,应按授权日股票期权的市场价格,作为员工授权日所在月份的工资薪金所得计算缴纳个人所得税。

如果员工以折价购入方式取得股票期权的,可以授权日股票期权的市场价格扣除折价购入股票期权时实际支付的价款后的余额,作为授权日所在月份的工资薪金所得。

2)行权日前转让

员工取得可公开交易的股票期权后,转让该股票期权,此时的股票期权已经脱离了股权激励的范畴,成为员工合法所有的、可以流通转让的认购权,因此,员工所取得的股票期权转让所得,属于财产转让所得,应当以股票期权的转让净收入,按照"财产转让所得"项目计算缴纳个人所得税。

股票期权的转让净收入,一般是指股票期权转让收入。如果员工以折价购入方式取得股票期权的,可以股票期权转让收入扣除折价购入股票期权时实际支付的价款后的余额,作为股票期权的转让净收入。

3)行权日

(1)不可公开交易的股票期权行权。根据财税〔2005〕35号文件第二条第(二)项之规定,对于股票期权,员工行权时,其从企业取得股票的实际购买价(施权价)低于购买日公平市场价(该股票当日的收盘价,下同)的差额,是因员工在企业的表现和业绩情况而取得的与任职、受雇有关的所得,应按"工资、薪金所得"项目适用的规定计算缴纳个人所得税。

员工行权日所在期间的工资薪金所得,应按下列公式计算工资薪金应纳税所得额:

$$股票期权形式的工资薪金应纳税所得额 = (行权股票的每股市场价 - 员工取得该股票期权支付的每股施权价) \times 股票数量$$

员工取得该股票期权支付的每股施权价,一般是指员工行使股票期权购买股票实际支付的每股价格。如果员工以折价购入方式取得股票期权的,上述施权价可包括员工折价购入股票期权时实际支付的价格。

(2)可公开交易的股票期权行权

无论可公开交易的股票期权是否在行权前转让,实际行权时,均不再计算缴纳个人所得税。税法作此规定,主要是考虑到可公开交易的股票期权在授予日,已经按照"工资薪金所得"项目计算缴纳了个人所得税,行权时再征税会出现重复征税。

4)行权日后转让

员工将行权后的股票再转让时获得的高于购买日公平市场价的差额,是因个人在证券二级市场上转让股票等有价证券而获得的所得,应按照"财产转让所得"适用的征免规定计算缴纳个人所得税。

东财资讯

三聚环保代缴高管股票期权激励个税 2 700 万元[1]

2019年5月10日,北京三聚环保新材料股份有限公司(证券代码:300072,以下简称三聚环保)发布《关于深圳证券交易所2018年年报问询函回复的公告》(编号:2019—051)披露:

三聚环保于近期收到深圳证券交易所《关于对北京三聚环保新材料股份有限公司的年报问询函》(创业板年报问询函〔2019〕第82号)(以下简称问询函),已就关注问询函所提问题进行了认真核查、研究并作出说明,现回复如下:

5.报告期末其他应收款为2.64亿元,同比增长175.51%。其中包括向税务机关履行"首期股票期权激励计划首次授予第二个行权期行权"员工个人所得税"代扣代缴"义务,导致形成对公司高管王某生、袁某应收款合计0.27亿元。

请补充说明上述个人所得税纳税义务的形成时点、核算依据及过程,并自查说明相关事项是否符合《深圳市证券交易所创业板上市公司规范运作指引(2015年修订)》[2]第7.1.5条规定。

1.个人所得税纳税义务的形成时点、核算依据及过程

(1)根据《国家税务总局关于股权激励有关个人所得税问题的通知》(国税函〔2009〕461号),《个人所得税法》及其实施条例和财税〔2009〕5号文件等规定,个人因任职、受雇从上市公司取得的股票增值权所得和限制性股票所得,由上市公司或其境内机构按照"工资、薪金所得"项目和股票期权所得个人所得税计税方法,依法扣缴其个人所得税。

(2)个人所得税纳税义务的形成时点、核算依据及过程:

三聚环保股权激励计划第二批期权于2017年5月25日行权,根据财税

---

[1] 参考资料来源:东方财富网—数据中心—公告大全—三聚环保—公告正文:《三聚环保:关于深圳证券交易所2018年年报问询函回复的公告》(编号:2019—051)。
[2] 现已失效。

[2016]101号文件的规定:上市公司授予个人的股票期权、限制性股票和股权奖励,经向主管税务机关备案,个人可自股票期权行权、限制性股票解禁或取得股权奖励之日起,在不超过12个月的期限内缴纳个人所得税。三聚环保统一为员工办理延期纳税备案,所以个人所得税纳税时点为2018年6月15日。

纳税人姓名	行权日	行权日市价(元)	行权价(元)	行权股数(股)
王某生	2017年5月25日	38.91	5.791	798 159
袁某	2017年5月25日	38.91	5.791	986 816

①核算依据:

应纳税所得额=(行权股票的每股市场价-员工取得该股票期权支付的每股施权价)×股票数量

应纳税额=(股票期权形式的工资薪金应纳税所得额÷规定月份数×适用税率-速算扣除数)×规定月份数

②核算过程:

王某生:应纳税所得额=(38.91-5.791)×798 159=26 434 227.92(元)。

应纳税额=[(26 434 227.92+5 745 346)÷12×0.45-13 505]×12-2 423 345.70=11 895 402.56(元)。

袁某:应纳税所得额=(38.91-5.791)×986 816=32 682 359.10(元)。

应纳税额=[(32 682 359.1+5 745 346)÷12×0.45-13 505]×12-2 423 345.70=14 707 061.60(元)。

其中,5 745 346元为2018年限制性股票应纳税所得额,2 423 345.70元为2018年已纳税额。

2.代缴股票期权所得税事宜自查说明

(1)关于上市公司对员工股票期权所得有代扣代缴义务的说明。

《财政部 国家税务总局关于个人股票期权所得征收个人所得税问题的通知》(财税[2005]35号)规定:"(二)员工行权时,其从企业取得股票的实际购买价(施权价)低于购买日公平市场价(指该股票当日的收盘价,下同)的差额,是因员工在企业的表现和业绩情况而取得的与任职、受雇有关的所得,应按'工资、薪金所得'适用的规定计算缴纳个人所得税。"

《财政部 国家税务总局关于完善股权激励和技术入股有关所得税政策的通知》规定："（一）上市公司授予个人的股票期权、限制性股票和股权奖励，经向主管税务机关备案，个人可自股票期权行权、限制性股票解禁或取得股权奖励之日起，在不超过12个月的期限内缴纳个人所得税。"

《个人所得税法》第二条规定："下列各项个人所得，应当缴纳个人所得税：（一）工资、薪金所得……"第五条第一款规定："个人所得税以所得人为纳税人，以支付所得的单位或者个人为扣缴义务人。"第十九条规定："纳税人、扣缴义务人和税务机关及其工作人员违反本法规定的，依照《中华人民共和国税收征收管理法》和有关法律法规的规定追究法律责任。"

（2）上市公司履行"代扣代缴"义务，避免税务风险，为公司高管暂时代缴个人所得税。

根据《国家税务总局关于股权激励有关个人所得税问题的通知》（国税函〔2009〕461号），《个人所得税法》及其实施条例和财税〔2009〕5号文件等规定，个人因任职、受雇从上市公司取得的股票增值权所得和限制性股票所得，由上市公司或其境内机构按照"工资、薪金所得"项目和股票期权所得个人所得税计税方法，依法扣缴其个人所得税。

根据上述规定，上市公司对员工股票期权所得有代扣代缴义务，为了避免公司税务风险，2018年6月，三聚环保暂时为副总经理王某生、袁某代缴了2017年第二期行权个人所得税款。由于纳税金额巨大，个人没有减持股份，亦未有所得，因此未及时归还公司代缴税款。2018年6月29日，王某生和袁某出具《承诺函》，承诺通过纾困基金、股票交易、借贷等方式尽快归还公司代缴税款。

（3）解决措施。

三聚环保将督促王某生和袁某依据个人承诺，通过纾困基金、股票交易、借贷等方式尽快归还公司代缴税款。

综上所述，三聚环保为王某生和袁某代缴的税款依法上缴国家税务部门，资金进入国库,没有进入其个人账户,上述两人亦未从中获利,上市公司为高管代缴个人所得税也避免了公司的税务风险。因此,三聚环保不存在违反《深圳证券交易所创业板上市公司规范运作指引(2015年修订)》[1]第7.1.5条的规定损害上市公司利益的情形。

2. 限制性股票

限制性股票是上市公司按照预先确定的条件授予激励对象的本公司股票,激励对象只有工作年限或业绩目标符合股权激励计划规定条件的才可以处置该股票。

个人因任职、受雇从上市公司取得的限制性股票所得,由上市公司或其境内机构按照"工资、薪金所得"项目和股票期权所得个人所得税计税方法,依法扣缴其个人所得税。

1)授予日

员工接受上市公司授予的限制性股票时,不作为应税所得征税。

2)解禁日

限制性股票个人所得税纳税义务发生时间为每一批次限制性股票解禁的日期。

根据《国家税务总局关于股权激励有关个人所得税问题的通知》(国税函〔2009〕461号)第三条之规定,原则上应在限制性股票所有权归属于被激励对象时确认其限制性股票所得的应纳税所得额,即上市公司实施限制性股票计划时,应以被激励对象限制性股票在中国证券登记结算公司(境外为证券登记托管机构)进行股票登记日期的股票市价(当日收盘价,下同)和本批次解禁股票当日市价(当日收盘价,下同)的平均价格乘以本批次解禁股票份数,减去被激励对象本批次解禁股份数所对应的为获取限制性股票实际支付资金数额,其差额为应纳税所得额。被激励对象限制性股票应纳税所得额计算公式如下:

$$\text{应纳税所得额} = (\text{股票登记日股票市价} + \text{本批次解禁股票当日市价}) \div 2 \times \text{本批次解禁股票份数} -$$

---

[1] 现已失效。

$$\text{被激励对象实际支付的资金总额} \times (\text{本批次解禁股票份数} \div \text{被激励对象获取的限制性股票总份数})$$

3) 解禁日后转让

员工将解禁后的股票再转让时获得的高于购买日公平市场价的差额,是因个人在证券二级市场上转让股票等有价证券而获得的所得,应按照"财产转让所得"适用的征免规定计算缴纳个人所得税。

|||| 东财资讯 ||||||||||||||||||||||||||||||||||||||||||||||||||||||||||||||||||||

惠博普代缴限制性股票激励个税 1 900 余万元[1]

2017 年 8 月 24 日,华油惠博普科技股份有限公司(证券代码:002554,以下简称惠博普)发布《2017 年半年度报告》披露:其他应收款分类披露见下表。

单位名称	与本公司关系	金额(元)	占应收账款总额的比例
Fortune Liulin Gas Company Limited	子公司联营公司	79 260 480.00	40.56%
Oil&Gas Development Company Limited(注1)	独立第三方	46 381 426.77	23.74%
应收股权激励个税(注2)	员工	19 121 074.00	9.79%
应收出口退税(增值税)	独立第三方	12 900 391.43	6.60%
备用金	员工	17 038 399.43	8.72%
押金	独立第三方	2 155 955.48	1.10%
保证金	独立第三方	9 530 161.56	4.88%
合计	—	186 387 888.67	95.39%

注:1. Oil&Gas Development Company Limited 欠款系代扣的所得税税款,按照实际付款的 7% 代扣代缴,惠博普之子公司香港惠华环球正在办理所得税退免手续,办理完毕即可凭证明收回此款,因此该笔款项应属代扣所得税款项,不应计提坏账准备。

2. 应收股权激励个税系惠博普 2015 年限制性股票激励计划第一个解锁期解锁条件成就,于 2017 年 1 月 3 日解锁限制性股票数量 1 582.4 万股上市流通,惠博普代收代缴员工个人所得税金额。根据《财政

---

[1] 参考资料来源:东方财富网—数据中心—公告大全—惠博普—公告正文:《惠博普:2017 年半年度报告》。

部 国家税务总局关于完善股权激励和技术入股有关所得税政策的通知》(财税〔2016〕101号)的规定,上市公司授予个人的股票期权、限制性股票和股权奖励,经向主管税务机关备案,个人可自股票期权行权、限制性股票解禁或取得股权奖励之日起,在不超过12个月的期限内缴纳个人所得税,故不应计提坏账准备。

这里应注意的是,员工取得上市公司授予的股权激励,在选择如何适用个人所得税政策时,千万不能"望文生义"。

如根据《科创板上市公司自律监管指南第4号——股权激励信息披露》第三条之规定,上市公司授予激励对象限制性股票,包括下列类型:

(1)激励对象按照股权激励计划规定的条件,获得的转让等部分权利受到限制的本公司股票,即第一类限制性股票;

(2)符合股权激励计划授予条件的激励对象,在满足相应获益条件后分次获得并登记的本公司股票,即第二类限制性股票。

第二类限制性股票相关定义如下:

归属:限制性股票激励对象满足获益条件后,上市公司将股票登记至激励对象账户的行为。

归属条件:限制性股票激励计划所设立的,激励对象为获得激励股票所需满足的获益条件。

归属日:限制性股票激励对象满足获益条件后,获授股票完成登记的日期,必须为交易日。

这里的第二类限制性股票是上市公司赋予员工在满足可行权条件后以约定价格(授予价格)购买本公司股票的权利,员工可获取行权日股票价格高于授予价格的上行收益,但不承担股价下行风险,与第一类限制性股票相比存在明显差异,其实质是一项股票期权,属于以权益结算的股份支付交易。

因此,对于上市公司实施的股权激励计划,不能仅仅根据股权激励方案的名称来判定其所属股权激励类型,而是应当结合具体股权激励方案的实施条件来剖析其实质究竟是股票期权还是限制性股票,从而最终确定个人所得税的政策适用。

司法裁判

究竟是股票期权还是限制性股票?[1]

迪安诊断技术集团股份有限公司(以下简称迪安诊断)成立于2001年9月,注册地址位于浙江省杭州市西湖区三墩镇金蓬街329号,主要经营范围为面向各种综合医院与专科医院、社区卫生服务中心(站)、乡(镇)卫生院、体检中心、疾病预防控制中心等各级医疗卫生机构,以提供医学诊断服务外包为核心业务的医学诊断服务整体解决方案。

迪安诊断于2011年7月在深交所A股上市,证券代码为300244。

2013年8月15日至2015年5月12日,吴某鑫担任迪安诊断高级管理人员,被迪安诊断纳入股票期权激励对象。

2014年1月29日,吴某鑫与迪安诊断签订《股票期权协议书》,约定迪安诊断承诺从2014年1月28日开始,在3年内向吴某鑫授予一定数量的股票期权,具体授予数量由公司董事会薪酬与考核委员会决定。吴某鑫可在指定的行权日以行权价格购买迪安诊断的普通股。同日,迪安诊断向吴某鑫发出《股票期权授予通知书》,决定于2014年1月28日授予吴某鑫104 000股股票期权,行权价格为58.80元/股。迪安诊断作出《浙江迪安诊断技术股份有限公司关于股票期权激励计划预留期权授予的公告》,载明公司股权激励计划规定的预留期权授予条件已经成就,本次股票期权的授予日为2014年1月28日,授予的激励对象共4人,授予的股票期权数量为35.724万份,其中拟向吴某鑫授予股票期权104 000股,预留股票期权行权价格为58.80元。后经调整,案涉预留股票期权行权价格为26.44元,吴某鑫第一个行权期行权数量为11.4920万份。

2015年5月12日,吴某鑫辞去迪安诊断高管职务。

---

[1] 参考资料来源:威科先行·法律信息库—案例—裁判文书:《吴某鑫 国家税务总局杭州市西湖区税务局税务行政管理(税务)再审审查与审判监督行政裁定书》[(2019)浙行申1076号]。

2015年6月15日,迪安诊断发布《浙江迪安诊断技术股份有限公司关于预留授予股票期权第一期行权情况公告》,以2015年6月12日为激励计划第一个行权期行权登记日,对提出申请的4名激励对象的39.475万股股票期权予以行权。其中,吴某鑫行权11.492万份期权,行权价格为26.44元,当日该股票收盘价为122.25元。迪安诊断对吴某鑫的个人所得税进行扣缴。西湖地税分局在2015年7月对吴某鑫征收个人所得税4 792 658.34元,其中,应纳税所得额收入计算方式为:(122.25 - 26.44)×114 920。

吴某鑫不服,向西湖区政府申请税务行政复议。

2016年8月25日,西湖区政府作出《行政复议决定书》,维持了西湖地税分局的征收决定。

吴某鑫不服,上诉至杭州铁路运输法院(以下简称一审法院)。

经审理,一审法院认定:

《财政部国家税务总局关于个人股票期权所得征收个人所得税问题的通知》第二条第(二)项规定:"员工行权时,其从企业取得股票的实际购买价(施权价)低于购买日公平市场价(指该股票当日的收盘价,下同)的差额,是因员工在企业的表现和业绩情况而取得的与任职、受雇有关的所得,应按'工资、薪金所得'适用的规定计算缴纳个人所得税。……员工行权日所在期间的工资薪金所得,应按下列公示计算工资薪金应纳税所得额:股票期权形式的工资薪金应纳税所得额=(行权股票的每股市场价 - 员工取得该股票期权支付的每股施权价)×股票数量。"如果案涉股票是限制性股票,则不适用上述条文规定;如果案涉股票是股票期权,则适用上述条文规定,以行权日为时间节点计算税额。股票期权与限制性股票是上市公司实行股权激励的两种方式,是两个特定的概念。股票期权是指公司给予激励对象在一定期限内以事先约定的价格购买本公司股票的权利;限制性股票是指公司按照预先确定的条件授予激励对象一定数量的本公司股权,激励对象只有工作年限或业绩目标符合股权激励计划规定条件的才可以处置该股权。

本案中,吴某鑫根据《股票期权协议书》的约定,可在指定的行权日以行权价格购买迪安诊断的股票,其股票处置受限是因高管身份而非工作年限或业绩目标未达激励条件,且根据迪安诊断备案、公告的股权激励方案,吴某鑫获得的股权激励方式明确为股票期权。《财政部国家税务总局关于个人股票期权所得征收个人所得税问题的通知》第一条规定:"实施股票期权计划企业授予该企业员工的股票期权所得,应按《中华人民共和国个人所得税法》及其实施条例有关规定征收个人所得税。"《个人所得税法》第二条规定:"下列各项个人所得,应纳个人所得税:一、工资、薪金所得。"《个人所得税法实施条例》第十条[1]规定:"个人所得的形式,包括现金、实物、有价证券和其他形式的经济利益。所得为实物的,应当按照取得的凭证上所注明的价格计算应纳税所得额;无凭证的实物或者凭证上所注明的价格明显偏低的,参照市场价格核定应纳税所得额。所得为有价证券的,根据票面价格和市场价格核定应纳税所得额。所得为其他形式的经济利益的,参照市场价格核定应纳税所得额。"

据此,西湖税务分局以行权日股票收盘价与行权价的差额认定应纳税所得额,对吴某鑫所获得的股票期权征收个人所得税 4 792 658.34 元,并无不当。

2016 年 12 月 16 日,一审法院依法作出(2016)浙 8601 行初 194 号行政判决:驳回吴某鑫的诉讼请求。

吴某鑫不服,上诉至杭州市中级人民法院(以下简称二审法院)。

经审理,2017 年 4 月 19 日,二审法院依法作出(2017)浙 01 行终 164 号终审判决:驳回上诉,维持原判。

吴某鑫不服,申请浙江省高级人民法院(以下简称浙江高院)再审。

2019 年 12 月 16 日,浙江高院依法作出(2019)浙行申 1076 号行政裁定:驳回吴某鑫的再审申请。

---

[1] 现为第八条。

3. 股票增值权

股票增值权是上市公司授予公司员工在未来一定时期和约定条件下,获得规定数量的股票价格上升所带来收益的权利。

个人因任职、受雇从上市公司取得的股票增值权所得,由上市公司或其境内机构按照"工资、薪金所得"项目和股票期权所得个人所得税计税方法,依法扣缴其个人所得税。

1)授予日

员工接受上市公司授予的股票增值权时,不作为应税所得征税。

2)行权日

股票增值权个人所得税纳税义务发生时间为上市公司向被授权人兑现股票增值权所得的日期。

根据国税函〔2009〕461号文件第二条之规定,股票增值权被授权人获取的收益,是由上市公司根据授权日与行权日股票差价乘以被授权股数,直接向被授权人支付的现金。上市公司应于向股票增值权被授权人兑现时依法扣缴其个人所得税。

被授权人股票增值权应纳税所得额计算公式如下:

$$股票增值权某次行权应纳税所得额 = (行权日股票价格 - 授权日股票价格) \times 行权股票份数$$

4. 股权奖励

根据《关于将国家自主创新示范区有关税收试点政策推广到全国范围实施的通知》(财税〔2015〕116号)第四条之规定,个人获得上市公司授予的股权奖励时,按照"工资薪金所得"项目,参照股票期权有关规定计算确定应纳税额。股权奖励的计税价格参照获得上市公司股票时的公平市场价格确定。

根据《国家税务总局关于股权奖励和转增股本个人所得税征管问题的公告》(国家税务总局公告2015年第80号)第一条第(一)项之规定,上市公司股票的公平市场价格,按照取得股票当日的收盘价确定。取得股票当日为非交易时间的,按照上一个交易日收盘价确定。

(二)计算公式

员工取得上市公司授予的股票期权、限制性股票、股票增值权和股权奖励,符合财税

〔2005〕35号文件、财税〔2009〕5号文件、财税〔2015〕116号文件第四条、财税〔2016〕101号文件第四条第(一)项之规定的相关条件的,在2023年12月31日前,不并入当年综合所得,全额单独适用综合所得税率表,计算纳税。计算公式如下:

$$应纳税额 = 股权激励收入 \times 适用税率 - 速算扣除数$$

员工以在一个公历月份中取得的股票(权)形式工资薪金所得为一次。员工在一个纳税年度中多次取得股票(权)形式工资薪金所得的,应合并计算股权激励收入,按上述规定计算纳税。

(三)税收优惠

根据《财政部 国家税务总局关于完善股权激励和技术入股有关所得税政策的通知》(财税〔2016〕101号)第二条第(一)项之规定,上市公司授予个人的股票期权、限制性股票和股权奖励,经向主管税务机关备案,个人可自股票期权行权、限制性股票解禁或取得股权奖励之日起,在不超过12个月的期限内缴纳个人所得税。

这里应特别注意,可以适用延长纳税期限优惠政策的股权激励不包括股票增值权。股票增值权行权取得的价差收益,应当在行权日所在当月即时缴纳个人所得税。

对新三板挂牌公司,考虑其属于非上市公司,且股票变现能力较弱,因此按照非上市公司股权激励递延纳税政策执行。

|||| **东财资讯** ||||||||||||||||||||||||||||||||||||||||||||||||||

蒙德电气实施股权激励个税适用财税〔2016〕101号递延纳税政策[1]

2022年1月6日,江门市蒙德电气股份有限公司(证券代码:834584,以下简称蒙德电气)发布《2021年股权激励计划(草案)(第二次修订版)》(编号:2022—002)披露:

---

[1] 参考资料来源:东方财富网—新三板—资讯—公告—公告正文:《蒙德电气:2021年股权激励计划(草案)(第二次修订版)》(编号:2022—002)。

一、激励计划的有效期

本股权激励计划有效期为自限制性股票授予之日起至激励对象获授的限制性股票全部解除限售或回购注销完毕之日止,最长不超过96个月。

二、激励计划的授予日

本股权激励计划经蒙德电气股东大会审议通过后,蒙德电气将在60日内授予权益,并完成登记、公告等相关程序。授予日必须为交易日。

蒙德电气不得在下列期间内对激励对象授出权益：

1. 蒙德电气年度报告公告前30日内,因特殊原因推迟年度报告日期的,自原预约公告日前30日起算,至公告日终。

2. 蒙德电气业绩预告、业绩快报公告前10日内。

3. 自可能对蒙德电气股票及其他证券品种交易价格产生较大影响的重大事件发生之日或者进入决策程序之日,至依法披露后2个交易日内。

4. 中国证监会及全国股转公司规定的其他期间。

如蒙德电气董事、高级管理人员作为被激励对象在权益授予前6个月内发生过减持股票行为,则按照《证券法》中短线交易的规定自最后一笔减持交易之日起推迟6个月授予其权益。

三、激励计划的限售期

本激励计划限制性股票的限售规定按照《公司法》《证券法》《公众公司办法》《非上市公众公司监管指引第6号——股权激励和员工持股计划的监管要求(试行)》等有关法律法规及规范性文件以及《公司章程》的相关规定执行；激励计划有效期内,若法律法规、规范性文件及《公司章程》对公司董事、高级管理人员持有股份转让的限售规定发生变化,则应按修改后的规定执行。

本计划授予的限制性股票限售期为自限制性股票授予登记完成之日起,股份累计限售期限不超过96个月,分三次进入全国中小企业股份转让系统进行股份报价转让,即自限制性股票授予登记完成之日起,第60个月后解锁40%、第72个月后解锁30%、第84个月后解锁30%,激励对象根据本计划获授的限制性股票在解除限售前不得转让、用于担保或偿还债务。

在本激励计划的有效期内,如果公司拟在证券交易所首次公开发行并上市的,公司董事会有权根据法律法规的规定对本激励计划的具体方案作出变更或提前终止,如发生变更或提前终止的,公司董事会将根据《非上市公众公司监管指引第6号——股权激励和员工持股计划的监管要求(试行)》等相关规定实施。

在限售期内激励对象因获授的限制性股票而取得的红股、资本公积转增股份、配股股份、增发中向原股东配售的股份同时限售,不得在二级市场出售或以其他方式转让,该等股份的解除限售期与限制性股票解除限售期相同。

此外,根据本计划取得的限制性股票,激励对象自授予日起应持有满3年,且解禁后持有满1年,方可享受《财政部 国家税务总局关于完善股权激励和技术入股有关所得税政策的通知》(财税〔2016〕101号)中的相关递延纳税政策。

四、解限售安排

本计划授予的限制性股票的解除限售期及各期解除限售时间安排见下表。

解限售安排	解限售期间	解限售比例
第一个解限售期	自限制性股票授予登记完成之日起60个月后的首个交易日起至授予日起72个月内的最后一个交易日止	40%
第二个解限售期	自限制性股票授予登记完成之日起72个月后的首个交易日起至授予日起84个月内的最后一个交易日止	30%
第三个解限售期	自限制性股票授予登记完成之日起84个月后的首个交易日起至授予日起96个月内的最后一个交易日止	30%

激励对象获授的限制性股票由于资本公积转增股本、股票红利、股票拆细而取得的股份同时限售,不得在二级市场出售或以其他方式转让,该等股票的解除限售安排与限制性股票解除限售安排相同。

五、禁售期

按照《公司法》《证券法》等相关法律、法规、规范性文件和《公司章程》执行,本股权激励计划关于股份限售的具体规定如下:

1.激励对象为公司董事和高级管理人员的,在下列期间内不得买卖公司股票:

(1) 公司年度报告公告前 30 日内,因特殊原因推迟年度报告日期的,自原预约公告日前 30 日起算,至公告日终。

(2) 公司业绩预告、业绩快报公告前 10 日内。

(3) 自可能对本公司股票及其他证券品种交易价格产生较大影响的重大事件发生之日或者进入决策程序之日,至依法披露后 2 个交易日内。

(4) 中国证监会及全国股转公司规定的其他期间。

2. 激励对象为公司董事和高级管理人员的,其在任职期间每年转让的股份不得超过其所持有本公司股份总数的 25%;在离职后半年内,不得转让其所持有的本公司股份。

3. 激励对象为公司董事和高级管理人员的,将其持有的公司股票在买入后 6 个月内卖出,或者在卖出后 6 个月内又买入,由此所得收益归公司所有,公司董事会将收回其所得收益。

4. 若蒙德电气申请向不特定合格投资者公开发行股票并在北京证券交易所上市,激励对象需遵守其在蒙德电气申请向不特定合格投资者公开发行股票并在北京证券交易所上市期间所签署的任何声明/承诺/说明,并在蒙德电气在北京证券交易所上市后需遵守证监会、北京证券交易所对北京证券交易所上市公司股权转让的所有限制性规定。

5. 若蒙德电气申请首次公开发行,则还需遵守证监会、证券交易所有关股权转让的限制性规定。

三、非上市公司股权激励的税务处理

随着"大众创业、万众创新"形势的不断高涨,科技成果转化活动日益活跃,与之相关的股权激励等税收政策日益成为社会关注的焦点。一些非上市公司为吸引人才,也比照上市公司实施了股权激励。与上市公司相比,非上市公司股权变现能力较弱,公司未来经营发展的不确定性较大。

为进一步鼓励科技创新,充分调动科研人员创新创业的活力和积极性,使科技成果最大程度转化为现实生产力,经国务院批准,财政部、国家税务总局在参考借鉴国际经验的基础上,结合我国科技成果转化的具体情况和问题,联合出台《关于完善股权激励和技术入股有关所得税政策的通知》(财税〔2016〕101号),对股权激励税收政策进行调整完善。一是借鉴欧美发达国家经验,将股权激励分为可享受税收优惠的和不可享受税收优惠的两大类,在规定严格限制条件的前提下,对符合条件的非上市公司股权激励实施递延纳税优惠政策;二是扩大优惠政策的覆盖范围,由高校、科研机构、高新技术企业等扩大到其他参与创新创业的市场主体,优惠政策针对的股权激励方式也由股权奖励扩大到股票(权)期权、限制性股票等其他方式;三是在优惠方式上,对符合条件的股权激励实施递延纳税政策,同时降低适用税率。

根据财税〔2016〕101号文件的相关规定,非上市公司股权激励的税务处理,可以分为递延纳税和即时纳税两种不同情形。

(一) 非上市公司股权激励的递延纳税

1. 基本概念

非上市公司股权激励的递延纳税,是指对非上市公司符合条件的股票(权)期权、限制性股票、股权奖励,由分别按"工资薪金所得"和"财产转让所得"两个环节征税,合并为只在一个环节征税,即员工在股票(权)期权行权、限制性股票解禁以及获得股权奖励时暂不征税,待今后该股权转让时一次性统一适用20%的税率征税。

非上市公司的股权激励,符合条件的,可以选择适用递延纳税优惠政策,主要是基于纳税必要资金原则的考虑。

2. 适用条件

从欧美等发达国家的通行做法来看,对享受递延纳税优惠政策的股权激励都规定了非常严格的条件,目的是规范股权激励行为,鼓励长期投资,防止逃漏税款。在借鉴国际经验的基础上,财税〔2016〕101号文件对享受递延纳税政策的非上市公司股票(权)期权、限制性股票和股权奖励规定了以下七个方面的限制条件:

(1)主体条件。参考世界各国的通行做法,结合我国税收优惠政策的一般原则,规定享受税收优惠政策的应是境内居民企业实施的股权激励计划。

(2)客体条件。为体现激励对象与公司的利益相关性,激发员工的创业热情,规定激励标的应为本公司的股权,授予关联公司股权的不纳入优惠范围。同时,考虑到一些科研企事业单位存在将技术成果投资入股到其他企业,并以被投资企业股权实施股权奖励的情况,因此规定股权奖励的标的可以是以技术成果投资入股其他境内居民企业所取得的股权。激励标的股票(权)包括通过增发、大股东直接让渡以及法律法规允许的其他合理方式授予激励对象的股票(权)。

(3)行业条件。考虑到股权奖励这一方式较为灵活,为避免企业通过这种方式避税,真正体现对企业因科技成果转化而实施股权奖励的优惠,需要对实施股权奖励的行业范围进行适当限制。鉴于目前科技类企业统一标准难以界定,对其审核确认较为困难,因此借鉴国际通行做法,采取反列举办法,通过《股权奖励税收优惠政策限制性行业目录》对住宿和餐饮、房地产、批发和零售业等明显不属于科技类的行业企业,限制其享受股权奖励税收优惠政策,负面清单之外的企业实施的股权奖励则可享受递延纳税优惠政策。公司所属行业按公司上一纳税年度主营业务收入占比最高的行业确定。

(4)对象条件。为体现对企业从事创新创业的支持,避免企业将股权激励变相为一般员工福利,规定激励对象应为企业的技术骨干和高级管理人员,具体人员由公司董事会或股东(大)会决定,激励对象人数累计不得超过本公司最近6个月在职职工平均人数的30%。本公司最近6个月在职职工平均人数,按照股票(权)期权行权、限制性股票解禁、股权奖励获得之上月起前6个月"工资薪金所得"项目全员全额扣缴明细申报的平均人数确定。例如,某公司实施一批股票期权并于2022年1月行权,计算在职职工平均人数时,应以该公司2021年7月、8月、9月、10月、11月、12月全员全额扣缴明细申报的平均人数计算。

(5)程序条件。为体现股权激励计划的合规性,避免企业的暗箱操作,规定股权激励计划必须经公司董事会、股东(大)会审议通过。未设立股东(大)会的国有单位,须经上级主管部门审核批准。股权激励计划应列明激励目的、对象、标的、有效期、各类价格的确定方法、激励对象获取权益的条件、程序等。

(6)期限条件。为实现员工与企业长期共同发展的目标,鼓励员工从企业的成长和发展中获利,而不是短期套利,因此对股权激励的持有时间作出限定:期权自授予日起应持有满3年,且自行权日起持有满1年;限制性股票自授予日起应持有满3年,且自限售条件解除之日起持有满1年;股权奖励自获得奖励之日起应持有满3年。上述时间条件须在股权激励计划中列明。

(7) 时限条件。为体现股权激励计划的约束性,也便于税收管理,在借鉴国际经验的基础上,规定股票(权)期权自授予日至行权日的时间不得超过10年。

东财资讯

希荻微通过大股东无偿让渡实施股权激励
个税适用财税〔2016〕101号递延纳税政策[1]

2021年10月29日,广东希荻微电子股份有限公司(证券代码:688173,以下简称希荻微)发布《北京市金杜律师事务所关于广东希荻微电子股份有限公司首次公开发行股票并在科创板上市的法律意见书》披露:

随着获激励员工数量的增多,为便于公司体系化管理员工股权激励事宜,并满足员工税收筹划需要,2020年10月,公司前身广东希荻微电子有限公司(以下简称希荻有限)制定了《广东希荻微电子有限公司股权激励计划》,明确为实施该等股权激励,公司实际控制人之一唐某将其持有的希荻有限股权无偿转让给符合条件的10名公司员工。

2020年10月,经希荻有限召开董事会、股东会审议,同意公司实际控制人之一唐某与员工签署《股权激励协议》,唐某以零对价向曹某、曾某、韩某宽、刘某、牟某、唐某泳、唐某华、严某辉、张某、周某滦共计10名员工转让希荻有限29.3976万元公司注册资本,对应股权比例为1.776%。

根据《关于完善股权激励和技术入股有关所得税政策的通知》(财税

---

[1] 参考资料来源:东方财富网—数据中心—公告大全—希荻微—公告正文:《北京市金杜律师事务所关于广东希荻微电子股份有限公司首次公开发行股票并在科创板上市的法律意见书》。

〔2016〕101号)第一条第(一)项规定,非上市公司授予本公司员工的股票期权、股权期权、限制性股票和股权奖励,符合规定条件的,经向主管税务机关备案,可实行递延纳税政策,即员工在取得股权激励时可暂不纳税,递延至转让该股权时纳税;股权转让时,按照股权转让收入减除股权取得成本以及合理税费后的差额,适用"财产转让所得"项目,按照20%的税率计算缴纳个人所得税。第(二)项规定,享受递延纳税政策的非上市公司股权激励(包括股票期权、股权期权、限制性股票和股权奖励,下同)须同时满足以下条件:(1)属于境内居民企业的股权激励计划。(2)股权激励计划经公司董事会、股东(大)会审议通过。股权激励计划应列明激励目的、对象、标的、有效期、各类价格的确定方法、激励对象获取权益的条件、程序等。(3)激励标的应为境内居民企业的本公司股权。(4)激励对象应为公司董事会或股东(大)会决定的技术骨干和高级管理人员,激励对象人数累计不得超过本公司最近6个月在职职工平均人数的30%。(5)股票(权)期权自授予日起应持有满3年,且自行权日起持有满1年;限制性股票自授予日起应持有满3年,且解禁后持有满1年;股权奖励自获得奖励之日起应持有满3年。上述时间条件须在股权激励计划中列明。(6)股票(权)期权自授予日至行权日的时间不得超过10年。(7)实施股权奖励的公司及其奖励股权标的公司所属行业均不属于《股权奖励税收优惠政策限制性行业目录》范围。

经核查,希获有限对该10名员工进行股权激励,并通过唐某以零对价向该等员工转让希获有限股权,符合上述可享受递延纳税政策的非上市公司股权激励的情形。2020年10月,该10名员工已按照《关于完善股权激励和技术入股有关所得税政策的通知》(财税〔2016〕101号)的规定在国家税务总局佛山市南海区税务局第一税务分局办理了个人所得税纳税递延备案,其纳税义务将递延至该等员工转让该部分股权时发生。

3. 政策要点

1) 取得股权激励时,暂不纳税

根据财税〔2016〕101号文件的相关规定,非上市公司授予本公司员工的股票(权)期权、限制性股票和股权奖励,同时满足上述七项规定条件的,经向主管税务机关备案,可实行递延纳税政策,即员工在取得股权激励时可暂不纳税,递延至转让该股权时纳税。

但是,持有递延纳税的股权期间,因该股权产生的转增股本收入,以及以该递延纳税的股权再进行非货币性资产投资的,应在当期即时纳税。

2) 股权转让时,按照"财产转让所得"项目纳税

根据财税〔2016〕101号文件的相关规定,股权转让时,按照股权转让收入减除股权取得成本以及合理税费后的差额,计入财产转让所得,按照20%的税率计算缴纳个人所得税。

股权转让时,股票(权)期权取得成本按行权价确定,限制性股票取得成本按实际出资额确定,股权奖励取得成本为零。

股权转让时,应当视同享受递延纳税优惠政策的股权优先转让。递延纳税的股权成本按照加权平均法计算,不与其他方式取得的股权成本合并计算。

员工取得符合条件、实行递延纳税政策的股权激励,与不符合递延纳税条件的股权激励应当分别计算。

3) 取得股权激励后,公司在境内上市

个人因股权激励取得股票(权)后,非上市公司在境内上市的,处置递延纳税的股权时,按照现行限售股有关征税规定执行,相关具体内容详见本书第三章第三节。

|||| 东财资讯 ||||||||||||||||||||||||||||||||||||||||||||||||||

敷尔佳通过不公允增资实施股权激励
个税适用财税〔2016〕101号递延纳税政策[1]

2022年1月27日,哈尔滨敷尔佳科技股份有限公司(以下简称敷尔佳)发

---

[1] 参考资料来源:东方财富网—数据中心—公告大全—敷尔佳—公告正文:《北京市中伦律师事务所关于哈尔滨敷尔佳科技股份有限公司首次公开发行股票并在创业板上市的补充法律意见书(一)》。

布《北京市中伦律师事务所关于哈尔滨敷尔佳科技股份有限公司首次公开发行股票并在创业板上市的补充法律意见书(一)》预披露:

2020年12月,哈尔滨敷尔佳科技发展有限公司(以下简称敷尔佳有限)对公司的核心管理人员、核心技术人员进行激励,增资价格为2.5元/股;2021年2月,哈三联以其持有的北星药业100%股权评估作价向敷尔佳有限增资,本次增资价格为31.67元/注册资本。

请敷尔佳说明:

2020年12月和2021年2月,敷尔佳两次增资的定价依据、定价差异较大的原因及合理性,是否存在股份支付的情形。

请保荐人、律师发表明确意见,补充提供相关文件,并对申报文件的齐备性进行核查。

回复:

根据敷尔佳提供的工商档案、股权激励文件等相关资料,敷尔佳上述两次增资定价依据如下表所示。

时间	定价依据
2020年12月	本次增资系为实施股权激励,以净资产为基础协商确定本次增资价格为2.50元
2021年2月	本次增资系通过换股方式进行资产重组,以评估价值为基础确定本次增资价格为31.67元

敷尔佳2020年12月增资系为实施股权激励,因此该次增资价格较2021年2月增资价格差异较大,具有合理性。敷尔佳已采用近期外部投资者的增资价格作为确定股份公允价值的依据,对该次股权激励进行了股份支付处理。

根据敷尔佳提供的工商档案等相关资料,公司历次股权转让、增资、转增股本过程中涉及张某国缴纳所得税、公司代扣代缴的情况如下表所示。

日期	事项	过程描述	纳税情况
2020年12月	未分配利润转增股本	张某国、张某琪以敷尔佳有限未分配利润转增注册资本至24 200.00万元	敷尔佳已为实际控制人代扣代缴个人所得税

续表

日期	事项	过程描述	纳税情况
2020年12月	增资	注册资本由24 200.00万元增至24 628.00万元,新增注册资本由被激励对象郝某祝等12人认缴	敷尔佳已办理股权激励对象个人所得税递延纳税备案,实际控制人非为增资对象,不涉及其纳税义务
2021年1月	增资	张某国、张某琪以其持有敷特佳100%股权向敷尔佳有限增资	张某国、张某琪已办理非货币性资产投资分期缴纳个人所得税备案,自2021年起分5年缴纳个人所得税
2021年1月	股权转让	张某琪将其持有的敷尔佳有限6754.40万元出资额转让给张某国	直系亲属股权转让无需缴纳个人所得税
2021年2月	增资	敷尔佳引入投资者哈三联,哈三联以其持有北星药业100%股权向敷尔佳有限增资	敷尔佳及实际控制人不涉及代扣代缴义务

(二)非上市公司股权激励的即时纳税

实施的股权激励计划享受递延纳税政策期间,非上市公司有关情况发生变化,不再符合财税〔2016〕101号文件中所列的可享受递延纳税优惠政策的条件第四项(对象条件)、第五项(期限条件)或第六项(时限条件)的,该股权激励计划不能继续享受递延纳税政策,应于情况发生变化之次月15日内,按财税〔2016〕101号文件第四条第(一)项规定计算缴纳个人所得税。

东财资讯

康乐卫士因激励对象不满足财税〔2016〕101号递延纳税条件取消股票期权计划[1]

2022年3月29日,北京康乐卫士生物技术股份有限公司(证券代码:833575,以下简称康乐卫士)发布《招股说明书(申报稿)》披露:

2018年3月27日,康乐卫士召开第二届董事会第十二次会议,审议通过了《终止北京康乐卫士生物技术股份有限公司股票期权激励计划》等议案。2018年4月13日,康乐卫士召开2018年第一次临时股东大会,审议通过了《北京康乐卫士生物技术股份有限公司股票期权激励计划》《关于提请股东大会授权董事会全权办理终止〈北京康乐卫士生物技术股份有限公司股票期权激励计划〉相关事宜的议案》等议案。

2016年9月,财政部、国家税务总局发布《关于完善股权激励和技术入股有关所得税政策的通知》(财税〔2016〕101号),部分激励员工不符合该通知规定的享受递延纳税政策的条件,行权时需按照"工资、薪金所得"项目缴纳个人所得税,部分员工因赋税过高选择不参加股票期权激励计划。康乐卫士考虑国家政策调整以及公司经营发展需要,认为该激励计划实质上不具有激励性质,决定终止《北京康乐卫士生物技术股份有限公司股票期权激励计划》,该激励计划授予的股票均未行权。

递延纳税期间,非上市公司主营业务所属行业发生变化,进入《股权奖励税收优惠政策限制性行业目录》反向列举的负面清单行业的,已经实施的股权激励计划可继续享受递延纳税政策;自行业变化之日起新实施的股权激励计划不得享受递延纳税优惠政策。

---

[1] 参考资料来源:东方财富网—新三板—资讯—公告—公告正文:《康乐卫士:招股说明书(申报稿)》。

东财资讯

七丰精工在北交所上市前的股权激励个税继续适用财税〔2016〕101号递延纳税政策[1]

2022年3月24日,七丰精工科技股份有限公司(证券代码:873169,以下简称七丰精工)发布《招股说明书》披露:

七丰精工于2020年实施了股权激励计划,目的是进一步建立、健全公司长效激励机制,吸引和留住优秀人才,充分调动公司董事、监事、高级管理人员及公司核心员工的积极性,有效地将股东利益、公司利益和员工利益结合在一起,实现公司与员工的共同发展。

一、股权激励计划审议情况

1.2020年3月24日,七丰精工召开了第二届董事会第十一次会议、第二届监事会第七次会议,审议通过了《关于七丰精工科技股份有限公司股权激励计划的议案》等相关议案。

2.2020年4月11日,七丰精工召开2020年第一次临时股东大会,审议通过《关于七丰精工科技股份有限公司股权激励计划的议案》等相关议案。

二、股权激励计划具体情况

(一)激励对象、授予数量及授予价格

激励计划授予的激励对象为七丰精工的董事、监事、高级管理人员及核心员工。该次股权激励共授予被激励对象166.00万股限制性股票,限制性股票来源为七丰精工向激励对象定向发行的股票,授予价格为1.00元/股。

(二)股权激励计划的有效期、授予日、限售期、解锁安排和禁售期

1.有效期

股权激励计划的有效期为授予的限制性股票完成登记之日起至所有限制

---

[1] 参考资料来源:东方财富网—数据中心—公告大全—七丰精工—公告正文:《七丰精工:招股说明书》。

性股票解除限售或回购完毕之日止,最长不超过120个月。

2. 授予日

该次激励计划激励股票的授予日为通过七丰精工股东大会审议之日。

另外,激励对象取得七丰精工股份成为公司股东并在中国证券登记结算有限责任公司北京分公司完成股份登记之日为激励股票的取得日。

3. 解锁安排

授予激励对象持有的股票分两次解锁,具体解锁安排见下表。

解锁安排	解锁时间	解锁比例
第一个解锁期	自激励对象获授限制性股票完成登记之日起首个交易日起至获授限制性股票完成登记之日起12个月内的最后一个交易日当日止	激励对象通过本次股权激励所获得股票的50%
第二个解锁期	自激励对象获授限制性股票完成登记之日起12个月后的首个交易日起至获授限制性股票完成登记之日起24个月内的最后一个交易日当日止	激励对象通过本次股权激励所获得股票的50%

4. 限售期

该次激励计划激励股票的限售期为激励对象根据股权激励计划获授的限制性股票解锁前的锁定期间及解锁后被禁止转让、用于担保、偿还债务的期间。本股权激励计划的限售规定按照《公司法》《证券法》等相关法律、法规、规范性文件和《公司章程》执行。为享受递延纳税政策,根据财政部、国家税务总局联合印发《关于完善股权激励和技术入股有关所得税政策的通知》(财税〔2016〕101号)的有关规定,激励对象持有的限制性股票解锁后,该部分股票在限售期届满前仍然限售。具体安排见下表。

股票	解锁后股票限售期
第一个解锁期解锁的限制性股票	2年
第二个解锁期解锁的限制性股票	2年

注:解锁后股票的限售期间自限制性股票对应的解锁期起始之日起计算。在限售期内,激励对象持有的限制性股票不得转让、用于担保或偿还债务。

(三)限制性股票的解锁条件

激励对象按该次激励计划的规定对获授的限制性股票进行解锁时,必须同时满足以下条件:

1. 七丰精工未发生以下任一情形:

(1)最近一个会计年度财务会计报告被注册会计师出具否定意见或者无法表示意见的审计报告;

(2)最近一年内因重大违法违规行为被中国证监会予以行政处罚。

2. 激励对象未发生以下任一情形:

(1)最近3年内因重大违法违规行为被中国证监会予以行政处罚;

(2)具有《公司法》规定的不得担任公司董事及高级管理人员的情形;

(3)因犯罪行为被依法追究刑事责任;

(4)七丰精工董事会认定其他严重违反公司有关规定的。

七丰精工发生上述第1条规定情形之一的,所有激励对象根据股权激励计划已获授限制性股票应当由七丰精工回购注销;某一激励对象发生上述第2条规定情形之一的,该激励对象根据股权激励计划已获授的仍在限售期内的股票应当由七丰精工回购注销。

3. 满足七丰精工业绩考核要求

(1)公司层面考核指标

公司层面绩效考核指标为考核期内经审计并公告的合并财务报告中归属于母公司所有者的净利润为准(如有调整事项由董事会决定,净利润与扣非后净利润取低者)。具体如下表所示。

解锁期	业绩考核目标
第一个解锁期	2020年度净利润不低于1 000万元
第二个解锁期	2021年度净利润不低于1 300万元

如在解锁期内公司业绩未满足解锁条件,则激励对象原应在该解锁期解锁的限制性股票由七丰精工回购或者递延至符合解锁条件之日,具体由董事会决定。

(2) 个人层面绩效考核

个人层面考核是否合格由董事会决定,在公司层面业绩考核达标的情况下,若激励对象在公司层面业绩考核年度的个人绩效考核结果为合格,则激励对象可行使权益;若激励对象在公司层面业绩考核年度的个人绩效考核结果为不合格,则公司将激励对象所获限制性股票当期拟解锁部分根据股权激励计划的规定回购注销。

三、股权激励计划实施情况

该次股权激励所发行的限制性股票已于2020年7月20日起在全国中小企业股份转让系统挂牌并公开转让。

四、股权激励对七丰精工的影响

进一步建立、健全公司长效激励机制,吸引和留住优秀人才,充分调动公司董事、监事、高级管理人员及公司核心员工的积极性,有效地将股东利益、公司利益和员工利益结合在一起,使各方共同倾注公司的长远发展,实现公司与员工的共同发展。

报告期内股份支付交易合计对经营成果的影响如下表所示。

项目	2021年1~6月	2020年度	2019年度	2018年度
股份支付费用(元)	1 022 722.07	1 564 617.15	—	—
利润总额(元)	15 395 218.92	40 013 492.54	25 114 980.72	13 830 726.79
股份支付费用占利润总额的比重	6.64%	3.91%	—	—

除上述股权激励事项之外,七丰精工本次公开申报前不存在其他已制定或实施的股权激励及相关安排。

员工在获得股票(权)时,对实际出资额低于公平市场价格的差额,应视为取得股权激励收入,按照"工资薪金所得"项目计算缴纳个人所得税。

根据《财政部 税务总局关于延续实施有关个人所得税优惠政策的公告》(财政部

税务总局公告2023年第2号)第一条之规定,在2023年12月31日前,上述股权激励收入不并入当年综合所得,全额单独适用综合所得税率表,计算纳税。计算公式如下:

$$应纳税额 = 股权激励收入 \times 适用税率 - 速算扣除数$$

员工以在一个公历月份中取得的股票(权)形式工资薪金所得为一次。员工在一个纳税年度中多次取得不符合递延纳税条件的股票(权)形式工资薪金所得的,应合并计算股权激励收入,按上述规定计算纳税。

其中,非上市公司股票(权)的公平市场价格,依次按照净资产法、类比法和其他合理方法确定。净资产法按照取得股票(权)的上年年末净资产确定。

|||| 政策链接 ||||||||||||||||||||||||||||||||||||||||||||||||||||||||||||||||||||||||||||||

北京市政协十三届三次会议第0619号提案的答复意见[1]

龙卫球委员:

您提出的关于"调整科技企业期权行权及转让个人所得税"的提案收悉,我们会同财政部门进行了认真研究,现就有关情况答复如下:

您在提案中围绕科技企业期权的个人所得税问题提出了很好的建设性意见,建议"调整科技企业期权行权及转让的税收政策,员工在取得期权激励时可暂不纳税,递延至转让该期权变现时纳税且适用财产转让所得计税",并且建议"将中关村股权奖励个人所得税试点政策适用范围扩展至期权,将期权变现适用财产转让所得项目的税收优惠政策覆盖至民营企业以及在美国或中国香港上市的科技创新企业",这些建议有利于促进科技企业提高自主创新能力、吸引人才,提升北京科技创新中心的战略定位。

随着近年来"大众创业、万众创新"的形势不断高涨,科技成果转化活动日益活跃,为充分调动广大科研人员的积极性、促进国家创业创新战略的实施,在

---

[1] 参考资料来源:国家税务总局北京市税务局官网首页—信息公开—建议提案办理。

借鉴国际经验的基础上,结合我国科技成果转化的具体情况,自 2016 年起,国家对相关股权激励税收政策进行了调整完善,鼓励企业通过实施股权激励提高企业科技人才创新能力。主要体现在以下方面:

一是符合条件的非上市公司实施股权激励,可实行递延纳税优惠政策。考虑到非上市公司股票变现能力较弱,为更好地激发企业活力,对于符合递延纳税条件的境内居民企业对员工实施股权激励,包括股票期权、限制性股票、股权奖励等激励模式,员工在获得股权激励时暂不缴纳"工资薪金所得"的税款,待转让该股权时仅按"财产转让所得"纳税。将原来"两道税"调整为只征"一道税",且税率为 20%,大大降低了纳税人的负担,彻底解决在行权等环节纳税现金流不足的问题。

二是不符合条件的非上市公司实施股权激励,单独计税不并入综合所得。对于不符合递延纳税条件的非上市公司实施股权激励,员工应在股票期权行权时、限制性股票解禁时或者获得股权奖励时先按"工资薪金所得"缴税,待转让股权时再按"财产转让所得"缴税。但考虑到一般股权激励所得金额较大,按"工资薪金所得"缴税时适用税率水平较高,为减轻纳税人负担,设计了特殊的计税方法,即在税改前股权激励所得可除以 12 个月,按月工资单独计税,实施新个人所得税税制后,工资薪金所得应并入综合所得,按年计税,但为让纳税人在新税制下,税负水平不提高,继续平移了原税制的股权激励优惠计税方式,即股权激励所得单独计税,不并入综合所得,这一做法进一步激发和释放科研人员的创新活力。

三是上市公司实施股权激励,可在 12 个月内分期缴税。考虑到《公司法》等相关法律对上市公司人员在转让本公司股票方面有一定的限制条件,为解决纳税人一次性缴税困难的问题,上市公司实施股权激励,员工可自股票期权行权、限制性股票解禁或取得股权奖励之日起,在不超过 12 个月的期限内缴纳个人所得税。

四是将中关村股权奖励税收试点政策推广至全国。自 2016 年 1 月 1 日起,全国范围内的高新技术企业转化科技成果,给予本企业相关技术人员的股权奖励,个人一次性缴税有困难的,可在不超过5个公历年度内分期缴纳。此政策是对原中关村股权奖励试点政策的推广。

目前国家出台的股权激励税收优惠政策覆盖面较广,如科技企业、民营企业等均涵盖在内。因此,您提案中涉及的问题,现行税收政策已基本解决。我局作为税收政策的执行机关,今后将进一步关注并听取纳税人的建议,优化纳税服务,为我市的科技企业打造良好的纳税环境。感谢您对税收工作的关心和支持!

国家税务总局北京市税务局
2020年9月22日

第十节 北京证券交易所上市公司的税务处理

2021年9月2日,习近平主席在2021年中国国际服务贸易交易会全球服务贸易峰会致辞中宣布,继续支持中小企业创新发展,深化新三板改革,设立北京证券交易所,打造服务创新型中小企业主阵地。

2021年9月3日,北京证券交易所有限责任公司(以下简称北交所)正式注册成立。

北交所是经国务院批准设立的中国第一家公司制证券交易所,受中国证监会监督管理,经营范围为依法为证券集中交易提供场所和设施、组织和监督证券交易以及证券市场管理服务等业务。

2021年11月15日,北交所在北京市西城区金融街金阳大厦正式开市。

> **政策链接**

财政部 税务总局关于北京证券交易所税收政策适用问题的公告

财政部、税务总局公告2021年第33号

为支持进一步深化全国中小企业股份转让系统(以下称新三板)改革,将精选层变更设立为北京证券交易所(以下称北交所),按照平稳转换、有效衔接的原则,现将北交所税收政策适用问题明确如下:

新三板精选层公司转为北交所上市公司,以及创新层挂牌公司通过公开发行股票进入北交所上市后,投资北交所上市公司涉及的个人所得税、印花税相关政策,暂按照现行新三板适用的税收规定执行。涉及企业所得税、增值税相关政策,按企业所得税法及其实施条例、《财政部 国家税务总局关于全面推开营业税改征增值税试点的通知》(财税〔2016〕36号)及有关规定执行。

特此公告。

财政部 税务总局

2021年11月14日